一书提炼企业破产SOP(标准操作流程)

破　产
全流程手册

北京市兰台律师事务所　编著

中国法制出版社
CHINA LEGAL PUBLISHING HOUSE

自　序

近五年来，全国法院受理破产案件超过六万件，特别是上市公司破产重整案件的申请数量呈现明显的上升趋势。

破产法律实务快速演化发展，呈现出新的时代特点：从单纯的破产清算到选择使用各种工具挽救可挽回的企业。比如，从非正式的破产前流程（预重整）到混合流程再到正式的重组流程，以保留就业岗位，保护企业家精神；债权人成为越来越积极的参与者；有效的破产框架下对于中小微企业的出清或挽救越来越强调时间价值；重整协议的可履行性是否具备强制性越来越受到利益相关各方的关注与挑战；等等。

与此同时，中国的破产实务也面临着一些新的疑难问题。其中比较突出的有，法官如何对破产管理人与破产企业董事成员进行有效监督；在推进破产程序与程序正当性之间如何取得平衡；上市公司重整涉及大股东责任追究、中小股东权益保护的协调，以及与证券监管的衔接；重整企业信用恢复、税收优惠等事项，金融监管部门、市场监管部门、税务部门如何配合等。如果解决了这些问题，破产效率将得到提升，破产系统将具有更可靠的预测性。

为此，社会各方面均在积极应对破产实践的新需求。比如，一些地方法院与发展改革委、金融监管局、市场监管局等部门成立破产公共中心，搭建公益债融资平台，建立破产信息库。那么，作为破产法律实务重要参与主体的律师群体，也应因时而变、直面问题。

我们认为，律师要做到妥善应对，需把握好自身在破产实务中的职业定位或身份特征。这种定位包括两个方面：一是向支付费用的主体负责，为私权服务；二是在作为管理人的案件中，考虑涉及的各方面利益，具有公益的一面。这和其他类型的律师实务工作有根本上的不同。

想要兼顾私权和公益，适应法律规范法典化、体系化的趋势，为各方面利益主体提供能达到法律效果、社会效果、整治效果有机统一的法律适用理解与操作实践，律所的一体化能提供更好的制度保障。

兰台在20多年的成长之路中，始终坚持探索、践行、优化一体化的运营机制，已形成在中国律师界独特且成功的一体化模式。兰台破产与重整法律事务中心正是一体化的重要成果。团队成员既包括专门从事破产事务的律师，也包括从事诉讼、金融、资本、房地产等事务的律师。

本书由兰台破产与重整法律事务中心集体创作。本书在内容上兼顾了一般流程和重点疑难问题，以破产案件的流程为编辑体系，对破产案件的启动、债务人财产、债权及清偿、重整等方面的疑难问题、热点问题，总结过往经验、提出实务应对。

我们希望本书能够为当前破产实务疑难问题提供律师解决方案，对实务有所裨益。

是为序。

兰台破产与重整法律事务中心

2023年5月30日

目　录

第一编　破产启动

第一章　破产受理的主要实务问题 …… 3
第一节　破产案件的启动 …… 4
第二节　破产原因 …… 15
第三节　破产能力 …… 18
第四节　申请破产需要提交的材料 …… 22
第五节　法院受理破产案件的审查方式 …… 25
第六节　法院受理破产案件的审查程序 …… 27
第七节　破产申请程序中的个案和解 …… 28
第八节　破产程序对相关主体的影响 …… 29
第二章　作为特殊启动方式的“执转破” …… 33
第一节　“执转破”程序存在的主要问题及应对 …… 35
第二节　“执转破”的主要程序 …… 48

第二编　债务人财产

第一章　破产企业中不动产权益与负担的司法认定 …… 55
第一节　普通企业破产程序中，未到期的不动产租赁合同的处理 …… 55
第二节　房地产开发企业中房屋产权界定与合同履行 …… 60
第三节　房地产开发企业中购房者利益的保护 …… 64

第二章 破产撤销权的例外 …… 68
第一节 偏颇性清偿产生撤销权的要件 …… 69
第二节 偏颇性清偿行为的例外 …… 70
第三章 破产财产扩张之股东清算责任 …… 81
第一节 《公司法司法解释（二）》第十八条于破产清算情形下的适用问题 …… 83
第二节 股东清偿责任的认定 …… 88
第四章 破产财产扩张之股东出资责任 …… 95
第一节 破产程序中对抽逃出资的处理 …… 96
第二节 破产程序中对瑕疵出资的处理 …… 100
第三节 破产程序中对未到期出资的处理 …… 103
第五章 破产财产扩张之企业高管责任 …… 110
第一节 破产程序中企业高管身份的认定 …… 110
第二节 破产程序中企业高管应承担的民事责任类型 …… 115

第三编 债权及清偿

第一章 职工债权以及职工集资款的清偿顺位 …… 129
第一节 职工债权调查实务 …… 129
第二节 职工集资款的清偿顺位 …… 133
第二章 人身侵权债权在破产程序中的清偿顺位 …… 137
第一节 关于人身侵权债权的分类 …… 137
第二节 人身侵权债权在破产债权受偿顺序中的位次 …… 139
第三章 债权人会议分组表决制度 …… 144
第一节 分组表决的适用场景 …… 145
第二节 分组依据及分组安排 …… 145
第三节 设定表决组的其他标准 …… 148
第四节 重整中分组表决 …… 149

第四章 破产程序中担保债权的行使与保障 …… 154
第一节 破产程序中担保债权的处理方式及实践应用 …… 154
第二节 担保债权行使的一些重要问题 …… 162

第四编 重整

第一章 重整计划“强裁”的实务探查与思考 …… 171
第一节 法院对重整计划的实质“强裁” …… 171
第二节 重整计划“强裁”的价值导向及实务现状 …… 172
第三节 重整计划“强裁”的主要原则 …… 180
第四节 对重整计划“强裁”规则的思考 …… 183
第二章 实质合并破产概述及要点解析 …… 187
第一节 实质合并的适用对象 …… 188
第二节 实质合并的适用标准 …… 190
第三节 法人人格混同标准的实务判断 …… 195
第四节 实质合并审理的效力及与协调审理的关系 …… 202
第五节 实质合并的相关程序 …… 204
第三章 重整失败成因的司法判断 …… 207
第一节 重整失败成因概览 …… 207
第二节 重整失败成因的司法判断 …… 208
第三节 如何提高重整成功的可能性 …… 214
第四章 上市公司重整中出资人权益调整方案及救济 …… 217
第一节 上市公司重整模式与出资人权益调整方案 …… 217
第二节 权益受调整的出资人救济 …… 220
第五章 金融债权与重整阶段之探讨 …… 229
第一节 金融债权与重整程序启动 …… 230
第二节 金融债权人与重整期间 …… 233
第三节 金融债权与重整计划执行 …… 239

第五编　管理人

第一章　管理人的选任 …… 247

第一节　管理人选定的基本方式与适用中的问题 …… 247

第二节　管理人选定的新动向 …… 248

第二章　管理人履职风险 …… 251

第一节　管理人履职的主要风险 …… 252

第二节　管理人如何防范风险 …… 258

第一编

破产启动

第一章　破产受理的主要实务问题

2022 年 2 月 4 日，世界银行发布宜商环境评估体系（Business Enabling Environment，BEE）[①] 概念文件，并随之于 2023 年最后三个月形成《世行宜商环境报告》第一版。BEE 评估框架由三部分内容构成，分别是 BEE 评估的目标和原则（涵盖评估目的、范围、方法、得分等）；BEE 评估的具体领域和指标（涵盖企业从开办、运营到破产的 10 个环节）；BEE 评估实施要点（涵盖数据收集方法、更新频率及初步评估时间表等）。

BEE 取消了《营商环境报告》（Doing Business，DB）中的保护中小投资者指标，增加了促进市场竞争指标。除纳税和办理破产两项指标不变外，其他 7 项指标从名称到内容都做了不同程度的改变，BEE 最终确定的 10 项一级指标是：市场准入、获取经营场所、市政公用基础设施报装、雇用劳工、获取金融服务、跨境贸易、纳税、解决商业纠纷、促进市场竞争、商事破产。在每个一级指标项下，统一设计 3 个二级指标组，即监管框架、公共服务和整体效率，合计 30 个。

就 BEE 项下的商事破产指标而言，破产框架追求的是效率，以确保已无经营价值的企业快速获得清算，具有经营价值的企业能通过可持续的方式获得有效重整。

BEE 商事破产（Business Insolvency）评价指标中的 3 个二级指标组分别是破产程序的规制质量（quality of regulations for insolvency proceedings）；破产程序的专门机构和运作机制的质量（quality of institutional and operational infrastructure for insolvency proceedings）；获得破产救济的便利度

---

① 2020 年 8 月 27 日，世界银行发表声明，确认营商环境报告发生数据违规行为，暂停发布《营商环境报告》。2021 年 9 月 16 日，世界银行决定停止《营商环境报告》及其数据的发布，并宣布将制定新的方法来评估商业和投资环境。

（ease to resolve an insolvency judicial proceeding）。

与 BEE 商事破产指标所追求的目标一致，我国的破产程序既是平衡债权人、债务人利益的有力手段，也是挽救企业、使企业再生的重要安排。破产程序一般包括“破产清算”“破产重整”和“破产和解”。

破产申请是破产程序的首要环节，其便捷性是营商环境的重要考量指标，也受到债权人、债务人及清算义务人等主体的共同关注。本书立足于我国破产及相关法律规定，结合破产申请实践，提供具有实践价值的操作指引。

第一节 破产案件的启动

根据 BEE 之指标，破产程序的启动（commencement of insolvency proceedings）为破产程序规制质量项下的子指标。该指标用于评估“债务人或债权人是否可以提交破产清算或破产重整申请”与对破产程序启动后的中止规则（stay of proceedings）等问题；该指标还会在提交破产申请前（实际上是程序启动前），对陷入债务困境的企业可以诉诸哪些救济程序展开评估，进而对企业债务人陷入紧急债务危机时可使用的法律救济途径，包括早期预警机制，与董事在此情形下申请破产的义务作出评判。

国际上一些优良的破产规制表明，法律应当明确规定，债务人和债权人均可提出破产程序申请，并规定提出申请的正式程序以及明确的启动标准。良好的做法还包括在破产程序中通过高效的、透明的破产制度实现对债务人财产的管理，进而增加提高债权人受偿率的可能性。债权人对破产程序的参与可以平衡债务人和（或）破产管理人的行动，如果债权人的权利得到充分保护，也会增加获得互利结果的机会。

我国启动破产程序的步骤分为以下几个：

1. 破产申请人提出申请；
2. 法院对破产申请进行审查；

3. 法院裁定受理破产程序。

法院裁定受理破产程序时即为我国破产程序的正式启动。破产申请是破产程序中的一个独立的阶段，是破产程序开始的必备要件。

在破产程序的启动上，世界各国主要有“申请主义原则”和“职权主义原则”。《中华人民共和国企业破产法》（以下简称《破产法》）实行破产申请主义原则，即人民法院依据当事人的申请启动破产程序。在破产程序的启动方面主要有以下要点。

一、破产申请的主体

依据《破产法》第七条的规定，企业破产通常由债权人或债务人提出申请。

1. 债权人

债权人申请破产，亦称非自愿破产。债权人提出破产申请，是在债务人不能清偿到期债务的情况下主张自己民事权利的法定方式。债权人具备下列条件可以向人民法院申请债务人破产：债权人对债务人享有的债权合法有效；债权人的债权是具有金钱或财产给付内容的到期债权；债务人不能清偿到期债务。

2. 债务人

债务人在运营中出现不能清偿到期债务且资产不足以清偿全部债务或明显缺乏清偿能力的情形，亦可向法院申请破产。债务人提出破产申请被称为自愿破产。在破产制度的发展史中，债务人曾长期没有申请破产的权利，只被视为破产程序的客体。近年来，破产制度的宗旨从单纯保护债权人的利益，逐步转向对债权人与债务人双方利益的保护，债务人才得以申请自己破产。

3. 国务院金融监督管理机构或行政清理组

除前述债权人、债务人等传统意义上的破产启动主体外，《破产法》第十二章附则第一百三十四条还规定，国务院金融监督管理机构可申请商业银行、证券公司、保险公司等金融机构的破产清算、破产重整。

4. 公司解散中负有清算责任的人

《破产法》第七条第三款规定，公司解散中，依法负有清算责任的人在企业法人已解散但未清算或未清算完毕、资产不足以清偿债务时，应向法院申请破产清算。但该款并未明确规定“依法负有清算责任的人”具体是指哪些主体。根据《公司法》第一百八十三条与第一百八十七条的规定，有限责任公司的清算组由股东组成，股份有限公司的清算组由董事或者股东大会确定的人员组成。逾期不成立清算组进行清算的，债权人可以申请人民法院指定有关人员组成清算组进行清算。清算组在清理公司财产、编制资产负债表和财产清单后，发现公司财产不足以清偿债务的，应当依法向人民法院申请宣告破产，无须得到债权人同意。需要强调的是，清算组只能对债务人提出破产清算申请，不能提出破产和解申请和破产重整申请。

5. 有关国家机关

债务人欠缴税款、社会保险费用的，税务部门、人保部门可以向法院申请债务人破产。

税务机关申请破产最早的案例是2014年乳山市地方税务局申请乳山欣业联科技园开发有限公司破产重整案。《税收征收管理法实施细则》第五十条规定：“纳税人有解散、撤销、破产情形的，在清算前应当向其主管税务机关报告；未结清税款的，由其主管税务机关参加清算。”该细则并未明确税务机关破产申请权，仅明确了税务机关参加清算活动的参与权。《破产法》第七条第二款规定：“债务人不能清偿到期债务，债权人可以向人民法院提出对债务人进行重整或者破产清算的申请。”第八十二条规定，“下列各类债权的债权人参加讨论重整计划草案的债权人会议，依照下列债权分类，分组对重整计划草案进行表决：……（三）债务人所欠税款”，认定了税务机关的债权人地位。因此，法条里的债权人当然包括税务机关，也包括对债务人享有债权的其他国家机关。

6. 职工债权人

债务人拖欠职工工资等劳动债权的，职工可以向法院申请债务人破产。

《北京市高级人民法院关于印发〈北京市高级人民法院企业破产案件审理规程〉的通知》第九条职工的申请权规定："债务人出现企业破产法第二条规定的情形，经职工代表大会或者全体职工三分之二以上多数同意，债务人职工可以以企业破产法第一百一十三条第一款第（一）项规定的债权申请债务人破产清算。"据此，若由公司的职工申请破产，需要经过全体职工三分之二以上同意。

7. 出资额占债务人注册资本十分之一以上的出资人

《破产法》第七十条第二款就破产重整程序的启动，在债权人与债务人外，赋予了债务人股东申请破产重整的权利：债权人申请对债务人进行破产清算的，在人民法院受理破产申请后、宣告债务人破产前，可以向人民法院申请重整。

值得注意的是，执行转破产（以下简称执转破）并不意味着我国采用了依职权启动破产的方式。依据《最高人民法院关于执行案件移送破产审查若干问题的指导意见》（以下简称《执转破指导意见》）第四条的规定，执行法院采取财产调查措施后，发现作为被执行人的企业法人符合《破产法》第二条规定的，应当及时询问申请执行人、被执行人是否同意将案件移送破产审查。此条规定了法院推动执行程序向破产程序转换的义务，即法院会主动推动程序的转换。但在该条规定下，法院依然不可以依职权开启破产程序，因为此时如申请执行人、被执行人均不同意移送且无人申请破产，执行法院应当按照《最高人民法院关于适用〈中华人民共和国民事诉讼法〉的解释》（以下简称《民事诉讼法司法解释》）第五百一十四条的规定处理，不能直接开启破产程序。

二、破产案件的管辖

1. 破产案件管辖的一般规则

（1）地域管辖规则

《破产法》第三条规定："破产案件由债务人住所地人民法院管辖。"2002年7月30日《最高人民法院关于审理企业破产案件若干问题的规定》①（法释〔2002〕23号，以下简称《破产案件若干规定》）第一条规定："企业破产案件由债务人住所地人民法院管辖。债务人住所地指债务人的主要办事机构所在地。债务人无办事机构的，由其注册地人民法院管辖。"

2012年10月29日《最高人民法院印发〈关于审理上市公司破产重整案件工作座谈会纪要〉的通知》（法〔2012〕261号）"二、关于上市公司破产重整案件的管辖"指出："……上市公司破产重整案件应当由上市公司住所地的人民法院，即上市公司主要办事机构所在地法院管辖；上市公司主要办事机构所在地不明确、存在争议的，由上市公司注册登记地人民法院管辖……"

2013年7月22日《北京市高级人民法院关于印发〈北京市高级人民法院企业破产案件审理规程〉的通知》（京高法发〔2013〕242号）第一条地域管辖规定："破产案件由债务人住所地人民法院管辖。债务人住所地指债务人的主要办事机构所在地。债务人主要办事机构所在地难以确定的，由债务人注册登记地人民法院管辖。"

（2）级别管辖规则

《破产案件若干规定》第二条规定："基层人民法院一般管辖县、县级市或者区的工商行政管理机关核准登记企业的破产案件；中级人民法院一般管辖地区、地级市（含本级）以上的工商行政管理机关核准登记企业的破

① 该司法解释是针对2007年6月1日起已经失效的1986年12月2日发布、1988年11月1日开始实施的《企业破产法（试行）》作出的规定。随着上述法律的失效，该司法解释原则上亦应失效。因工作上的衔接考虑，尚未宣布失效。但在适用中应特别注意与2007年6月1日起施行的《企业破产法》及之后发布的相关司法解释进行甄别，凡是与《企业破产法》及之后发布的相关司法解释不一致或与《企业破产法》基本制度、原则不一致的，绝不能再适用；不矛盾的，在新的司法解释出台前可参照适用。

产案件；纳入国家计划调整的企业破产案件，由中级人民法院管辖。”

《最高人民法院印发〈关于审理上市公司破产重整案件工作座谈会纪要〉的通知》“二、关于上市公司破产重整案件的管辖”指出：“……由于上市公司破产重整案件涉及法律关系复杂，影响面广，对专业知识和综合能力要求较高，人力物力投入较多，上市公司破产重整案件一般应由中级人民法院管辖。”

《北京市高级人民法院关于印发〈北京市高级人民法院企业破产案件审理规程〉的通知》第二条级别管辖规定：“基层人民法院管辖县、区级工商行政管理机关核准登记企业的破产案件。中级人民法院管辖市级以上工商行政管理机关核准登记企业的破产案件。纳入国家计划调整的企业破产案件，由中级人民法院管辖。金融机构、上市公司破产案件，由中级人民法院管辖。”①

2. 破产案件的集中管辖

破产案件的集中管辖有两个层面的意义。一个层面是指在一个区域内，所有破产案件均由指定的清算与破产审判庭负责受理管辖；另一个层面是指根据《破产法》第二十一条之规定：“人民法院受理破产申请后，有关债务人的民事诉讼，只能向受理破产申请的人民法院提起。”

对于破产衍生诉讼的集中管辖，应注意以下几点。②

（1）限于破产受理后提起的诉讼

对于在破产受理前已经立案受理且在破产案件受理时尚未审理完毕的有关破产企业的民事诉讼案件，无论是否已经开庭，根据《破产法》第二十条的规定，均应由原审理法院继续审理，而不应再移送破产受理法院。

另外，在重整案件中，对于法院裁定批准重整计划并终止重整程序后

---

① 根据北京市高级人民法院于2019年10月28日发布且于2019年11月1日开始生效的《北京市高级人民法院关于调整公司强制清算案件及企业破产案件管辖的通知》及2021年3月16日发布且施行的《最高人民法院关于北京金融法院案件管辖的规定》的规定，破产案件以北京破产法庭集中管辖为原则，其他法院管辖为辅。

② 兰台律师事务所：《破产衍生诉讼案件管辖规则》，载兰台律师事务所微信公众号，地址：https://mp.weixin.qq.com/s/ZOGX8-xDv3thyBr8iEyObA，最后访问日期：2023年2月6日。

新发生的事实所引发的有关债务人的诉讼，因此时重整计划已进入执行阶段，债务人已完成资产负债的集中清理并恢复经营，新发生的事实与重整工作已无关联，应当恢复适用《民事诉讼法》的管辖规则。《最高人民法院关于印发〈全国法院民商事审判工作会议纪要〉的通知》（以下简称《九民纪要》）第一百一十三条第二款规定："重整计划执行期间，因重整程序终止后新发生的事实或者事件引发的有关债务人的民事诉讼，不适用《企业破产法》第 21 条有关集中管辖的规定……"

（2）诉讼仅限民事诉讼

破产程序属于民事特别程序，其在管辖规则上的特殊性也仅限于民事诉讼领域。对于涉及破产企业的行政诉讼案件或刑事诉讼案件，因不属于民事程序，其管辖仍应遵从有关法律法规的规定。

（3）破产企业作为第三人的管辖问题

破产企业在作为有独立请求权第三人时，因其对诉讼标的具有独立的请求权，应当属于破产衍生诉讼集中管辖的范围。但在破产企业作为无独立请求权第三人时，由于诉讼结果对破产企业可能并无直接影响，此时是否仍由破产受理法院集中管辖，则存在一定争议。①

在集中管辖的基本规则之下，破产衍生诉讼案件也存在由破产受理法院之外的其他法院审理的情形。此类情形仍然属于破产受理法院管辖的范畴，立案仍需在破产受理法院办理，只是根据相关规定由其他法院审理。具体类别如下。

（1）专业案件的审理

对于部分专业性较强、不宜由破产受理法院审理的民商事案件，可以

---

① 例如，《北京市高级人民法院关于印发〈北京市高级人民法院企业破产案件审理规程〉的通知》第五十九条新发生的有关债务人民事案件的集中管辖规定："人民法院受理破产申请后，以债务人为原告、被告或者第三人的新提起的第一审民事诉讼，由受理破产申请的人民法院管辖……"而《江苏省高级人民法院民事审判第二庭关于印发〈破产案件审理指南（修订版）〉的通知》（六）与受理破产申请有关的事项第七条则规定："人民法院受理破产申请后、破产程序终结前，当事人提起的有关债务人的第一审民事诉讼，由受理破产申请的人民法院管辖，但债务人作为无独立请求权第三人参加诉讼的除外……"

由相关法院进行审理。①

（2）小额简单案件由下级法院管辖

对于部分案情相对简单、标的数额较小的衍生诉讼案件，为减轻破产受理法院压力、提高案件审理效率，破产受理法院可以根据《民事诉讼法》第三十八条的规定，将此类案件交由下级法院审理。②

如前所述，上述两种案件均属于破产受理法院管辖的案件，本质上并未脱离破产衍生诉讼案件的集中管辖规则。因此，此类案件原则上仍应在破产受理法院办理立案。

除了由破产受理法院管辖的案件以外，部分法院会根据审判实践需要，特别规定由其他法院管辖破产衍生诉讼案件。与前述衍生诉讼管辖的区别在于，此类诉讼应在有管辖权的法院直接办理立案。

以上海市为例，根据《上海市高级人民法院关于调整上海法院强制清算与破产案件集中管辖的通知》（以下简称《集中管辖通知》）第二条、第三条、第四条，以及《上海市高级人民法院关于上海法院受理涉劳动争议破产衍生诉讼指定管辖的通知》等规定，法院受理破产案件后发生的有关债务人的衍生诉讼案件，适用指定管辖的相关规定。③

---

① 相关规定见于《最高人民法院关于适用〈中华人民共和国企业破产法〉若干问题的规定（二）》第四十七条第三款，该条款规定："受理破产申请的人民法院，如对有关债务人的海事纠纷、专利纠纷、证券市场因虚假陈述引发的民事赔偿纠纷等案件不能行使管辖权的，可以依据民事诉讼法第三十七条的规定，由上级人民法院指定管辖。"

② 例如，《北京市高级人民法院关于调整公司强制清算案件及企业破产案件管辖的通知》第二条规定："……北京市第一中级人民法院将下列破产衍生诉讼案件交由石景山区、门头沟区、海淀区人民法院审理：1. 按诉讼标的额应由区级人民法院审理的破产债权确认案件；2. 按诉讼标的额应由区级人民法院审理的取回权案件。"

③ 第一，有关债务人的涉金融衍生诉讼案件，由上海金融法院管辖；第二，除了涉知识产权、海事、金融等专门管辖案件及法定专属管辖案件以外，由上海市第三中级人民法院及上海金融法院受理的破产及强制清算案件引发的其他衍生诉讼案件，由上海铁路运输法院管辖；第三，涉劳动争议衍生诉讼案件，由用人单位所在地或劳动合同履行地的基层人民法院管辖，二审案件则由基层法院对应辖区的中级人民法院审理；第四，除涉海事纠纷案件，以及上述专属管辖以外的其他衍生诉讼案件，由上海市浦东新区人民法院管辖；第五，针对上海市浦东新区人民法院、上海铁路运输法院作出的衍生诉讼裁判提出上诉的二审案件，以及审判监督案件，除了涉知识产权、海事、金融等专门管辖案件及法定专属管辖案件以外，由上海市第三中级人民法院管辖。根据《集中管辖通知》的规定，对于以上诉讼案件，当事人可以直接向有管辖权的人民法院提起衍生诉讼。此种方式应该仍然属于集中管辖，只是基于特殊规定，集中管辖的法院不仅限于破产受理法院，而应扩大到其他法院受理。

因实践中存在诸如此类的特殊规定，本文不再一一列举，当事人如欲提起关于破产企业的衍生诉讼案件，建议先行了解当地相关管辖规定。

关于破产案件集中管辖，《最高人民法院印发〈关于在中级人民法院设立清算与破产审判庭的工作方案〉的通知》（法〔2016〕209号）“二、设立范围”指出：“直辖市应当至少明确一个中级人民法院设立清算与破产审判庭，省会城市、副省级城市所在地中级人民法院应当设立清算与破产审判庭。其他中级人民法院是否设立清算与破产审判庭，由各省（区、市）高级人民法院会同省级机构编制部门，综合考虑经济社会发展水平、清算与破产案件数量、审判专业力量、破产管理人数量等因素，统筹安排。根据各地经济发展水平、僵尸企业处置工作的实际需求、破产案件审判工作情况，首先在北京、上海、天津、重庆四个直辖市的一个中级人民法院以及河北、吉林、江苏、浙江、安徽、山东、河南、湖北、湖南、广东、四川等11个省的省会城市和副省级市中级人民法院设立清算与破产审判庭，于2016年7月底前完成。其余省（区）省会城市和副省级市中级人民法院于2016年12月底前完成清算与破产审判庭设立工作……”

“四、案件管辖”指出：“中级人民法院设立的清算与破产审判庭一般管辖地（市）级以上（含本级）工商行政管理机关核准登记公司（企业）的强制清算与破产案件。省、自治区、直辖市范围内中级人民法院因特殊情况需对公司强制清算与企业破产案件的地域管辖作出调整的，须经当地高级人民法院批准。”

2015年2月5日，深圳市中级人民法院发布《破产案件立案规程》，第五条规定：“住所地在深圳的企业法人及法律规定的其他组织的破产申请，统一由本院审查受理。”

就破产案件以及衍生案件的集中管辖，上海市高级人民法院于2021年12月27日发布且于2022年1月1日开始生效的《集中管辖通知》规定，破产案件以上海市第三中级人民法院（破产法庭）管辖为原则，上海金融法院、上海市浦东新区人民法院管辖为辅（见表1）。

表 1　上海法院强制清算与破产案件集中管辖

法院/案件类型	上海市第三中级人民法院（以下简称上海三中院）	上海金融法院	上海市浦东新区人民法院（以下简称浦东法院）	上海铁路运输法院（以下简称铁路法院）	其他法院
强制清算和破产案件	①企业/债务人住所地在上海市的案件；②跨境破产案件（浦东法院、上海金融法院管辖除外）。	①市辖区内金融机构的案件；②债务人为金融机构的跨境破产案件。	企业（金融机构除外）住所地在浦东新区、自贸区临港新片区。	/	/
衍生诉讼案件	浦东法院、铁路法院衍生诉讼二审案件（涉知产、海事、金融等专门、专属管辖案件除外）。	上海金融法院受理强清和破产案件后有关债务人的涉金融衍生诉讼案件。	浦东法院受理强清和破产案件后有关债务人的衍生诉讼案件（涉海事及专属管辖案件除外）。	上海三中院、上海金融法院受理强清和破产案件后有关债务人的衍生诉讼二审案件（涉知产、海事、金融等专门、专属管辖案件除外）。	涉知产、海事等专门、专属管辖、劳动案件。
“执转破”案件	全国各级法院移送的“执转破”审查案件（浦东法院、上海金融法院管辖除外）。	全国各级法院移送的以上海市辖区内金融机构为债务人的“执转破”案件。	浦东法院移送的“执转破”审查案件、全国各级法院移送的以企业住所地位于浦东新区、自贸区临港新片区的“执转破”审查案件。	/	/
其他案件	破产审判监督案件、浦东法院作出的涉强清和破产不予受理、驳回申请裁定的二审案件。	/	/	/	/

上海市高级人民法院确定以由上海三中院集中管辖破产案件为一般原则，同时对于因为破产衍生的案件，根据指定管辖、专业管辖、专属管辖原则，由相关法院集中管辖受理。

北京市也同样规定了破产案件的集中管辖及衍生制度，根据北京市高级人民法院于2019年10月28日发布且于2019年11月1日开始生效的《关于调整公司强制清算案件及企业破产案件管辖的通知》及《最高人民法院关于北京金融法院案件管辖的规定》的规定，破产案件以由北京破产法庭集中管辖为原则，其他法院管辖为辅（见表2）。

表2　北京法院强制清算与破产案件集中管辖

法院/案件类型	北京破产法庭	石景山区、门头沟区、海淀区人民法院	北京金融法院
强制清算和破产案件	①北京市辖区内区级以上（含区级）市场监督管理部门核准登记的公司（企业）的强制清算和破产案件；②跨境破产案件。	/	以金融机构为债务人的破产纠纷。
衍生诉讼案件	上述强制清算和破产案件的商事类衍生诉讼案件。	①按诉讼标的额应由区级人民法院审理的破产债权确认案件；②按诉讼标的额应由区级人民法院审理的取回权案件。	上述破产案件的衍生类诉讼案件。
“执转破”案件	全国各级法院移送的“执转破”审查案件（北京金融法院管辖除外）。	/	全国各级法院移送的以北京市辖区内金融机构为债务人的“执转破”案件。
其他案件	其他依法应当由其审理的案件。	/	/

第二节　破产原因

破产原因是破产程序的门槛，对破产率有直接影响，对破产程序的繁简多寡亦有决定性意义，反映法律对利益的权衡取舍。

《破产法》第二条第一款规定："企业法人不能清偿到期债务，并且资产不足以清偿全部债务或者明显缺乏清偿能力的，依照本法规定清理债务。"破产原因是人民法院判断对破产申请是否应予受理时的审查认定标准。

《破产法》第七条第一款规定了债务人申请破产的条件："债务人有本法第二条规定的情形，可以向人民法院提出重整、和解或者破产清算申请。"

《破产法》第七条第二款规定了债权人申请破产的条件："债务人不能清偿到期债务，债权人可以向人民法院提出对债务人进行重整或者破产清算的申请。"

破产原因不同于破产申请条件，后者是申请人向人民法院提出债务人破产申请时应当具备的要件。由上文可知，由债务人自行提出破产申请的，破产申请的条件与破产原因一致；由债权人提出破产申请的，债务人不能清偿到期债务是债权人提出债务人破产申请的唯一实质条件，至于债务人是否资不抵债或明显缺乏清偿能力，债权人无须在提出债务人破产申请时举证证明。法院收到申请后，如果依据《破产法》第十条第一款之规定，债务人不能在收到法院通知之日起七日内举证证明其资可抵债，或者具备清偿能力，则法院裁定受理债权人提出的破产申请。

破产须同时满足如下两个破产原因：第一，企业法人无法清偿到期债务；第二，资产不足以清偿全部债务或者明显缺乏清偿能力。

一、无法清偿到期债务的认定

企业无法清偿到期债务，根据《最高人民法院关于适用〈中华人民共和国企业破产法〉若干问题的规定（一）》[以下简称《破产法司法解释（一）》]第二条及《北京市高级人民法院关于印发〈北京市高级人民法院企业破产案件审理规程〉的通知》第十九条之规定，应该同时满足下列条件：一是债权债务关系依法成立；二是债务履行期限已经届满；三是债务人未完全清偿债务。

就申请债务人破产的债权人的债权是否须经生效法律文书确认的问题，《四川省高级人民法院关于印发〈关于审理破产案件若干问题的解答〉的通知》第一部分中的第 2 个问题及其解答为非必要。根据《破产法》第七条第二款的规定，债务人不能清偿到期债务是债权人提出破产申请的条件之一。债权人申请债务人破产，应证明其债权人身份，且债务履行期限已经届满未获清偿。人民法院或仲裁机构的生效法律文书并非证明债权人身份的唯一证据形式，人民法院应根据当事人提交的证据材料对债权的真实性依法进行审查，如能够依据当事人签订的合同、支付凭证、对账单、还款协议等主要证据确定债权，且债务人未依据《破产法》第十条第一款的规定提出异议，或者其异议经审查不成立的，人民法院不能仅以债权未经生效法律文书确认、债权人身份尚不确定为由不予受理。

二、资产不足以清偿所有债务的认定

《破产法司法解释（一）》第三条规定："债务人的资产负债表，或者审计报告、资产评估报告等显示其全部资产不足以偿付全部负债的，人民法院应当认定债务人资产不足以清偿全部债务，但有相反证据足以证明债务人资产能够偿付全部负债的除外。"

资产不足以清偿全部债务可以概括为"资不抵债"或"债务超过"，是指债务人的实有资产不足以清偿全部债务，其着眼点是资债各自总额的多寡关系。考察债务人的偿还能力仅以其实有财产为限，不考虑信用、能力等可能影响债务人清偿能力的因素，计算债务数额时，不考虑是否到期，均纳入债务总额之内。

判断债务人是否资不抵债，即判断债务人的资产状况的文件应具有明确性和客观性。资产负债表反映了企业资产、负债、所有者权益的总体规模和结构，可以据此判断债务人的资产状况。同时，应该注意到资产负债表反映的企业资产价值具有期限性和不确定性，甚至企业自行制定的资产负债表也存在虚假的情况。结合资产负债表可能出现的不及时、不真实、不准确的问题，《破产法司法解释（一）》第三条规定反映了以下做法：应当以债务人的真实财产数额为基础；当利害关系人对债务人出具的资产负债表存在异议时，可以以中介机构编制的具有更高公信力与证明力的审计报告和资产评估报告作为判断依据。比如，如果企业作为债务人的资产负债表的净资产为负值，则可以推定其资产不足以清偿所有债务。但是，如果债务人的不动产、无形资产等资产的账面价值与市场价值存在巨大差异，债务人可以通过资产评估报告的方式证明债务人之资产能够偿付全部负债，则可以推翻资产负债表的初步证明效力。

在债权人申请破产案件中，关于如何认定资产不足以清偿所有债务的举证责任，法院通常采取举证责任倒置的原则，即要求债务人提供其资产负债表等财务报表。

三、明显缺乏清偿能力的认定

《破产法司法解释（一）》第四条规定，债务人账面资产虽大于负债（即便资产负债表显示净资产为正数），但存在下列情形之一的，人民法院应当认定其明显缺乏清偿能力。

1. 因资金严重不足或者财产不能变现等，无法清偿债务（如无法变现或变现即意味着倒闭，实践中，有担保物权的债权人往往也难以说服法院采取必然导致债务人倒闭、职工失业的执行措施以实现权利，故启动破产程序较为可行）。

2. 法定代表人下落不明且无其他人员负责管理财产，无法清偿债务

（此时一般意味着债务人行为能力实际上难以发挥作用，即意味着其在偿债履行上丧失能力）。

3. 经人民法院强制执行，无法清偿债务（如经强制执行无法清偿债务，法院通常会依法出具终本裁定或者中止执行裁定，均可作为证据证明该情形成立）。

4. 长期亏损且经营扭亏困难，无法清偿债务（从债务人的持续经营能力角度考察其清偿能力，载明持续亏损的损益表以及所有者权益不断下降的资产负债表均可作为证据）。

5. 导致债务人丧失清偿能力的其他情形（兜底性条款，可附上欠付职工工资、欠付税费、停止经营等相关证据，作为补强证据，给予法院一定的自由裁量权）。

第三节　破产能力

破产能力，或破产资格，是指债务人能够适用破产程序解决债务清偿问题的资格，也就是民事主体可以被宣告破产以清偿债务的资格。[①] 民事权利能力构成民事主体是否能取得破产能力的基础，但民事主体具有民事权利能力，并不意味着其当然具有破产能力。

对是否赋予民事主体破产能力，取决于两个方面的判断：一是是否有一定程度上区分组成人员的相对独立之资产；二是民事主体的消灭是否影响社会管理秩序。

基于以上两个方面的判断，公法人和私法人具有不同的破产能力。公法人一般指国家或地方政府机关以及代表国家或地方政府履行社会管理职能的团体，通常不具有破产能力，如《民法典》第九十六条规定的机关法人，即不具有破产能力，因为机关法人以社会公共管理职能为目的，其

① 王欣新主编：《破产法原理与案例教程》，中国人民大学出版社2015年版，第20页。

破产会导致社会管理职能缺失和社会秩序混乱。

因此，只有具有破产能力的主体才能被纳入《破产法》的调整范围，破产能力构成法院宣告债务人破产的必要条件，没有破产能力的债务人，法院不得宣告其破产。

私法人最基本的分类就是公益法人（事业性法人）和营利性法人（企业性法人）。一般来说，公益法人是具有破产能力的，但会由特别法来限制其破产程序。对于营利性法人是否具有破产能力，各国立法和理论界均持肯定态度，但有的国家对特种行业企业法人的破产能力在破产程序的适用上进行了限制或排除。

《合伙企业法》第九十二条规定了合伙企业的破产能力。[①]《破产法》第一百三十五条规定："其他法律规定企业法人以外的组织的清算，属于破产清算的，参照适用本法规定的程序。"

2021 年 3 月，《深圳经济特区个人破产条例》正式实施，全国个人破产制度在深圳正式启动。

根据《破产法》的规定，结合相关法律法规，具有破产能力的民事主体包括以下类别。

一、营利性法人

营利性法人包括有限责任公司、股份有限公司、全民所有制企业、外商投资企业、股份合作制公司（股份合作制是以合作制为基础，吸收股份制的一些做法，劳动者的劳动联合和资本联合相结合形成的企业组织形式，通常由国有企业和职工共同持股）。

二、合伙企业

合伙企业属于企业法人以外的组织，其破产清算可以参照适用《破产

① 《合伙企业法》第九十二条规定："合伙企业不能清偿到期债务的，债权人可以依法向人民法院提出破产清算申请，也可以要求普通合伙人清偿。合伙企业依法被宣告破产的，普通合伙人对合伙企业债务仍应承担无限连带责任。"

法》规定的程序。《合伙企业法》第九十二条规定："合伙企业不能清偿到期债务的，债权人可以依法向人民法院提出破产清算申请，也可以要求普通合伙人清偿。合伙企业依法被宣告破产的，普通合伙人对合伙企业债务仍应承担无限连带责任。"赋予合伙企业的债权人既可以依法提出破产清算申请，也可以要求普通合伙人清偿的权利。

三、民办非企业单位

1996 年，中共中央办公厅、国务院办公厅印发《关于加强社会团体和民办非企业单位管理工作的通知》，首次提出了"民办非企业单位"（以下简称民办非企）的表述。1998 年，国务院颁布了《民办非企业单位登记管理暂行条例》（以下简称《民非条例》）。2022 年一季度民政统计数据中，社会组织中的民办非企数量为 52.1 万个。[①]

《民非条例》第二条规定，民办非企是指企业事业单位、社会团体和其他社会力量以及公民个人利用非国有资产举办的，从事非营利性社会服务活动的社会组织。民办非企的成员不能分配盈余和清算后的剩余财产，该等盈余或财产只能用于社会公益事业。民办非企可以依法进行合理的收费。民办非企并非不允许有国有资产的成分，只要国有资产不占主导、支配地位，都为立法所允许。

民办非企所在行业主要有九类，包括教育、卫生、文化、科技、体育、劳动、民政、社会中介、法律服务，此外还有一个其他类作为兜底。依据《民办非企业单位登记暂行办法》第二条的规定，根据依法承担民事责任的不同方式，民办非企分为以下三种。

第一种，个体型。个人出资且担任民办非企负责人。

第二种，合伙型。两人或两人以上合伙举办。

第三种，法人型。两人或两人以上举办且具备法人条件的；或者由企业事业单位、社会团体和其他社会力量举办的或由上述组织与个人共同举

① 中华人民共和国民政部，https：//www.mca.gov.cn/article/sj/tjjb/2022/202201qgsj.html，最后访问日期：2022 年 7 月 31 日。

办的。

根据《民法典》第八十七条第一款之规定，法人型民办非企应为非营利法人。[①] 但随着社会的发展，民办非企的公益性目的也在发生变化，如根据2016年修正后的《民办教育促进法》，不再使用“合理回报”的概念，而是基于其是否以营利为目的设立及举办区分非营利性（强调其公益属性，举办者不得收取回报，办学结余全部用于办学）或营利性（办学结余可依照《公司法》等规定处理）民办学校，并依此对非营利性或营利性民办学校进行分类登记和管理。根据2016年12月30日发布的《营利性民办学校监督管理实施细则》，营利性民办培训机构参照该细则执行。

此外，一些地方出于为社会服务的目的，也对民办非企的公益性目的作了调整。[②]

无财产无人格，民办非企的财产具有公共性（是一种举办者所管理的社会公共财产的集合体，相对于受益人而言）、独立性（相对于举办者、捐助者或者其他社会组织而言），可以承担独立的法律责任，对其清算如果不会导致社会管理职能缺失和社会秩序混乱，则应该具有破产能力。

《民办教育促进法》第五十八条规定，民办学校终止时，应当依法进行财务清算。清算分为三种情形：一是民办学校自己要求终止的，由民办学校组织清算；二是被审批机关依法撤销的，由审批机关组织清算；三是因资不抵债无法继续办学而被终止的，由人民法院组织清算。同时，第五十九条对民办学校的财产规定了以下清偿顺序：第一，应退受教育者学费、杂费和其他费用；第二，应发教职工的工资及应缴纳的社会保险费用；第三，偿还其他债务。

非营利性民办学校清偿上述债务后的剩余财产继续用于其他非营利性

---

① 《民法典》第八十七条规定：“为公益目的或者其他非营利目的成立，不向出资人、设立人或者会员分配所取得利润的法人，为非营利法人。非营利法人包括事业单位、社会团体、基金会、社会服务机构等。”

② 《江苏省政府关于全面放开养老服务市场提升养老服务质量的实施意见》（苏政发〔2017〕121号）规定，对有结余的民办非企（如养老机构），可对举办者进行奖励，对于开办满一定年限的，举办者还能就其份额进行转让、赠与和继承。

学校的办学；营利性民办学校清偿上述债务后的剩余财产，依照《公司法》的有关规定处理。

结合《民办教育促进法》第五十八条（从民办非企的性质角度而言，民办非企是可以具有破产能力的）与《合伙企业法》第九十二条（从组织形式的角度而言，合伙企业是可以具有破产能力的）之规定，再结合深圳试行的个人破产实践，笔者倾向于认为，法人型的民办非企应该具有破产能力，合伙型的民办非企可以具有破产能力，个人型的民办非企具有破产能力并不违反法律的强制性规定（个人独资企业具有与个人型的民办非企相同的情形）。①

第四节　申请破产需要提交的材料

《破产法》采用的是对广义的破产法律制度的理解，而非狭义的破产清算概念，将破产清算以外的各种以避免债务人破产宣告为主要目的的重整、和解法律制度也被视为破产法的组成部分。因此，人民法院在确定案由时，应该依据当事人提出的申请材料明确其提出的具体破产程序类型。

因为申请破产清算的主体不同，所以其应提交的申请材料和法院的审查标准和范围也不同。

一、债务人申请破产

《破产法》第八条规定，债务人提出破产申请，应当向法院提交以下资料。

① 2012年12月11日发布的《最高人民法院关于个人独资企业清算是否可以参照适用企业破产法规定的破产清算程序的批复》（法释〔2012〕16号）："贵州省高级人民法院：你院《关于个人独资企业清算是否可以参照适用破产清算程序的请示》（〔2012〕黔高研请字第2号）收悉。经研究，批复如下：根据《中华人民共和国企业破产法》第一百三十五条的规定，在个人独资企业不能清偿到期债务，并且资产不足以清偿全部债务或者明显缺乏清偿能力的情况下，可以参照适用企业破产法规定的破产清算程序进行清算。根据《中华人民共和国个人独资企业法》第三十一条的规定，人民法院参照适用破产清算程序裁定终结个人独资企业的清算程序后，个人独资企业的债权人仍然可以就其未获清偿的部分向投资人主张权利。"

1. 破产申请书，载明申请人的基本信息、申请目的、申请类型、申请的事实和理由。

2. 债务人的主体资格证明，包括企业法人营业执照副本、法定代表人或负责人身份证明及其他最新工商登记材料。

3. 主动申请破产，一般须经债务人企业股东会（或股东大会）决议通过。债务人为国有独资或者控股公司的，还应当提交出资机构同意申请破产的文件以及企业工会或者职工代表大会对企业申请破产的意见。

4. 资产负债情况，资产不足以清偿全部债务或明显缺乏清偿能力的证明资料，包括：债务人的资产负债表、资产评估报告或审计报告（一般是近三年的）；债务人截至破产申请日的资产状况明细表，包括有形资产、无形资产及对外投资情况等；债权清册、债务清册及担保情况表；债务人所涉诉讼、仲裁、执行情况及相关法律文书。

5. 职工情况，债务人的职工名单、工资清册、社保清单、职工安置预案以及职工工资的支付和社会保险费用的缴纳情况。

6. 法院认为应当提交的其他材料。

债务人申请重整的，还应当提交下列材料。

1. 债务人的股东会、董事会、主管部门或投资人同意重整的文件。

2. 债务人具有重整价值的分析报告及证据材料。

3. 债务人重整的可行性分析报告或重整方案。

二、债权人申请破产

《破产法》第七条第二款规定了债权人提出破产的情形，同时第十条规定了债务人后续的异议程序，故其应当向法院提交的资料少于债务人申请破产的材料。

1. 破产申请书，载明申请人和被申请人的基本信息、申请目的、申请类型、申请的事实和理由。

2. 申请人的主体资格证明，包括企业法人营业执照副本或居民身份证及其他身份证明。

3. 债务人的主体资格证明，包括最新工商登记材料等。

4. 债务人不能清偿申请人到期债务的证据，包括债权性质、数额、有无财产担保（有财产担保的应当提供证据）等情况，债权明确无争议的证据，如生效裁判文书等。

债权人申请债务人重整的，还应当提交债务人具有重整价值的分析报告及证据材料、法院认为应当提交的重整可行性分析报告等其他材料。

三、清算责任人申请破产

《破产法》第七条第三款规定："企业法人已解散但未清算或者未清算完毕，资产不足以清偿债务的，依法负有清算责任的人应当向人民法院申请破产清算。"

《民法典》第七十条第二款规定："法人的董事、理事等执行机构或者决策机构的成员为清算义务人。法律、行政法规另有规定的，依照其规定。"

清算义务人申请债务人破产清算时应当提交以下材料。

1. 破产申请书，载明申请人和被申请人的基本信息、申请目的、申请类型、申请的事实和理由。

2. 债务人的主体资格证明，包括企业法人营业执照副本、法定代表人或负责人身份证明及其他最新工商登记材料。

3. 清算义务人的基本情况或者清算组成立的文件。

4. 债务人解散的证明材料（证明材料符合《民法典》第六十九条及《公司法》第一百八十条规定的解散情形）。

5. 债务人资产不足以清偿全部债务的财务报告或者清算报告。

6. 债务人的职工名单、工资清册、社保清单、职工安置预案以及职工工资的支付和社会保险费用的缴纳情况。

7. 债务人截至破产申请日的资产状况明细表，包括有形资产、无形资产及对外投资情况等。

8. 债务人的债权清册、债务清册及担保情况表，列明债务人已有的债权人及债务人的名称、住所、债权或债务数额、发生时间、催收及担保情况等。

9. 债务人所涉诉讼、仲裁、执行情况及相关法律文书。

10. 法院认为应当提交的其他材料。

第五节　法院受理破产案件的审查方式

法院受理破产案件后的审查，分为形式审查和实质审查。

《最高人民法院关于破产案件立案受理有关问题的通知》（以下简称《立案受理通知》）第二条和第三条规定，立案部门登记立案后，应及时将案件移送负责审理破产案件的审判业务部门；审判业务部门应根据申请主体为债权人或债务人的不同情况在法定期限内作出是否受理的裁定。

《破产法》第十条规定，允许债务人提出异议且异议可以是针对实体或程序的所有异议。审判业务部门不经实质审查，无法判断异议是否成立。比如，债权债务关系的真实性、是否已届清偿期等。《九民纪要》第一百零七条本着提高破产案件的受理效率的原则，规定形式审查与实质审查应该有效衔接，法院不得以非法定理由拒绝接收破产申请材料，破产申请材料不完备的，立案部门应当告知当事人在指定期限内补充材料，待材料齐备后以“破申”作为案件类型代字编制案号登记立案，并及时将案件移送破产审判部门进行破产审查。

之所以要对破产申请进行实质审查，是因为“民事案件立案后，一般只产生受诉法院取得案件管辖权、当事人分别取得原被告诉讼地位等程序法律效果，以及诉讼时效中断的实体法律效果，这对当事人的实体权益内容往往影响不大。但破产案件一旦立案，则会对债权人、债务人产生一系列重大的实体法律效果，严重影响债权实现的进程、方式以及债务人的经营活动和商业信誉等。概而言之，这些重大实体法律效果包括：有关债务人财产的执行程序应当中止，财产保全措施应当解除；未到期的债权加速到期，附利息的债权停止计息；债务人的经营管理人员丧失对企业的经营管理权，而由管理人全面接管债务人企业；禁止债务人对个别债权人进行清偿；债务人的债务人或财产持有人应当向管理人清偿债务或者交付财产；有关债务人的民事诉讼，只能向受理破产申请的人民法院提起；破产衍生诉讼由受理破产申请的法院专属管辖；管理人有权解除待履行合同等”[①]。除此之外，法院经实质审查，发现债务人有隐匿、转移财产等行为，为了逃避债务而申请破产，或者债权人借破产申请毁损债务人商业信誉、意图损害公平竞争等情形的，都应裁定不予受理。

破产审判部门进行的实质审查包括破产能力审查，主要是对申请人进行的主体资格审查（审查债务人是否具备法人资格，或者虽不具备法人资格，但可以参照破产程序进行清算）以及破产原因审查（审查债务人是否不能清偿到期债务、资产是否不足以清偿全部债务或者债务人是否明显缺乏清偿能力）。

在法院内部，形式审查与实质审查是由不同的部门还是由同一个部门负责，不同的法院有不同的做法。主流做法为，形式审查由立案部门负责，实质审查由审判业务部门负责。[②] 还有一种做法是，形式审查和实质

① 王富博：《破产立案制度的反思与重构》，载《人民司法》2017年第19期，第10页。

② 《北京市高级人民法院关于印发〈北京市高级人民法院企业破产案件审理规程〉的通知》（京高法发〔2013〕242号）第二十九条（分工及案号）规定：“破产案件的立案工作由人民法院立案庭与负责审理破产案件的审判庭共同完成。审判庭负责破产申请的审查工作，立案庭负责案件立案的程序工作。立案庭收到破产申请人提交的破产申请书和相关材料后，经形式审查，符合本规程第13条、14条、15条、16条规定的，应立案号，案号为‘（××××）×破（预）字第×号’。之后，立案庭应将申请人提交的申请等有关材料移交审理破产案件的审判庭审查，并由审判庭依法作出是否受理破产申请的裁定。破产申请受理前人民法院制作的各类法律文书，以及审判业务庭作出的不予受理或受理民事裁定书，均按前款规定确定文号。审判业务庭裁定受理破产申请后，立案庭应以‘（××××）×破字第×号’确定案号。”

第三十条（破产程序中的文书应编排序号）规定：“人民法院在审理一个破产案件中作出的各类文书应编排序号。如：民事裁定书应当分别以‘（××××）×破字第×-1号’民事裁定书、‘（××××）×破字第×-2号’民事裁定书、‘（××××）×破字第×-3号’民事裁定书——依次编号；决定书应当分别以‘（××××）×破字第×-1号’决定书、‘（××××）×破字第×-2号’决定书、‘（××××）×破字第×-3号’决定书——依次编号，等等。”

《深圳市中级人民法院破产案件立案规程》第三条规定：“破产案件立案实行形式审查与实质审查相结合的审查原则，形式审查由立案一庭负责，实质审查由公司清算和破产审判庭负责。”

《河北省高级人民法院破产案件审理规程（试行）》第十七条规定：“立案庭登记‘破申’案号后应在一个工作日内将申请材料移送破产案件审判庭审查，由破产案件审判庭审查后作出是否受理破产申请的裁定。”

审查均由审判业务部门负责①。为最大限度地把握破产申请案件立案审查的质量，基于立案部门和审判业务部门的人员与资源配置区别以及破产案件的特殊性质和影响等原因，两种做法的实质审查均由审判业务部门负责，符合《立案受理通知》的相关规定。

第六节　法院受理破产案件的审查程序

根据《立案受理通知》之规定，立案部门经审查认为申请人提交的材料符合法律规定的（形式审查），应当场立案登记，及时将案件移送负责审理破产案件的审判业务部门进行受理要件审查。审判业务部门应当在五日内将立案及合议庭组成情况通知债务人及提出申请的债权人。债权人提出破产申请的，债务人应当自收到通知之日起七日内提出异议，审判业务部门应当自债务人异议期满之日起十日内裁定是否受理。有其他情形的，审判业务部门应当自人民法院收到破产申请之日起十五日内裁定是否受理。有特殊情况需要延长审查期限的，经上一级法院批准，可以延长十五日。

法院对破产案件予以受理的，应出具破字案号裁定书，该裁定书一裁终局，不得上诉；不予受理的，应出具破申案号裁定书，对该裁定书不服的申请人可以上诉。

法院受理破产案件的审查程序见图1。

① 《东营市中级人民法院破产案件立案规程（试行）》第六条（立案审查）规定："破产案件立案实行形式审查与实质审查相结合的审查原则，由破产审判部门负责。"

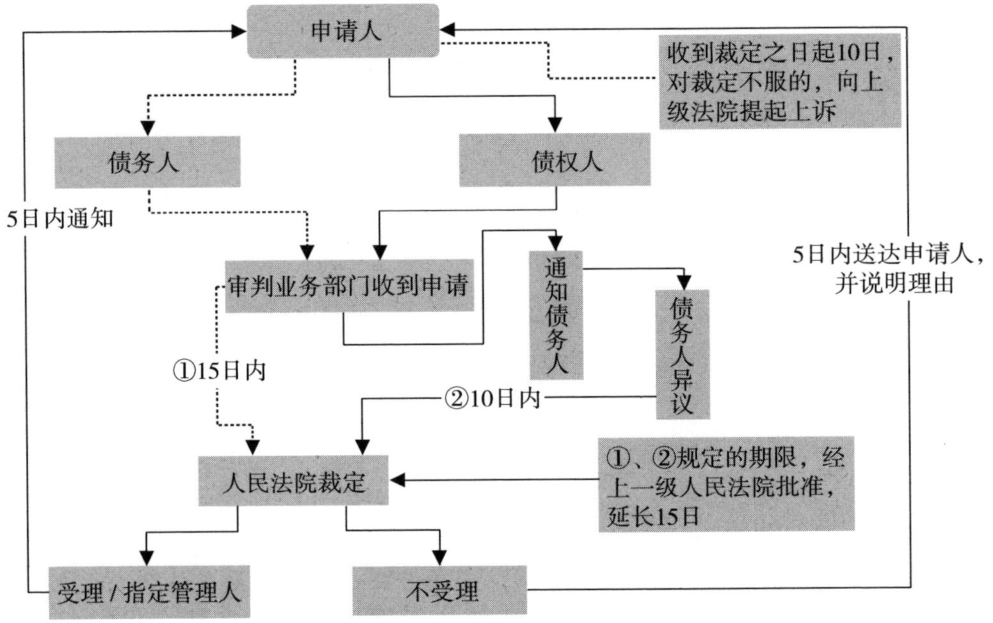

图 1　启动破产程序流程

第七节　破产申请程序中的个案和解

一、法院裁定受理破产申请前允许个案和解

在法院收到破产申请后、裁定受理破产申请前，如果债权人和债务人自行和解，债权人丧失不能清偿到期债权的请求基础，不再具备申请资格，则应该撤回破产申请，法院经审查后可以裁定准许；如果债权人不撤回破产申请，法院应当裁定不予受理。

在法院裁定不予受理或准许撤回申请之后，并不影响其他符合条件的主体再次提出破产申请。

破产申请被受理后，《破产法》第三十二条规定，人民法院受理破产申请前六个月内，债务人具有破产原因的情形，仍对个别债权人进行清偿的，管理人有权请求人民法院予以撤销。

二、法院裁定受理破产申请后禁止个案和解

在法院裁定受理破产申请后至破产宣告前，经审查发现债务人不具有破产原因的，可以依据《破产法》第十二条的规定驳回破产申请；申请人对该裁定不服的，可以向上一级法院提起上诉。

在法院裁定受理破产申请后，申请人不得请求撤回破产申请，债权人和债务人不得进行个案和解和清偿。

第八节 破产程序对相关主体的影响

一、破产程序对债务人的影响

1. 债务人财产、经营管理权的移交

《破产法》第二十五条规定，法院出具受理破产裁定并确定破产管理人后，债务人应当将财产、印章和账簿、文书等资料移交给管理人；债务人的内部管理事务、日常开支和其他必要开支由管理人决定；在第一次债权人会议召开之前，债务人的营业继续或停止经法院许可后，由管理人决定；债务人的财产由管理人管理和处分；债务人的诉讼、仲裁或其他法律程序由管理人代表。

在部分企业的重整或者预重整案件中，经法院认可，企业可以继续行使企业管理权，而不移交给破产管理人。

2. 保全措施解除、执行措施终止

《破产法》第十九条规定，法院受理破产申请后，有关债务人财产的保全措施应当解除，执行程序应当中止。

同时，法院在审理破产案件时，有关债务人财产被其他具有强制执行权力的国家行政机关，包括公安机关、税务机关、海关等采取保全措施或

者执行程序的，法院应当积极与上述机关进行协调和沟通，解除有关保全措施，中止有关执行程序，以便破产程序顺利进行。

二、破产程序对债权人的影响

1. 个案清偿禁止

《破产法》第三十一条第三项、第四项及第三十二条通过规定管理人的撤销权，从反面证成破产程序应该是债权人的平等受偿程序，排除了个案清偿，使采取了保全及执行措施的债权人与未进入诉讼程序以及未采取保全及执行措施的债权人，均可按照法定顺位获得清偿。

2. 债权申报

《破产法》第六章规定了债权人申报债权的程序、期限、债权确认或异议等。《破产法》第四十八条规定的职工债权不必申报。

三、破产程序对担保物权人的影响

《破产法》第一百零九条和第一百一十条规定，对破产人的特定财产享有担保权的权利人，对该特定财产享有优先受偿的权利。但其行使优先受偿权利未能完全受偿的，其未受偿的债权作为普通债权；放弃优先受偿权利的，其债权作为普通债权。因此，担保物权一般不受债务人破产的影响。

但在特定情形下，如债务人破产，对担保物权人处置担保物的程序性权利会产生一定的影响。《破产法》第七十五条第一款规定，在重整期间，对债务人的特定财产享有的担保权暂停行使。根据《九民纪要》第一百一十二条的规定，债务人进入破产重整程序的，管理人或者自行管理的债务人应当及时确定设定有担保物权的债务人财产是否为重整所必需。如果认为担保物不是重整所必需，管理人或者自行管理的债务人应当及时对担保物进行拍卖或者变卖，拍卖或者变卖担保物所得价款在支付拍卖、变卖费用后优先清偿担保物权人的债权。

四、破产程序对企业法定代表人、财务管理人员和其他经营管理人员的影响

《破产法》第十五条规定，自人民法院受理破产申请的裁定送达债务人之日起至破产程序终结之日，企业的法定代表人、经法院决定的企业的财务管理人员和其他经营管理人员承担下列义务：（一）妥善保管其占有和管理的财产、印章和账簿、文书等资料；（二）根据人民法院、管理人的要求进行工作，并如实回答询问；（三）列席债权人会议并如实回答债权人的询问；（四）未经人民法院许可，不得离开住所地；（五）不得新任其他企业的董事、监事、高级管理人员。

《破产法》第一百二十五条规定，企业董事、监事或者高级管理人员违反忠实义务、勤勉义务，致使所在企业破产的，依法承担民事责任。有前款规定情形的人员，自破产程序终结之日起三年内不得担任任何企业的董事、监事、高级管理人员。

《破产法》第一百二十六条规定，有义务列席债权人会议的债务人的有关人员，经人民法院传唤，无正当理由拒不列席债权人会议的，人民法院可以拘传，并依法处以罚款。债务人的有关人员违反本法规定，拒不陈述、回答，或者作虚假陈述、回答的，人民法院可以依法处以罚款。

《破产法》第一百二十七条规定，债务人违反本法规定，拒不向人民法院提交或者提交不真实的财产状况说明、债务清册、债权清册、有关财务会计报告以及职工工资的支付情况和社会保险费用的缴纳情况的，人民法院可以对直接责任人员依法处以罚款。债务人违反本法规定，拒不向管理人移交财产、印章和账簿、文书等资料的，或者伪造、销毁有关财产证据材料而使财产状况不明的，人民法院可以对直接责任人员依法处以罚款。

五、破产程序对股东的影响

企业被裁定破产，通常可理解为企业资产不足以支付所有债务，因

此，股东通过破产程序将无法收回其出资。破产程序在以下两个方面对股东产生实质性影响。

1. 股东出资加速到期

《破产法》第三十五条规定，人民法院受理破产申请后，债务人的出资人尚未完全履行出资义务的，管理人应当要求该出资人缴纳所认缴的出资，而不受出资期限的限制。

2. 股东出资权益丧失或者调整

在破产清算案件中，由于资产无法清偿所有债务，股东将丧失所有出资权益。

在破产重整尤其是上市公司破产重整案件中，股东并不完全丧失其出资权益，但大概率面临出资权益的调整，通过资本公积金转增股票、无偿或有偿转让股票、缩股等权益调整方式，获得现金或股票支持，全部或者部分用于清偿债务，但原股东的股份将相应被稀释。

六、破产程序对劳动者的影响

就企业破产启动程序来讲，破产申请可能由债权人、债务人提起，或者企业法人已解散但未清算或者未清算完毕，资产不足以清偿债务的，由负有清算责任的人提起。不同主体提出破产申请时，法律对于其安置职工的要求有所不同。当债务人提出破产申请时，根据《破产法》第八条的规定，职工安置方案及职工工资的支付和社会保险费用的缴纳情况是其在向法院提出破产申请时需要提供的必备材料之一。如果企业在申请破产时未提交或提交的安置方案未达到要求，法院将裁定不予受理公司的破产清算申请，且其他主体不需要必须提供职工安置方案。因此，破产程序对劳动者的影响相对较小。

法院裁定受理破产申请后，企业与员工之间的劳动合同并不当然解除或者终止，原则上应当继续履行。但根据申请人的不同，工作会有所不同，尤其是对于无职工安置方案的破产情形，职工债权申报等工作应当依法启动。因受理破产申请导致企业停工停产的，员工按照停工停产的规定享受待遇；企业正常经营的，员工薪资和社保等不受影响。破产管理人接管企业后，可以根据企业情况，结合职工安置方案，依法单方解除或者与员工协商一致后解除劳动合同，员工可获得经济补偿，还有其他职工权益，如应当依法处理社会保险等。根据《劳动合同法》第四十六条的规定，法院依法裁定宣告企业破产的，企业与员工之间的劳动合同依法终止，员工可获得经济补偿。

法院受理破产和宣告破产之间的区别应当被充分关注，宣告破产是劳动合同终止的法定情形，在个别案例中确实存在以受理破产作为劳动合同终止的情形。在法院裁定受理破产申请后，应当依法进行债权申报，对符合条件的企业进行破产和解或者破产重整，因此，从受理破产到宣告破产，时间上可能相差几个月甚至几年，部分企业破产重整成功后，避免宣告破产，员工得以继续履行劳动合同。如果破产企业无法获得重生，则应当依法处理劳动关系解除事宜。

第二章　作为特殊启动方式的“执转破”

“执转破”是法院司法工作机制的创新。在执行程序过程中，作为被执行人的企业法人符合破产要件的，执行法院经申请执行人之一或者被执行人同意，将执行案件相关材料移送破产法院进入破产程序。

自2015年2月4日起施行的《民事诉讼法司法解释》第五百一十三条至第五百一十六条①规定了执行转破产程序的启动、审查、处置、转入不能等，为执行程序中符合破产条件的案件移送破产审查确立了制度上的程序通道，“执转破”程序正式创设。

① 2022年4月10日起施行的《民事诉讼法司法解释》第五百一十一条至第五百一十四条延续了之前第五百一十三条至第五百一十六条的规定。

2017 年 1 月 20 日，《执转破指导意见》为执行转破产程序的衔接搭建了具体完善的制度架构、可操作流程。

2018 年 3 月 4 日，《最高人民法院印发〈全国法院破产审判工作会议纪要〉的通知》（以下简称《破产审判会议纪要》），第七章就“执转破”程序衔接的重要性作出规定，充分发挥破产程序的制度价值，推动符合破产条件的执行案件（包括执行不能）转入破产程序。

1. 追回债务人不当行为所贬损的财产

通过“执转破”程序，恢复被执行企业的财产价值。有的被执行企业为规避将来的执行行为，采取《破产法》第三十一条规定的无偿转让财产、低价转让财产、增设担保、提前清偿、放弃债权的行为，或者采取《破产法》第三十二条规定的个别清偿行为，或者采取《破产法》第三十三条规定的隐匿转移财产、虚构债务的行为，在执行案件转入破产程序以后，通过管理人行使法定职责，使债务人的财产恢复到应有的状态。根据债务人贬损其财产的恶意程度以及行为后果，管理人可以适用的制度分别为可撤销制度（前述《破产法》第三十一条和第三十二条）或无效制度（前述《破产法》第三十三条）。可撤销制度的期限，分别为破产受理前六个月（规范个别清偿行为的第三十二条）和十二个月（规范不当行为的第三十一条）。

2. 帮助债务人重生

通过“执转破”程序，为具有营业价值和可挽救情形的企业提供重生机会。通过预重整或司法重整程序进行债务重组，从而盘活债务人的营业、恢复债务人的生机，进而使整体债权人的债权获得较执行程序更为有利的清偿。

3. 净化市场环境，实现公平清偿

通过“执转破”程序，对严重资不抵债且没有挽救价值的债务人，实现债务人财产价值的最大化。在破产程序中，通过出资义务加速到期、打破执行程序中的清偿顺位、按债权优先顺序及比例公平清偿等方式，达到保障劳动者权益、公平清偿债权、消灭原有债权债务关系、清除信用垃圾、优化市场秩序的目的。

4. 打通企业法人执行难问题的“最后一公里”，助力基本解决执行难

通过“执转破”程序，让难以拍卖执行以及债务人丧失清偿能力的案件从执行程序转入破产程序，可以从源头上分流、减少执行案件甚至诉讼案件，彻底清除执行积案。

助力解决企业破产程序启动难。“执转破”程序可以从某种程度上倒逼企业启动破产程序，用破产审理解决困境企业长期累积的各种矛盾，用破产清算的方式淘汰劣质企业和落后产能，用破产重整的方式促进具有经营价值的企业开展兼并重整，促进形成优胜劣汰的市场竞争机制。

第一节 “执转破”程序存在的主要问题及应对

我国破产程序的启动采用申请主义，即只有特定当事人向人民法院申请债务人企业破产时，法院才能适用破产程序。

“执转破”要依法转换程序，应适用申请主义原则。①

“执转破”程序，目前存在“移不出、立不上、破不了”的现象，其内在原因是执行难、破产难在“执转破”程序中的综合表现。

自 2007 年《破产法》实施以来，每年进入法院的破产案件数量偏少，原因多种多样。“执转破”案件程序转换的困难，即存在破产案件受理难的一般原因，诸如认识不足、重视不够，企业破产的社会转轨成本的政府负担的缺失，使得资产变现、职工安置、税收减免、战略投资者引入、政

① 《民事诉讼法司法解释》(2015 年 2 月 4 日起施行，现已失效) 第五百一十三条规定：“在执行中，作为被执行人的企业法人符合企业破产法第二条第一款规定情形的，执行法院经申请执行人之一或者被执行人同意，应当裁定中止对该被执行人的执行，将执行案件相关材料移送被执行人住所地人民法院。”

本条现为《民事诉讼法司法解释》第五百一十一条。

策帮扶等需要“府院联动”的环节不畅，导致破产案件受理审查的不确定性增加。破产难，难在由于多样性的原因，难以受理、难以推进、难以终结。

“执转破”的设计初衷，是解决执行难问题。如果不在执行程序中导入破产程序，很多案件便难以案结事了。但是，破产难的原因在“执转破”案件的程序转换中同样存在。

从程序设计的角度来讲，执行程序具有强制性、效率性的特点，破产程序具有公平性、效益性的特点。“执转破”将两种程序打通，实现了两种程序效益的释放，本身就是为了形成“大执行”“大破产”的格局。制度设计的初衷是好的，但是程序能否顺畅衔接，实现功能目的，考量的是当事人申请与法院告知征询能否协同联动以实现平滑推进、执行规范与破产规范能否顺畅转换以实现无缝对接、简案可否速破与执行效率之间能否权衡利弊以实现公平与效率兼得的保护。这三个方面均最终关系到执行资源与审判资源能否优化配置以最终实现整体效能最优。因此，“执转破”对法院内部的职能体系设计本身也是一个考验，解决“执转破”启动难，实质上解决的是两难——执行难、破产难。

“执转破”程序难以转换，除了存在破产难的一般原因以外，就执行法院以及受理法院而言，程序功能设计、内部职能壁垒以及考核机制不科学等，也为“执转破”案件程序的转换制造了障碍。以江苏省法院系统2017年的数据为例，与全省执行立案的数量相比，移送破产审查的案件仅占0.76‰。

一、相关主体积极性不高及应对

1. 从执行申请人（债权人）的角度讲

执行程序较破产程序，为“先到先得”的个别清偿，导致申请执行人的积极性不足；对于轮候查封的执行人，执行程序具有立案门槛低、周期短、无须代垫费用等现实优势；明知清偿无望的债权人，亦因倾向于将被执行人列入失信名单而选择执行程序。

2. 从执行法官的角度讲

执行案件移送破产审查，执行法官需要完成的工作，较继续执行的量更大、更复杂。执行法官不但要穷尽执行措施、全面查控企业财产，还要掌握企业的涉诉及执行情况，与受理法院协调沟通，面临移送后被退回、无功而返的风险。如果“执转破”案件还需要继续执行债务人的保证人（很多案件均如是），则无益于完成当下考核提升清理执行积案的指标。

3. 从受理法院法官的角度讲

移送破产审查的案件，经执行程序个别清偿以后，通常处于无产可破或资产处置比较困难的境地，债权人异议、职工信访、破产费用不足、管理人无报酬等问题耗时费力，而且破产的每一个程序、每一个环节都不能少，受理容易推进难，压在手里难脱手。

解决人的问题，实质上解决的是积极性的问题，对“转出去”的执行案件、“收下来”的破产案件，需要建立符合“执转破”工作规律的绩效考评标准，既要有合理核定工作量的正向激励，也要有对应为而不为的行为①的惩戒。

二、移送规范的不明确及应对

1. 移送材料要求理解有差异

《执转破指导意见》第十条规定：“执行法院作出移送决定后，应当向受移送法院移送下列材料：（1）执行案件移送破产审查决定书；（2）申请执行人或被执行人同意移送的书面材料；（3）执行法院采取财产调查措施查明的被执行人的财产状况，已查封、扣押、冻结财产清单及相关材料；（4）执行法院已分配财产清单及相关材料；（5）被执行人债务清单；（6）其他应当移送的材料。”

---

① “执转破”程序中应为而不为的行为包括：应当征询告知而不征询告知、应当移送破产审查而不移送破产审查、应当接收移送的案件而不接收移送、破产受理后应当中止执行而不中止执行、应当及时移送财产而不及时移送财产、应当慎重审查移交材料而随意退回等行为。

对于上述要求执行法院移送的材料，在实践中存在理解偏差。比如，受理法院与执行法院对于什么是“其他应当移送的材料”会产生歧义。根据《破产法》关于破产案件受理的规定，其对于“执转破”案件移送材料的要求多于债权人直接申请破产的材料要求。有的受理法院要求提交诸如申请执行人财产线索、被执行人申报财产、执行法院穷尽财产调查措施[①]的证明材料；经强制执行，被执行人无法清偿债务或明显缺乏清偿能力的证明材料；执行中掌握的被执行人企业法人工商登记、职工人数、职工债权、对外投资、财务账册、审计报告、评估报告等材料。《民事诉讼法司法解释》和《执转破指导意见》并未明确规定执行法院是否应当穷尽查控措施和处置措施，规定的原文表述是“采取财产调查措施后”，对此，受理移送审查的法院和执行法院理解不一。此外，受理移送审查的许多材料，如职工人数、财务账册等，应该是企业进入破产程序以后，破产法院或者破产管理人需要收集掌握的，如此要求，岂不是执行程序替代了破产程序？而且进入破产程序以后，也并不能简化相关程序。

如果遇到群体性事件，如非法集资等，执行法院就更难移送了。

对“执转破”案件，执行法院很难作出“资不抵债”的认定（该种认定一般需要专业审计机构或评估机构予以确定），[②] 但对“明显缺乏清偿能力”的情形，[③] 执行法院应该是清楚的。因此，经利害关系人同意移送，受理法院审查是否受理的标准，应该以债权人申请破产的受理审查材料为基准，辅以执行法院在执行程序内已经查明的情况或收集到的材料即可，不应对移送审查的材料再作过多要求。受理后需要通过破产程序查明

---

① 作为“执转破”移送材料要求，穷尽查控措施应该明确具体而全面地查控动作。根据当下实践，应该就是指利用各省市高院“点对点”、最高人民法院“总对总”查控系统，查清被执行人名下的存款、股权、知识产权、房产、机器设备、车辆等资产状况。此外，不宜再作过多要求增加“执转破”移送材料的难度。

② 《破产法司法解释（一）》第三条规定：“债务人的资产负债表，或者审计报告、资产评估报告等显示其全部资产不足以偿付全部负债的，人民法院应当认定债务人资产不足以清偿全部债务，但有相反证据足以证明债务人资产能够偿付全部负债的除外。”

③ 《破产法司法解释（一）》第四条规定：“债务人账面资产虽大于负债，但存在下列情形之一的，人民法院应当认定其明显缺乏清偿能力：……（三）经人民法院强制执行，无法清偿债务；……”故只要进入强制执行程序且未执行完毕，申请执行人即获得了申请破产的资格。

的事项或要求的材料，不应在受理审查阶段就作过多要求。

当然，执行程序较破产程序有一些程序上的天然优势。执行法院可以切实穷尽查控手段，有力度地处置财产。比如，债权人会议无须就破产财产处置方式进行表决，即可先行变价处置债务人财产，仅将财产分配环节留待破产程序解决。因此，执行法院在执行阶段措施是否到位，也对日后的破产受理、审理，起着相应的作用。

2. 受理法院管辖权确定程序过于复杂

根据《执转破指导意见》第三条的规定，对“执转破”案件，地域管辖为被执行人住所地，级别管辖以中级人民法院管辖为原则、基层人民法院管辖为例外（须经高级人民法院批准，可将案件交由具备审理条件的基层法院）。在该规定项下，如果一个执行案件在某基层法院移送破产，则需要经过“基层人民法院执行部门→中级人民法院执行部门→中级人民法院破产审理部门→向高级人民法院请示→基层破产审理部门”的程序，周转程序复杂、审批时间长，如果是异地法院之间的移送，移送审批的链条则会更长。过长的周转审批的窗口期，可能导致债务人的财产在这一期间内个别受偿，影响后续破产程序下债权人的公平受偿。

其实，解决管辖问题，比较简单的做法就是依据《破产法》第三条之规定，以被执行人住所地为管辖依据。遇有集中管辖的地域，从其规定即可。

3. 对终本案件是否属于“在执行中”的理解不一，导致对终本案件是否可以移送的理解存在障碍

根据《民事诉讼法司法解释》第五百一十一条的规定，移送破产审查的案件应“在执行中”。对于“在执行中”应该如何理解？案件终本后，是否还处于“在执行中”？是否属于“执转破”可以移送的案件？有的法院认为，终本案件属于程序已经终结的案件，在发现有新财产可供执行之前，不应恢复执行，不属于“在执行中”的案件。此种理解是不妥当的。首先，终本属于执行案件结案前的内部管理程序（从案件管理角度

出发的阶段性处理方式），不属于执行的实体终结，生效法律文书确定的权利义务尚未落实，在特定条件下，可以恢复执行程序，所以处于“在执行中”的状态。其次，作为被执行人的企业法人，只要符合破产条件，经申请，即可以进入破产审查程序。最后，终本案件移送破产审查，符合《破产法》的立法本意，契合《执转破指导意见》关于推进执行案件移送破产审查、关于健全市场主体退出机制、完善司法工作机制、化解执行积案的导向目标。因此，应该统一终本案件属于“在执行中”的认知，减少推诿扯皮。

具体做法应该是，终本案件可以恢复执行程序为启动的基础，审核发现该案件符合破产条件的，应当作出移送决定并裁定中止执行。

4. 对“执转破”案件移送审查、中止执行期间，被执行人能否通过执行和解进行个别清偿存在不同的认识

根据《最高人民法院关于适用〈中华人民共和国企业破产法〉若干问题的规定（二）》［以下简称《破产法司法解释（二）》］第十五条之规定，除非恶意串通损害其他债权人利益，经执行程序的个别清偿，管理人不享有撤销权。但是，进入“执转破”衔接程序案件的一些被执行人已能出于某种考虑，与部分债权人达成执行和解，实现个别清偿，进而使多数债权人的公平受偿权受到损害。对于此种情形下的执行和解，管理人是否享有撤销权，不能一概而论。

要先界定“执转破”程序启动的时间点，或者说需要进一步区分“执转破”案件中止执行的时间点与普通破产案件中止执行的时间点，同时还需结合每一个个案，查明执行程序中征询告知程序的时间点。

《执转破指导意见》第八条规定：“执行法院作出移送决定后，应当书面通知所有已知执行法院，执行法院均应中止对被执行人的执行程序……”

对于执行移送破产审查程序与普通破产程序中止执行的时点问题，实践中有的法院的处理意见是：经申请执行人之一或者被执行人同意，由执行法院将被执行人移送破产审查的，中止执行时点为“执行法院作出移送决定并书面通知其他执行法院后”，即执行法院的案件在移送决定作出之日

应同时裁定中止执行；其他执行法院的案件在收到前述执行法院的移送决定书面通知之日应裁定中止执行。由债权人或者被执行人直接向破产管辖法院申请被执行人破产的，中止执行时点为"人民法院受理破产申请后"，即执行法院应在收到破产管辖法院的受理破产申请的通知后裁定中止执行。

根据以上规定以及实践中较为统一的认知，执行程序期间，在"执转破"程序启动中止执行之日后，被执行人与部分债权人达成执行和解协议并实现个别清偿，该案件破产受理后，对该等个别清偿行为，管理人享有撤销权。

对于执行法院于征询告知之日后，被执行人与部分债权人达成执行和解协议并实现个别清偿的，进入破产程序后，管理人是否享有撤销权，应该根据个案情况，审查该征询告知之日在执行程序中具体处于哪一个阶段、被执行人当时的经营及财务管理状态、被执行人与部分债权人的主观意思表示等因素来确定。

三、移送案件相关起算时点与期限不清及应对

1. 移送基层法院时点不清

如前所述，"执转破"案件根据地域管辖、级别管辖及报批原则，可由基层法院审理。如果执行法院与破产审查法院不同，对于中级人民法院移送基层法院的时点，或者说破产审查法院是由中级人民法院进行还是基层法院进行存在不同理解。一种观点认为，应由中级人民法院审查移送的破产申请，由其决定是否受理。另一种观点认为，应直接交由基层法院审查是否受理。对此，应该明确"谁审理，谁审查"的原则，是否受理由最终负责审理的法院裁定。这样操作便于明确基层法院受理审查的时点，也便于最终明确破产受理裁定的时点。

2. 执行中止的时点存在冲突，导致个案清偿

当事人直接提出破产申请的破产案件，执行中止的时点为破产审查法院作出受理破产申请的裁定之日；"执转破"案件执行程序中止的时点为

执行法院作出移送决定之日。如果执行法院与破产审查法院是两家法院，而破产审查法院没有法律的授权要求执行法院中止执行程序，就可能导致个案清偿的现象。因此，应该明确以移送决定之日与破产受理之日孰早者为中止执行之日，执行法院应该无条件在该日中止执行。

3. 破产审查起始日与审查期限不统一

申请人提出破产申请的，根据《破产法》第十条的规定，法院应当自收到破产申请之日起十五日内裁定是否受理。法院认为申请人应当补充、补正相关材料的，应当自收到破产申请之日起五日内告知申请人。当事人补充、补正相关材料的期间不计入《破产法》第十条规定的期限。其中债权人提出申请的，有一个对债务人的通知及异议期。超过受理期限作出裁定的，经上一级人民法院批准，可以延长十五日。

“执转破”案件，《民事诉讼法司法解释》第五百一十二条规定，受移送人民法院应当自收到材料之日起三十日内作出是否受理的裁定。《执转破指导意见》第十三条规定，受移送法院的破产审判部门应当自收到移送的材料之日起三十日内作出是否受理的裁定。受移送法院作出裁定后，应当在五日内送达申请执行人、被执行人，并送交执行法院。

关于“执转破”案件的审查期限起始日，《民事诉讼法司法解释》与《执转破指导意见》的规定不一致，笔者认为，应该以《民事诉讼法司法解释》的规定为依归。因为这样的规定，起始日可以靠前起算，在外观上可以统一审查的起始日。

“执转破”案件的破产审查期限较申请人直接申请破产的审查期限长十五日，似乎内含了“执转破”案件的破产条件审查要求更严、材料更细的意思，但这不符合案件的现实状况。应该是“执转破”案件的破产审查期限较申请人直接申请破产审查的期限更短，才符合该等案件已经经过一定的执行程序、法院已经经过起码的初步判断的事实，这样也会使“执转破”的移送更加顺畅。

4. 申请执行人是否享有对移送决定的异议权

《执转破指导意见》第四条规定，执行案件移送破产审查之前，执行法院已经告知征询了被执行人或者有关被执行人的任何一个执行案件的申请执行人书面同意将执行案件移送破产审查，在执行法院作出移送决定后，应当于五日内送达申请执行人和被执行人。此时，移送决定作出之前，申请执行人或被执行人未同意的一方，对移送决定有异议的，可以在受移送法院破产审查期间提出，由受移送法院一并处理。对于申请执行人书面同意移送、被执行人不同意的，规定其可以对移送决定提出异议，符合《破产法》第十条的立法本意。但是对于被执行人书面同意移送、申请执行人不同意的，是否还可以对移送决定提出异议呢？《破产法》没有对债务人提出破产申请债权人是否可以提出异议作出规定，因此，债权人可以提出异议，但不属于法定的审查事项。从法律规定衍生的角度而言，被执行人同意移送破产审查的，申请执行人可以提出异议，但不应当属于受理法院必须审查的事项。

此外，对于被执行人提出异议的审查期限、审查方式以及处理程序是否可以比照《破产法》第十条关于债务人的异议程序处理，《执转破指导意见》未予细化明确。

5. 财产交接的法定期限过短

财产交接的法定期限过短，依照目前法院内部的审批流程很难实现。《执转破指导意见》第十六条规定："执行法院收到受移送法院受理裁定后，应当于七日内将已经扣划到账的银行存款、实际扣押的动产、有价证券等被执行人财产移交给受理破产案件的法院或管理人。"在现实操作中，如果遇到债务人有可以移交的财产的情形，则需要管理人账户的开立、转款申请、案款收据、执行法院内部审批程序或者法院与法院之间的转款、扣押财产交接、解封等流程，如果再遇到异地法院之间的交接情形，则财产交接相关审批流转手续更长，七日内完成显然不具有现实可操作性。之所以如此规定，体现了提高"执转破"效率的司法精神。

四、"执转破"申请撤回的现状及应对

《破产法》第九条规定，法院受理破产申请前，申请人可以请求撤回

申请。那么，申请执行人或被执行人同意“执转破”之后，在执行法院作出移送决定书之前，或者在受理法院作出破产受理裁定之前，基于自行和解或发现新财产等原因，关于其是否可以撤回“执转破”的申请，各地法院做法不一。本着尊重《破产法》立法本意的精神，应该准许撤回“执转破”的申请。至于是否会因此损害未申请执行的债权人的权益，应该是未申请执行的债权人自己衡量把握的情形，因为其具有充分的救济路径，如自行申请被执行人破产等，以维护自己的合法权益。

五、“执转破”案件程序优化的司法实践

随着“执转破”的深入实践，影响“执转破”案件的因素逐渐显化，需要对“执转破”案件进行分类施策。需要“执转破”的案件，大致可分为三类：无产可破的执行案件；财产已经执行变价的执行案件；需要适用破产撤销权、出资义务加速到期、关联企业实质合并破产、破产重整等破产专属功能的执行案件。

结合当前的司法实践，“执转破”案件还有许多需要优化的措施。比如，对法官的考核机制不利于破产案件的承办、执行部门移送动力不足、对破产程序功能认识不够、破产审理部门力量有限，等等。对于第一类、第二类案件，尤其是第一类案件，由于经过执行程序，既识别了案件的财产状况，也为其后破产程序的简化提供了手段，对于简化审理的需求更强、更有适用的空间和优势，因此应该探索“执转破”案件简化审理的实践。只需要将执行程序中的“无财产可供执行”转化为破产程序中的“无财产可供分配”“不足以清偿破产费用”，即可裁定终结破产程序。而且，在这一程序的转换中，管理人的部分工作已在执行程序中完成，破产程序可以视为执行不能程序的自然延续，也可以并入执行法官的职责范围，使试行执行法官承办“执转破”简易案件常态化。

《温州市中级人民法院关于印发〈关于试行简化破产案件审理程序的会议纪要〉的通知》认为，“事实清楚、债权债务关系明确、争议不大并且同时具备下列情形之一的破产案件，可以试行简化审理程序：（1）债务

人资产和债权人人数均较少的；(2) 破产财产可能不足以支付全部破产费用的；(3) 申请人、被申请人及其他主要破产参与人协商一致同意简化审理程序的；(4) 债务人与全体债权人就债权债务的处理自行达成协议的；(5) 其他适宜试行简化审理程序的情形”。

温州市中级人民法院关于审理程序的简化，主要包括以下措施。

1. 管理人的指定更灵活

可以指定管理人名册中的个人为管理人；对于债务人财产可能不足以支付管理人报酬和管理人执行职务费用的企业破产案件，债权人在提出破产申请时承诺自行承担清算组费用的，可以债权人推荐的名单为基础确定清算组成员并指定清算组为管理人。

2. 期限更短

受理破产申请的法院应当自裁定受理破产申请之日起十日内通知已知债权人，并予以公告。债权人申报债权的期限自法院发布受理破产申请公告之日起计算，最短不得少于三十日，最长一般不超过四十日。

3. 日期提前或合并

第一次债权人会议由法院召集，自债权申报期限届满之日起五日内召开。债权调查日期与第一次债权人会议的日期实行合并，不再另定债权调查日期。召开债权人会议，管理人应当提前五日通知已知债权人。

4. 可以不设立债权人委员会

对试行程序简化的破产案件，可引导债权人会议作出不设立债权人委员会的决议。

5. 限制审限

经审查认为符合宣告破产条件的，一般应在第一次债权人会议召开之日起三十日内裁定宣告债务人破产，并在裁定作出之日起三日内送达债务人和管理人，自裁定作出之日起五日内通知已知债权人，并予以公告。法院应当自收到管理人终结破产程序的请求之日起五日内作出是否终结破产程序的裁定。管理人应当自破产程序终结之日起五日内，持法院终结破产程序的裁定，向破产人的原登记机关办理注销登记。试行简化审理程序的破产案件，一般在裁定受理后六个月内审结。其中无财产且可以向债务人或其负责人、实际控制股东直接送达相关文书的破产案件，一般在裁定受理后三个月内审结。

6. 便利表决方式

为最大限度地保护中小债权人及异地债权人的合法权益，管理人可以尝试为中小债权人及异地债权人提供与债权人会议同步的网络表决平台，或通过邮寄、发送电子邮件等便利方式进行表决，为中小债权人及异地债权人行使表决权提供便利。管理人拟订的破产财产分配方案经债权人会议一次表决未通过的，第二次表决可以书面、数据电文等形式分别进行。

7. 限制和解次数

试行简化审理程序的破产案件，债务人一般只能进行一次和解，否则不应继续试行程序简化。

8. 简化公告和送达方式

公告事项仅包括受理破产申请、指定管理人、宣告债务人破产和终结破产程序，其余事项可不予公告，但应以书面形式送达相关破产参与人。试行简化审理程序的破产案件，可以按照《民事诉讼法》有关简易程序的简便方式送达各类文书。

9. 快捷方式变价

破产财产中无货币财产支付变价财产的费用或者货币财产不足以支付变价财产的费用，且财产变价费用可能高于财产变价收入时，管理人可以尝试选择快捷方式进行变价。

10. 优化财产分配方式

管理人应按照破产财产分配方案实施一次性分配，但不妨碍管理人实施追加分配。经债权人会议一致通过，管理人可以不将债务人财产进行变价而进行实物分配、债权分配或产权分配。

11. 灵活处理管理人报酬和破产费用

债务人财产不足以支付破产费用的，可以尝试根据管理人工作的时间来确定其相应的报酬。债务人财产不足以支付破产费用的，管理人应当提请人民法院宣告债务人破产并终结破产程序。但债权人、管理人、债务人的出资人或者其他利害关系人愿意垫付的，破产程序可以继续进行。对于债务人财产不足以支付管理人报酬和管理人执行职务费用的破产案件，经债权人会议确认，可以将债权人对债务人未知财产的追索权以及对公司股东、董事、实际控制人等相关责任人的民事请求权全部或部分转让给管理人，以折抵应予支付的管理人报酬和管理人执行职务的费用。

12. 再简化无产可破案件

对确无任何财产可供分配且无人垫付相关费用的破产案件，管理人可以不刻制印章和登报公告，相关的文书可粘贴在债务人的工商注册地、管理人办公地点和受理法院的公告栏，并拍照附卷。

13. 确认企业破产前清偿行为

经债权人会议决议，可以确认企业进入破产程序前的相关债务清偿和资产重组协议内容，最大限度地节省司法资源，加快破产进程。

14. 衔接破产程序与个人责任

对债务人下落不明或财产状况不清的破产案件，要从充分保障债权人合法利益的角度出发，对债务人的法定代表人、财务管理人员、其他经营管理人员，以及出资人等进行释明；采取相应罚款、训诫、拘留等强制措施后，债务人仍不提交有关账册等材料或者不提交全部材料，影响破产清算顺利进行的，可就现有财产对已知债权进行公平清偿并裁定终结清算程序后，告知债权人可以另行提起诉讼，要求有责任的有限责任公司股东、股份有限公司董事、控股股东，以及实际控制人等清算义务人对债务人的债务承担清偿责任。在破产清算中，若发现上述人员存在“假破产、真逃债”及虚假出资、抽逃出资等涉嫌犯罪的行为，应依法将相关材料移送公安机关立案侦查。

15. 减半或免收受理费

试行简化审理程序的破产案件，可以按照《诉讼费用交纳办法》第十六条之规定，在依法计算受理费的基础上再减半收取。对于无任何财产可供分配的破产案件，由管理人提出申请，经受理法院的院长批准后可以免收受理费。

复杂的破产案件，经过一定的程序事项，也可以简易审。关于破产案件简易审程序，浙江省高级人民法院走在了前面。2013 年 6 月 28 日，浙江省高级人民法院审判委员会第 2463 次会议通过《关于企业破产案件简易审若干问题的纪要》（浙高法〔2013〕153 号）。该纪要的核心要义是，强化审理企业破产案件的效率意识，在企业破产法的制度框架内，简化程序，缩短法定时限内时间，创新财产申报、核查、评估、拍卖方式，减轻企业破产案件债权人和其他利害关系人的经济负担，降低司法成本。所有破产案件，均可以适用简易审，即包括重整、和解和清算程序。对于重大、疑难、复杂的企业破产案件，根据需要和可能，对具体的程序事项，也可以实行简易审。简易审，是破产案件审理可以记入《企业破产案件简易审工作方案》的一种制度，体现了办理此类案件的工作思路、工作方式、工作导向。

第二节 “执转破”的主要程序

一、法院的告知

1. 告知的内容

进入执行程序，采取财产调查措施以后，执行法院在一般情形下对被执行人的资产状况会有一个大致的了解（应该要求债务人报告资产负债情况），发现被执行人具有《破产法》第二条规定的破产原因的，根据《执转破指导意见》“二、执行法院的征询、决定程序”第四条的规定，执行法院应主动作为，向被执行人以及申请执行人履行告知、释明义务。

告知的内容主要有三项。一是告知程序差异，使当事人能够理智选择。二是告知债务受偿率不确定性风险，使当事人有合理预期。三是告知“执转破”的法律后果，诸如债权受偿顺位变化规则，由破产费用不足提前终结破产程序可能导致执行程序终结等。

2. 告知义务的时点

告知的时间点，一般认为，在发现具有破产原因的时候，就应该告知。在司法实务中，一般分为三种情形。一是有财产的案件，在财产调查之后，执行法院即应评估、判断被执行人是否符合破产条件，此后应及时告知、征询申请执行人。二是无财产的案件，在终结本次执行裁定作出前，及时告知、征询申请执行人。三是对于终本执行程序的案件，经当事人申请或同意，仍可移送破产。终本案件，当事人亦应有权利直接申请破产。

同时，也有观点（并且有司法实践的支持）认为，“执转破”案件的告知时间点，应该可以提前到执行立案阶段。主要理由是，持有此种观点的人认为，执行立案亦属于执行程序中的一个环节：《民事诉讼法》第三编规定了执行程序，据此所作的司法解释，均应属于执行程序的内容。比如，《最高人民法院关于人民法院执行工作若干问题的规定（试行）》在第三部分关于执行的申请和移送中，就执行立案也进行了相应规定。因此，执行立案属于执行程序，执行程序始于执行立案。应将执行立案与其他执行工作视为同一执行程序中不同阶段的工作，不应因为法院内设机构的不同而将其割裂开来。在司法现实中，立案本身也逐渐发展为一个综合性的工作，而不仅限于登记、编号等。如果将执行立案作如上理解，则执行法院自执行程序启始，即应该在恪守申请主义启动破产模式下，进行主动性、能动性的告知与释明。相当的司法实践证明，一些执行案件在立案部门对其进行形式审查时，就已经处于执行不能的破产状态。

二、“执转破”案件的管辖法院

“执转破”案件的管辖法院，在综合考量中级人民法院案件承受能力、基层人民法院案件审判力量的情形下，经高级人民法院概括授权或批准，一般以由被执行人住所地中级人民法院管辖为原则、基层人民法院管辖为例外。

要形成“执转破”常态化工作机制，就需要不断完善审理机制，尤其是配套机制不完善的问题，如破产费用保障问题、执行查控系统对接问题等。

三、执行法院和破产法院的衔接

“执转破”不是“甩包袱”，而是为了当事人便捷、高效地实现权利。因此，在“执转破”程序中，执行法院与破产受理法院之间要想有序衔接联动，应该注意以下问题。

1. 受移送法院在案件审查期间、裁定受理破产之前，不解除对被执行人采取的查封、扣押、冻结措施；查封、扣押、冻结期限届满的，执行法院对申请执行人之申请应延长期限，以确保对被执行人财产采取的查封、扣押、冻结措施具有连续性。

2. 受移送法院裁定破产受理之后，执行法院应当解除对债务人的查封、扣押、冻结措施，或者应受理法院要求，出具函件，将查封、扣押、冻结财产的处置权移交受理法院；受理法院因此可以续封、续扣、续冻，或者解封、解扣、解冻，或者予以处置。①

3. 执行法院应受理移送法院要求，应提供执行程序中未移送之案件材料，办理财产处置事项。

“执转破”本身可以分解为七个程序：权利告知、调查识别、征询释明、决定作出、材料移送、立案登记和破产审查。这七个程序虽然层次分

① 参见《破产审判会议纪要》第四十二条。

明，时间节点明晰，但是又互相交叉、相互协调、交互递进，需要“执行程序破产跟进、破产程序执行跟进”的工作理念以及职能配置，实现“人员、措施、程序”共享。破产法官提前介入执行程序，可以指导调查识别破产原因；执行法官穷尽强制措施“控人、控物、控印章、控账册”并最大化变价处置财产，可以为移送破产创造有利条件，最终实现“移得出、立得上、破得了”的立法目的，避免“不愿转”“随意转”，克服“不愿立”“随意退”。

第二编

债务人财产

第一章　破产企业中不动产权益与负担的司法认定

不动产权益包括所有权、用益权等核心内容。其所有者在拥有财富的同时，也要受到相应的限制或影响。这种限制或影响，可以称为不动产负担。由于对破产企业中不动产权益与负担的司法认定过于宽泛，为了细化概念，让读者能够更加具体地了解相关程序，本章将从普通企业破产、房地产企业破产以及购房者利益保护这几个维度，对破产企业中不动产权益与负担的司法认定进行分析。

第一节　普通企业破产程序中，未到期的不动产租赁合同的处理

一、待履行合同在破产程序中的特殊调整

随着市场经济环境极速变化，企业面临的挑战逐渐增多，未到期的商业不动产租赁合同在破产程序中衍生出的冲突和纠纷在范围和数量上亦是不断扩张和增加。而针对未到期的合同，《破产法》赋予了破产权利人选择继续履行合同或者解除合同的权利，其中第十八条第一款明确规定：“人民法院受理破产申请后，管理人对破产申请受理前成立而债务人和对方当事人均未履行完毕的合同有权决定解除或者继续履行，并通知对方当事人。管理人自破产申请受理之日起二个月内未通知对方当事人，或者自收到对方当事人催告之日起三十日内未答复的，视为解除合同。”

综观各国破产法，破产管理人的选择权均针对待履行合同，如果合同

中的一方已经履行完自己的全部义务，则管理人的选择权消灭。《德国破产法》称“待履行合同”为在破产程序开始时尚未为债务人和对方当事人履行或未完全履行的双务合同。[①] 而《日本破产法》称之为破产人与其合同相对方在破产程序开始时均未履行完毕的双务合同。[②]《美国破产法》第三百六十五条对于待履行合同和未到期租约虽然有着长达数页的详尽规定，但也并未明确界定“待履行合同”和“未到期租约”的概念。

所谓待履行合同，是指在破产程序开始前成立，债务人和对方当事人对合同义务均未履行完毕的合同。而不动产租赁合同以使用、收益标的物为目的，一般约定租期较长。在破产程序开始后，在出租人破产的情况下，此时的租赁合同处在未履行完毕的状态下，商业不动产租赁合同亦为《破产法》调整范围内待履行合同中的一类典型合同。

二、未到期的不动产租赁合同在破产程序中的处理方式

通常情况下，维持租赁合同当事人的可持续经营状态，更有利于维护市场交易安全、经济秩序稳定。《民法典》第七百二十五条规定：“租赁物在承租人按照租赁合同占有期限内发生所有权变动的，不影响租赁合同的效力。”第七百二十六条第一款规定：“出租人出卖租赁房屋的，应当在出卖之前的合理期限内通知承租人，承租人享有以同等条件优先购买的权利；但是，房屋按份共有人行使优先购买权或者出租人将房屋出卖给近亲属的除外。”很显然，《民法典》是在保护市场经济下交易的正常进行。然而，在破产程序中，管理人应在合法范围内尽量保护债权人的利益，如一味地保护租赁合同相对方的利益，无疑会损害其他债权人的利益，此时管理人应谨慎行使选择权。管理人的解除权超越了《民法典》对法定解除权的特殊规定，也与《民法典》中有关基本原则相违背，故管理人解除权的行使更应该平衡好各方的利益，受到更多的限制。不同国家的法律对管理人行使选择权作出了不同的限制，《日本破产法》对于待履行合同

---

① 《德国破产法》第一百零三条。

② 《日本破产法》第五十三条。

既有一般处理原则，也针对双务合同、租赁合同等不同类型的合同作出了不同的处理规定，这就要求管理人在行使选择权时针对不同的合同类型进行区别对待。《美国破产法》对于债务人作为出租人的情形规定，出租人有权拒绝继续履行租赁合同，除非承租人自愿搬离。还有些国家直接排除了管理人解除权的适用，我国有学者认为，原则上管理人应该遵从“买卖不破租赁”规则的适用，不得解除不动产的租赁合同，承租人应享有优先购买权。笔者认为，在实践中，“买卖不破租赁”的规则很难适用到实处，因变现困难会导致全体债权人利益的损失，而《破产法》专门针对破产程序进行了若干的特殊规定，此时可参照特别法优于一般法的原则。

在出租人破产的情况下，如承租人已支付部分或者全部租金，管理人选择解除合同，多收取的租金理应退还。在（2020）苏民申 9090 号案件中，湘宜公司承租民生公司（破产企业）房屋，并预付了全部租金，租赁期限内，民生公司进入破产程序。民生公司因不服江苏省泰州市中级人民法院（2019）苏 12 民终 2926 号民事判决，向江苏省高级人民法院申请再审。江苏省高级人民法院认为，在出租人破产而房屋租赁合同租期尚未届满的情况下，管理人选择解除合同并通知承租人湘宜公司后，民生公司继续提供房屋供湘宜公司使用收益的合同义务以及湘宜公司支付租金的合同义务均归于消灭。湘宜公司预付的租金是其为履行将来居住、使用房屋的合同权利而预先支付的价款，民生公司收回房屋后再占有湘宜公司预付的租金无法律上的依据，构成不当得利，湘宜公司有权基于不当得利之债要求民生公司返还。因民生公司的该项不当得利债务发生于人民法院破产申请之后，根据法律规定，该债务的行为属于共益债务，由债务人民生公司财产随时清偿。

有法院认为，人民法院受理破产申请后，管理人对破产申请受理前成立而债务人和对方当事人均未履行完毕的合同有权决定解除，管理人自破产申请受理之日起两个月内未通知对方当事人，或者自收到对方当事人催告之日起三十日内未答复的，视为解除合同。合同解除后，破产企业依据合同占有的债权人钱款属于不当得利，应当返还，如该不当得利债务发生于破产申请受理之后，则该债务应属于共益债务，债权人可要求管理人从破产财产中随时优先清偿。如债权人是基于买卖关系或其他法律关系产生的货款或其他款项，则不具有共益债务性质，属于普通破产债权。[①]

出租人破产，如管理人选择解除《房屋租赁合同》，那么针对承租人的利益损失，应该由债务人承担。在（2016）黔 01 民终 4388 号案例中，2007 年 1 月，石材批发市场承租了天力公司（破产企业）6000 多平方米建筑。2008 年 4 月，天力公司申请破产。2008 年 8 月，石材批发市场向破产管理人申报了债权。2009 年 5 月，天力公司拍卖破产财产。2009 年 7 月，天力公司将案涉资产转移给桥梁公司。2010 年 1 月，办理了权属变更登记。2008 年 7 月，管理人根据约定要求解除《厂房租赁合同》。2008 年 11 月，合同正式解除，破产管理人要求石材批发市场搬离。石材批发市场因赔偿问题未谈妥，拒绝搬离建筑物。双方因不服贵州省贵阳市南明区人民法院（2015）南民初字第 538 号民事判决，均提起上诉。贵州省贵阳市中级人民法院认为，一审法院根据评估报告确认石材批发市场的预期收益损失并无不当，判决驳回上诉，维持原判。

如承租人将房屋租赁给次承租人，出租人破产，则根据合同的相对性原则，次承租人的损失应由承租人承担。在（2021）苏 04 民终 5730 号案件中，云东公司承租恒力公司（破产企业）厂房一套，云东公司将案涉厂房中的 1 幢出租给张某用于开办幼儿园，租赁期间内，恒力公司破产。破产管理人通知云东公司解除合同，并要求云东公司腾空搬离厂房，将租赁厂房交还破产管理人。同日，张某也收到了解除合同、要求搬离厂房的通知函。一审法院认为，根据合同的相对性原则，云东公司与恒力公司之间的房屋租赁合同已经人民法院判决解除，但云东公司与张某之间的租赁合同并没有依法解除，鉴于本案双方间就涉案房屋的租赁合同事实上无法履行，故张某依法享有解除权。根据最高人民法院关于房屋租赁期相关司法解释的规定，因出租人违约导致合同被解除，承租人请求出租人赔偿剩

---

① 参见（2022）浙 0781 民初 1154 号民事判决书。

余租赁期内装修残值损失的，应予支持。云东公司与张某不服常州市钟楼区人民法院（2020）苏04民初5078号民事判决，均提起上诉，江苏省常州市中级人民法院判决驳回上诉，维持原判。

三、管理人选择继续出租债务人房屋与承租人法定解除权的冲突

《破产法》赋予管理人解除合同权利，是基于此时债务人一方不再具备继续履行合同的实际能力，经营活动已无法正常开展，活动范围很大程度上被局限在破产程序中。管理人决定继续履行合同的，对方当事人应当履行；但是，对方当事人有权要求管理人提供担保。管理人不提供担保的，视为解除合同。在承租人破产的情况下，其对于房屋的占有和使用并不会产生负担，继续经营反而有可能使破产财产增加，因而不少管理人会选择继续履行租赁合同。管理人选择继续履行合同对合同的对方当事人提供了双重保护：其一，决定管理人继续履行合同，对方当事人有权要求提供担保，若管理人不提供担保，视为解除合同；其二，规定选择继续履行合同后，对尚未履行的部分，债权人履行后的债权是共益债权。

出租人破产时，破产管理人选择解除合同、变卖房产的目的在于增加破产财产，但此时承租人一方的权益无法得到充分的保障。承租前期，承租人通常会为了开展经营活动，对房屋进行改建、装修等，投资巨大，租期较长。在承租期内解除合同，承租人转移经营场所，会产生额外的经营成本。此外，由于承租人前期投入装修的使用期限较长，在合同解除后仍有使用价值，构成民法上的添附,[①] 出租人虽因法律规定取得对获利的所有权，但仍构成不当得利。根据《破产法》第四十二条第三项的规定，人民法院受理破产申请后，因债务人不当得利所产生的债务为共益债务。

有法院认为，管理人应根据《破产法》第十八条第一款的规定行使解除权，并非根据《最高人民法院关于审理商品房买卖合同纠纷案件适用

---

① 《民法典》第三百二十二条规定："因加工、附合、混合而产生的物的归属，有约定的，按照约定；没有约定或者约定不明确的，依照法律规定；法律没有规定的，按照充分发挥物的效用以及保护无过错当事人的原则确定。因一方当事人的过错或者确定物的归属造成另一方当事人损害的，应当给予赔偿或者补偿。"

法律若干问题的解释》第十五条的规定行使商品房买卖合同解除权，此处管理人行使的并非形成权，不适用除斥期间的规定。[①]

第二节　房地产开发企业中房屋产权界定与合同履行

一、破产法上待履行商品房买卖合同的判断

购房者一次性支付完全部购房款，或者购房者未支付完全部购房款，但房地产开发企业已经交付房屋并且办理了权属登记的情况虽然非常少见，但不属于《破产法》第十八条规定的未履行完毕的合同，因为此时的《商品房买卖合同》签订一方已经履行完自己的合同义务。实践中，购房者与房地产开发企业之间的绝大多数交易模式为商品房预售模式，即购房者支付部分购房款，房地产开发企业对房屋进行施工建设。在这种情况下，《商品房买卖合同》双方均未履行完义务，即购房者未付清全款，卖房者未交付房屋，这种合同才符合《破产法》第十八条赋予管理人决定解除或者继续履行合同的权利的行使范围。

二、已建成并交付但尚未办理产权登记的房屋的产权界定

在我国司法实践中，绝大多数的商品房交易模式是在房屋交付给买受人之后再办理产权登记手续，而房地产开发企业破产时的房屋极有可能处于已建成并交付但尚未办理产权登记的状态。有观点认为，此时的房屋因未办理产权登记，仍然属于开发商的财产。《民法典》第二百零九条规定："不动产物权的设立、变更、转让和消灭，经依法登记，发生效力；未经登记，不发生效力，但是法律另有规定的除外。依法属于国家所有的自然资源，所有权可以不登记。"我国基于对不动产交易稳定性的保护，

---

① 参见（2015）苏审二民申字第02377号民事裁定书。

针对不动产权益之变动实行登记主义，已建成交付但尚未办理产权登记的房屋，从《民法典》的角度看，其产权归属于房地产企业。但是，实践中有学者质疑，认为登记应作为对抗要件的原则才符合现实，如在农村宅基地房屋买卖中，一般交付之日即认定为房屋产权的转移日，买卖双方一般不会在意是否办理权属变更登记。

根据《破产案件若干规定》第七十一条第六项之规定，尚未办理产权证或者产权过户手续但已向买方交付的财产，不属于破产财产，房屋产权应归属于购房人所有。《破产案件若干规定》的制定是基于对房地产开发企业破产时，在商品房办理产权登记中特殊情况的考虑，以维护商品房买卖合同的正常履行，保证实质公平正义，维护社会稳定，但在实践中，适用该规定主张未办理权属登记的房屋产权归购房者所有仍存在较多的难点。

三、经预告登记的商品房买卖合同解除权的行使

预告登记制度是以保障债权的实现，确保未来实现物权的目的，依约向登记机构申请办理的预先登记。预告登记发端于早期普鲁士法所规定的异议登记，后来为德国、瑞士、日本等国以及我国台湾地区民法所继受，成为民法中一项重要的物权制度。不动产预告登记制度将物权法理论和债权法理论有机地结合起来，赋予债权请求权物权的排他效力，既保护了物权请求权，又保护了债权请求权，可以有效地保护上述情形下的不动产请求权，最终达到平衡不动产交易当中各方利益的目的。我国学术界和实务界对预告登记制度的效力存在很大争议。第一种观点认为，“就法律性质而言，预告登记是债权物权化的一种具体表现”。第二种观点认为，“预告登记系介于债权与物权之间，兼具二者性质……以保全不动产物权请求权为目的，具有若干物权效力的制度”。第三种观点认为，“预告登记的权利是一种具有物权性质的债权，或者可以说是一种准物权”。

《民法典》第二百二十一条规定：“当事人签订买卖房屋的协议或者签订其他不动产物权的协议，为保障将来实现物权，按照约定可以向登记

机构申请预告登记。预告登记后，未经预告登记的权利人同意，处分该不动产的，不发生物权效力。预告登记后，债权消灭或者自能够进行不动产登记之日起九十日内未申请登记的，预告登记失效。”《最高人民法院关于审理商品房买卖合同纠纷案件适用法律若干问题的解释》第六条规定：“当事人以商品房预售合同未按照法律、行政法规规定办理登记备案手续为由，请求确认合同无效的，不予支持。当事人约定以办理登记备案手续为商品房预售合同生效条件的，从其约定，但当事人一方已经履行主要义务，对方接受的除外。”以上条款明确规定了预告登记制度。预告登记，是指当事人签订买卖房屋或者其他不动产物权的协议，为保障将来实现物权而按照约定向登记机关进行申请。如在商品房预售中，购房者可以就尚未建成的住房进行预告登记，限制开发商的权利，从而保证购房者的权利能够实现，本质上是为开发商售卖期房、提高资产周转率提供法律支持。

预告登记制度是否可以限制破产管理人的选择权，这一点并无法律明确规定，但设立预告登记在一定程度上影响着破产管理人选择权的行使。当房地产企业破产时，如果赋予破产管理人针对设立预告登记的商品房买卖合同的随意解除权，那么购房者的权利将转化为债权，从而造成破产财产利益分配不均，预告登记权利人的权利得不到保障，有违公平原则。

有观点认为，破产管理人的解除权在遇到办理过预告登记的合同时，不应任意行使，而应在判断是否可以为其办理本登记的情况下，再决定能否行使解除权。实践中，经常出现购房者根据预告登记制度行使“准物权”的情况，在房地产企业正常经营的情况下，以预告登记制度来保障将来购房者实现不动产物权是具有积极意义的，进行过预告登记的权利具有公示作用，也可以为购房者的物权期待权提供保障。但是，当房地产企业进入破产程序之后，经过预告登记的权利是否具有破产保护效力的问题在实践中存在较大争议。有观点认为，在房屋产权人（房地产开发企业）破产的情况下，预告登记可以对抗其他债权人，优先行使该债权。也有观点认为，预告登记不具有破产保护效力，申请预告登记后九十天内，未申请登记的，预告登记失效，购房人将丧失预告登记的相关权利。但在实践中，大多数房地产企业破产时，案涉房屋尚未完工，仍属于在建工程，在这种情况下，购房人无法仅就预告登记对房屋享有所有权。因此，在房地产企业破产的情况下，应当考虑建设工程项目是否已经竣工。购房者优先受偿权的规定可以参照《最高人民法院关于人民法院办理执行异议和复议案件若干问题的规定》第二十九条和《九民纪要》第一百二十五条之规定。

四、商品房买卖合同解除后的法律后果

《破产法》第十八条第一款规定："人民法院受理破产申请后，管理人对破产申请受理前成立而债务人和对方当事人均未履行完毕的合同有权决定解除或者继续履行，并通知对方当事人。管理人自破产申请受理之日起二个月内未通知对方当事人，或者自收到对方当事人催告之日起三十日内未答复的，视为解除合同。"《破产法》赋予管理人解除权是出于破产效率的考虑。为了推进破产程序正常进行，针对合同双方均未履行完毕的合同，管理人可以选择解除或者继续履行，虽然未明确规定破产管理人解除待履行合同的法律后果，但是《民法典》第五百六十六条第一款规定："合同解除后，尚未履行的，终止履行；已经履行的，根据履行情况和合同性质，当事人可以请求恢复原状或者采取其他补救措施，并有权请求赔偿损失。"该条款明确规定了合同解除的法律后果，但《民法典》规定的是市场经济条件下交易双方的合同债权债务关系，而《破产法》的规定是为了解决由资金链断裂导致的合同一方无法如约履行合同的情形。如果管理人肆意行使选择权，解除商品房买卖合同，并且将卖房者的债权认定为普通债权，就会出现管理人为了使破产财产升值，肆意解除合同，严重损害购房者的权益的情况，导致社会经济运行不稳定，引发社会矛盾。而且，普通债权是所有债权中排在最后顺位予以清偿的，在实践中，普通债权无论是获得全部清偿的概率还是清偿率都比较低，管理人应审慎考虑如何处理普通购房者合同。

第三节　房地产开发企业中购房者利益的保护

一、合理区分居住型购房者和投资型购房者

在房地产企业破产案件中，购房者在债权人数量上占有举足轻重的地位，甚至可以说，绝大多数的债权人都是购房者。在保障债权人利益的时候，应合理区分居住型购房者与投资型购房者，将居住型购房者的债权认定为普通债权无疑会损害债权人的利益，应明确居住型购房者合理优先的受偿范围。《最高人民法院关于人民法院办理执行异议和复议案件若干问题的规定》第二十九条规定：“金钱债权执行中，买受人对登记在被执行的房地产开发企业名下的商品房提出异议，符合下列情形且其权利能够排除执行的，人民法院应予支持：（一）在人民法院查封之前已签订合法有效的书面买卖合同；（二）所购商品房系用于居住且买受人名下无其他用于居住的房屋；（三）已支付的价款超过合同约定总价款的百分之五十。”该条并未明确规定应适用哪些标准来认定购房者属于居住型还是投资型，但是《最高人民法院关于人民法院办理执行异议和复议案件若干问题的规定》的根本目的是保障购房者基本的生存权益，可以借鉴该规定来认定居住型购房者。《九民纪要》第一百二十五条明确提到，“《最高人民法院关于人民法院办理执行异议和复议案件若干问题的规定》第 29 条规定，符合下列情形的，应当支持商品房消费者的诉讼请求：一是在人民法院查封之前已签订合法有效的书面买卖合同；二是所购商品房系用于居住且买受人名下无其他用于居住的房屋；三是已支付的价款超过合同约定总价款的百分之五十。人民法院在审理执行异议之诉案件时，可参照适用此条款”。据此，所购商品房系用于居住且买受人名下无其他居住的房屋，是可以参照《最高人民法院关于人民法院办理执行异议和复议案件若干问题的规定》第二十九条执行的，除此之外，也可以通过考虑购房者的家庭收入以

及家庭人数来判断其是否属于居住型购房者，如非首套房，但面积仍符合居住型购房者要求的，也应给予其居住型购房者本应享受到的优惠政策。

二、取回权制度产生的背景以及行使取回权制度的基础

《破产法》第三十八条规定：“人民法院受理破产申请后，债务人占有的不属于债务人的财产，该财产的权利人可以通过管理人取回。但是，本法另有规定的除外。”需要确定的问题是，购房者已支付全部购房款，房屋已经建成，但尚未办理房屋产权登记，购房者能否行使取回权取得房屋？

如购房者已支付全部房款且房屋已办理产权登记手续，此时的房屋不属于破产财产，在此种情况下，购房者行使取回权是无可非议的。按照法律规定，购房者可以行使取回权，取回权的权利基础在破产受理前就已经形成。《破产法》第十八条赋予了破产管理人解除或者履行合同的选择权，而破产管理人在行使选择权的过程中，针对购房者是否付清全部房款，又有不同的处理方式。如购房者未付清全部合同价款，房地产企业又未交付房屋，那么，此时的《商品房买卖合同》双方均未履行完自己的合同义务，如此时破产管理人将该合同按照未履行完的合同处理方式选择解除合同，将严重损害购房者利益，购房者将无法行使取回权，只能行使基于该合同的债权。在未办理产权登记之前，购房者仅能基于其与开发商之间签订的《商品房买卖合同》来行使债权请求权。破产程序也应考虑社会现状，在房地产企业破产程序中，债权人以购房者为主，而绝大多数购房者是未付清全部购房款的，对于破产管理人要求解除合同的做法往往非常不满，而管理人往往会为了缓解社会矛盾，保障整个破产程序的有序进行，根据购房者支付价款的比例来决定是否需要继续履行合同。

我国房地产的销售模式大多数为期房交易模式，也称商品房预售。可是我国的不动产又实行登记主义，在这种情况下，尽管购房者与房地产开发企业签订了购房合同，房屋产权也并不完全归属于购房者。因此，购房者在办理房屋产权登记之前，仅可基于与房地产开发企业签订的购房合同

行使债权请求权，而此时的债权，不应当直接认定为普通债权。

《破产法》第三十八条赋予了财产权利人通过管理人取回财产的制度，根据该规定，行使取回权的前提条件之一是行为人对物享有所有权。取回权的发生依据一般是物权关系而非债权关系，所有权或者其他物权人只有依照物上返还请求权才能提出取回请求。

首先，《破产法司法解释（二）》规定了不属于债务人财产的范围，相较于《破产案件若干规定》，新法除了将相应的条款删除之外，已作规定的条款表述与《破产案件若干规定》并无实质性不同，可见，新的规定并未对原来的第七十一条第五项进行重新规定，已将其删除，应当系新法对不属于债务人的财产作出了新的规定。再结合《破产法司法解释（二）》第四十八条有关本规定施行前本院发布的有关企业破产的司法解释，与本规定相抵触的，自本规定施行之日起不再适用的规定，根据“新法优于旧法”的法律适用原则，《破产案件若干规定》中与《破产法司法解释（二）》规定不一致的条款不应当再行适用。

其次，《破产案件若干规定》颁布于《物权法》（已失效）实施之前，在《物权法》颁布之后，规定了不动产物权之设立遵循登记生效的原则，房屋物权之设立需要进行不动产登记，在房屋所有权未进行转移登记的情况下，房屋所有权并不发生转移，仍属于出卖人开发商，基于与物权设立的登记原则相符，不应当适用《破产案件若干规定》第七十一条第五项进行处理。

《民法典》第二百零九条规定，不动产物权的设立遵循登记生效的原则，房屋物权之设立需要进行不动产登记，在房屋所有权未进行转移登记的情况下，房屋所有权并不发生转移，仍属于出卖人房地产开发企业。实践中，虽然有些购房者已经支付了全部购房款，但并未完成所有权转移登记，涉案房屋仍然应当认定为房地产开发企业的破产财产。根据《破产法》第三十条的规定，破产申请受理时属于债务人的全部财产，以及破产申请受理后至破产程序终结前债务人取得的财产为债务人财产，故购房者无法行使取回权取得房屋。

在（2021）最高法民申9号案件中，购房者以已支付全部购房款，所购商品房的楼层、房号、面积均具体明确，应属于特定物为由，主张房屋不属于破产财产，购房者有权行使取回权。最高人民法院认为，我国的不动产物权变动采取登记生效主义，未经登记不发生物权效力。鉴于案涉房屋仍然登记在房地产公司名下，购房者主张案涉房屋不属于破产财产，其有权行使取回权，缺乏充分的法律依据。对于《破产案件若干规定》第七十一条第五项规定的情形，由于尚未转移占有，无法对抗执行，在权利尚不足以对抗执行的情况下，显然不能赋予其优先权利从而允许其从破产财产中予以取回。

在（2021）最高法民申1668号案件中，购房者认为案涉标的属于特定物，商品房进行了备案登记，购房者取得了准物权，不能作为债务人的财产进行分配。最高人民法院认为，房地产公司开发建造案涉房屋并基于事实行为取得案涉房屋的所有权。而根据不动产登记主义，购房者支付所购房屋的对价，并不导致案涉房屋发生物权变动，其并非案涉房屋的所有权人。

在（2019）最高法民申4052号案件中，购房者认为《商品房买卖合同》有效，属于特定买卖物，尚未转移占有但相对人已经完全支付了对价的特定物不属于破产财产。最高人民法院认为，破产取回权是物上返还请求权在破产法上的适用，其权利基础主要是所有权以及其他权利。故购房者是否有权取回案涉房屋，关键在于其是否对标的物享有所有权或其他权利。即使《商品房买卖合同》有效，购房者未能就案涉房屋办理房屋所有权转移登记并取得房屋所有权证，也没有生效法律文书导致案涉房屋的所有权从破产企业转移至购房者名下，故购房者行使取回权的条件尚不具备。

第二章 破产撤销权的例外

破产制度中的撤销权制度是《破产法》为防止债务人在丧失清偿能力的情况下，通过偏颇性清偿债务、无偿转让或者非正常交易等方式损害其他债权人的利益，破坏破产程序中的公平清偿原则而设立的。通过撤销法定期限内债务人所作出的不当财产的处置行为，增加债务人可供分配的财产，尽量使债务人的财产能够得到相对公平合理的分配，保障所有的债权人得到公平的偿付。

《破产法》仅在偏颇性清偿方面规定了例外条款，实践中，不是所有的撤销都能够增加债务人的财产，甚至在某些情形下，管理人在行使撤销权追回财产时还会付出更大的代价。

破产撤销和撤销的例外规定均是为了保障全体债权人公平受偿，《破产法》及相关司法解释中个别清偿撤销权的例外以“使债务人受益”作为兜底，但又没有解释如何理解和认定“使债务人受益”。实践中，法官根据具体的情形自由裁量，甚至会出现类案相反的裁判结果。例如，在广东省江门市新会区人民法院对于同一公司江门鑫肽畜牧有限公司（以下简称鑫肽公司）的两起破产撤销权纠纷案中，同一法官作出了不同的判决结果。在鑫肽公司破产管理人、深圳市农牧实业有限公司高要饲料分公司（以下简称农牧公司）破产撤销权纠纷案中，[①] 一审法院认为，鑫肽公司向农牧公司清偿货款维系农牧公司供应饲料，对维持鑫肽公司的生产经营是有利的。因此，鑫肽公司在破产申请受理前六个月内向农牧公司清偿的170万元货款不属于个别清偿，驳回原告鑫肽公司破产管理人的全部诉讼请求。但是在鑫肽公司破产管理人、鑫肽公司与生物蛋白有限公司（以下

① 参见（2021）粤0705民初1686号民事判决书。

简称生物蛋白公司）破产撤销权纠纷案中，[①] 被告认为，其与鑫肽公司的饲料买卖关系是常规买卖行为，鑫肽公司的支付行为是一种常规营业即时给付行为，是“债务人为维系基本生产需要而支付”及“使债务人财产受益的其他个别清偿”的行为。一审法院认为，鑫肽公司和生物蛋白公司属于关联企业，两者都是由同一股东即广东鑫肽生物科技股份有限公司投资成立的。故鑫肽公司向生物蛋白公司支付的上述两笔货款，使个别债权人得到偏颇性受偿，判决撤销该清偿行为。两起案件中，清偿行为均在破产界限期内发生，债权人亦均为饲料供应方，系债务人为维系基本生产需要而支付。但因为农牧公司和鑫肽公司并非关联企业，两者也无股东上的任何关联，而被认定为不属于个别清偿；生物蛋白公司和鑫肽公司却因为属于关联企业（两者都是由同一股东即广东鑫肽生物科技股份有限公司投资设立），而被认定为偏颇性受偿。

第一节　偏颇性清偿产生撤销权的要件

在我国的破产法律相关规定中，属于偏颇性清偿的个别清偿并不区分债权人是善意还是恶意。根据《破产法》的规定，因债务人偏颇性清偿产生撤销权的构成要件为以下四点：一是清偿行为发生在破产申请受理前六个月内。二是债务人已经存在不能清偿到期债务，并且资产不足以清偿全部债务或明显缺乏清偿能力的客观条件。三是在债务人明知自己存在上述客观条件的前提下，仍然对个别债务进行清偿。四是该清偿行为并未使债务人的财产受益。

在经典案例南通百姓缘大药房有限公司（以下简称百姓缘大药房）与南通万隆会计师事务所有限公司请求撤销个别清偿行为纠纷案中，江苏省高级人民法院认为，一审法院综合万隆会计师事务所提供的部分债权人

① 参见（2021）粤0705民初1687号民事判决书。

的债权申报资料及宏瑞事务所出具的审计报告等资料认定，在中南公司破产清算案受理前六个月，中南公司的负债金额已大于其资产金额，且债务的履行期限已经届满，但是中南公司未能完全清偿债务，故属于《破产法》及其司法解释规定的已经具备破产原因的情形，并无不当。中南公司将其在百姓缘大药房的股权转让给李某强、程某瑾，股权转让的支付对价为500万元，该500万元股权转让款本应由受让人李某强、程某瑾支付给中南公司。但之后中南公司通过《股权对价支付说明》，将其对李某强、程某瑾的债权转让给百姓缘大药房，冲减其对百姓缘大药房的500万元债务。该债权转让行为，实质上使得百姓缘大药房对中南公司的500万元债权获得了清偿。在百姓缘大药房未能提供证明上述清偿行为已使中南公司财产受益的情形下，一审法院认定，中南公司于2015年5月28日通过《股权对价支付说明》的方式将其应收李某强、程某瑾股权转让款500万元冲减其对百姓缘大药房债务500万元的行为属于《破产法》规定的个别清偿，亦无不当。①

刨除破产程序等因素，个别清偿本身是债务人遵守诚实信用原则，合法履行合同义务的行为，是遵循商业交易规则的应有之义。但企业法人在具备破产原因的情况下，对个别债权人的偏颇性清偿会使得属于同一性质的债权被区别对待，损害了其他债权人的利益，会导致其他普通债权人的分配比例减少，从而破坏破产规则下的公平受偿原则。

第二节　偏颇性清偿行为的例外

一、“使债务人财产受益”的个别清偿

《破产法》第三十二条规定：“人民法院受理破产申请前六个月内，

① 参见（2019）苏民终177号民事判决书。

债务人有本法第二条第一款规定的情形，仍对个别债权人进行清偿的，管理人有权请求人民法院予以撤销。但是，个别清偿使债务人财产受益的除外。”从该法条关于到期债务个别清偿的撤销要件看，如果债权人想要避免到期债务受偿行为遭到撤销，就必须证明其对到期债务的受偿行为满足两项抗辩事由之一：一是到期债务的受偿发生在债务人达到破产界限之前（以人民法院受理破产申请前六个月作为时间界限）；二是该个别受偿行为能够使债务人的财产受益。

接下来，笔者将从法院判例出发，结合判例中对国外立法经验的借鉴，对司法实践中“使债务人财产受益”内涵的拓展进行分析。

1. 同时交易例外

“同时交易例外”在《美国破产法》中是指一项交易即使符合《破产法》规定的撤销条件，只要交易是同时或者基本上同时发生的，并且交易目的能够使债务人获得同等价值或者新价值，该交易行为就可以免予被撤销。“同时交易例外”具有如下特点：一是该交易乃双务合同中的对待履行，进行的是等值交易甚至是超值交易；二是债务人与相对人都有同时交易的意思表示（而非信用交易或赊账交易），且该项交易事实上或者基本上可看作同时完成的交易。“同时交易例外”对我们解释我国破产法上“使债务人财产受益”的内涵具有借鉴意义。

在浙江福威重工制造有限公司（以下简称福威公司）管理人与绍兴康尼电器有限公司（以下简称康尼公司）、嵊州省级高新技术产业园区管理委员会（以下简称高新园区管委会）破产撤销权纠纷一案中，[①] 一审法院认为，第一，债权债务转让协议中，福威公司与金龙公司之间是一个同时交易的行为。该债权转让并没有减少破产财产，也没有损害债权人的利益，只是该种利益的形式从债权即时转换成了货币。该行为并非个别清偿行为，且从获取资金的及时性上讲，对福威公司是有利的。第二，本案中，债权债务转让协议处置三方权利义务的行为是对福威公司的帮扶行

① 参见（2016）浙06民终2529号民事判决书。

为。福威公司得以将不能及时兑现的土地补偿款债权转化为现款以维系公司的经营，对福威公司而言是有益的。在福威公司处于破产边缘时，政府和金成公司与福威公司签订协议进行债权置换的行为是一种善意的帮扶行为。若该类行为被撤销，将导致没有人愿意和陷入财务危机的债务人继续从事任何交易，也没有部门或企业愿意帮助债务人渡过难关，甚至在某种程度上会加速债务人的破产进程，也与鼓励相互帮助的社会价值相背离。综上，一审法院作出判决，驳回福威公司管理人的诉讼请求。二审法院认为，应对案涉债权债务转让协议作整体理解，将福威公司、高新园区管委会、金龙公司整体视为一种同时交易的债权置换关系。在此过程中，福威公司将能否及时变现、能够实际变现多少均不确定或存在风险的债权让与康尼公司，所获取的对价为现实的相应金额的款项，事实上没有造成其财产的减少。相反，福威公司还从及时取得的应收债权款项中获益，依照《破产法》设置破产撤销权意在避免债务人责任财产因不当处分而减损的立法目的，该债权让与行为应不可撤销。故二审维持原判。

如果某项交易系在撤销期间内同时发生，并且该交易给债务人带来了新的“价值”或“财产利益”，没有减少破产财产，也没有损害债权人的利益，则应当作为破产撤销权的例外。在破产临界期间，如果债务人的经营仍在进行，出于维持债务人正常经营的考虑，应当承认这些同时交易行为的效力（不涉及在先债务的）。当债务人濒临破产时，债权人未必愿意与债务人继续进行交易，肯定“同时交易”的法律效力能够鼓励债权人继续交易并保留债务人的运营能力和价值。

2. 常规付款例外

《破产法司法解释（二）》第十六条规定：“债务人对债权人进行的以下个别清偿，管理人依据企业破产法第三十二条的规定请求撤销的，人民法院不予支持：（一）债务人为维系基本生产需要而支付水费、电费等的……”上述法律条文实际上属于常规付款例外的规定，但是由于该条文并没有表明“常规付款”及其判断标准，在适用方面受到一定限制。在认定常规付款时需要考虑以下两点因素。

第一，交易是否仅限于债务人与债权人之间的常规做法，是否符合整个行业的惯例。如果一项或者一系列的交易付款符合整个行业的惯例，则当然可以被认定为常规付款；如果不符合行业的惯例，但是与特定的债务人与债权人的交易习惯和常规做法相吻合，亦可以被认定为常规付款。

第二，交易金额应符合市场行情以及自身的营收状况，如果一家公司出现了破产因素，却不合常理地购买超出自身生产水平或者营销能力的原材料、产品，则不应被认定为常规付款。

即使出现了破产因素，在债务人未进入破产程序之前，保障企业的正常生产经营对债务人来说也是重中之重。公共费用，如水费、电费等涉及的公共设施直接关系债务人的正常生产经营，拖延上述费用的缴纳，可能会直接造成停工停产，加速企业的破产，减少债务人的财产价值。例如，在某破产案件中，如果债务人不结清上个月的水电费、通信费，自来水公司、电力公司及通信公司就不提供下个月的服务，而债务人结清上个月应付的费用后，上述债权人会基于信用和惯例提供下个月的服务。

债务人在危机期间的部分个别清偿是基于与相对人之间的正常商业习惯而为，而且是为了维系基本的生产、生存所需。债权人如果在破产撤销权的追溯期内，在获得到期债务的清偿之后，能够继续通过向债务人供货、拓展信用等使债务人的财产获得利益，则应受到破产撤销权例外条款的保护。常规付款行为不宜直接被解释为“使债务人财产受益”，仍需结合具体的事实要件判断。

3. 后位新价值例外

最高人民法院民事审判第二庭在《最高人民法院关于企业破产法司法解释理解与适用：破产法解释（一）、破产法解释（二）》中认为，在定义“使债务人财产受益”时，《美国破产法》中的后位新价值例外值得我们借鉴。[①] 后位新价值例外，是指当债权人从债务人那里得到相应的清偿之后，如果债权人基于新的信用提供了商品或者贷款，获得了新价值（无

---

① 最高人民法院民事审判第二庭编著：《最高人民法院关于企业破产法司法解释理解与适用》，人民法院出版社 2017 年版，第 242 页。

担保)，则此时债务人提供的清偿和获得的新价值相互抵销，在新价值的范围内没有出现偏颇性清偿的后果，不应被撤销，债权人享有破产撤销的例外豁免权。在北京德恒（温州）律师事务所与平安银行股份有限公司温州瑞安支行（以下简称平安银行瑞安支行）请求撤销个别清偿行为纠纷案中，一审法院认为，债务人行为对债权人利益的损害可以从两个方面评价。其一为财产标准，即该违法行为使债权人作为履行债务担保的一般责任财产减少，导致债务人丧失清偿能力而破产，或者使债权人在此后开始的破产程序中可以得到的清偿减少。其二为债权人地位标准，即该违法行为使个别债权人得到偏颇性清偿，使其获得比行为发生前更为有利的受偿地位，破坏对全体债权人的公平清偿。对于润隆公司管理人诉称的润隆公司于2015年5月8日偿还的本金部分1300万元，其来源系政府应急转贷资金，且平安银行瑞安支行在受偿当日立即向润隆公司续贷1300万元，用于归还政府应急转贷资金。虽然润隆公司清偿了先前的债务，减少了破产财产，但相应地，平安银行瑞安支行随即根据新的信用提供了贷款，破产财产又得到了增加，获得了新价值（后位新价值)，此时清偿和新价值相互抵销，破产财产并没有减少，在新价值的额度范围内没有出现偏颇性清偿的后果，不应被撤销。反之，若管理人有权对此行使撤销权，将导致债权人不愿意和财务陷入危机的债务人继续从事商事交易，甚至在某种程度上会加速债务人的破产进程。二审法院认定的事实与原审法院认定的事实一致，维持原判。①

二、司法解释的例外规定

1. 一年内提前清偿未到期债务，破产受理前已到期

《破产法司法解释（二）》	第十二条　破产申请受理前一年内债务人提前清偿的未到期债务，在破产申请受理前已经到期，管理人请求撤销该清偿行为的，人民法院不予支持。但是，该清偿行为发生在破产申请受理前六个月内且债务人有企业破产法第二条第一款规定情形的除外。

① 参见（2016）浙03民终2847号民事判决书。

本条司法解释实质上将在破产申请受理前一年内而破产申请受理前已经到期债务的清偿视为对到期债务的清偿。《破产法》第三十一条将提前清偿未到期债务作为可行使撤销权的情形之一，但并未对“未到期债务”作出明确界定，尤其是对于此种情形管理人能否请求撤销，法律未作规定。本条司法解释主要是在明确清偿时尚未到期但破产申请受理前已到期的情形不属于可撤销情形，同时，其但书条款规定了除外情形，即该清偿行为发生在破产申请受理前六个月内且债务人有《破产法》第二条第一款规定之情形的，管理人仍然可以向法院申请撤销。在实践中，有对于提前清偿的未到期债权在破产受理时已到期的情形，如果提前还款时已经发生了破产原因，且在破产申请受理前六个月内，则此个别清偿行为损害了其他债权人就破产财产公平受偿的权利。如果提前还款时未发生破产原因或者早于破产申请受理前六个月的时间，则该提前清偿行为的效力应当被肯定。本条司法解释恰当地承接了《破产法》第三十一条第四项和第三十二条的规定。

在南通万隆会计师事务所有限公司与江苏银行股份有限公司南通港闸支行（以下简称江苏银行港闸支行）请求撤销个别清偿行为纠纷案中，江苏省南通市港闸区人民法院认为，成功公司对江苏银行港闸支行的债权实行偏颇性清偿，使其破产后可供分配的财产减少，损害了其他债权人可获清偿的利益，有违法律规定，应予撤销。成功公司提前清偿的利息在破产清算受理前已到期，江苏银行港闸支行亦认为，该提前清偿的利息不应返还，但成功公司在向江苏银行港闸支行清偿贷款本息时，已出现破产原因，且清偿行为发生在破产申请受理前六个月内，因此，成功公司该提前清偿的利息亦应归入破产财产之列。[①]

---

① 参见（2016）苏0611民初1101号民事判决书。

2. 设定担保物权的债权进行个别清偿

《破产法司法解释（二）》	第十四条　债务人对以自有财产设定担保物权的债权进行的个别清偿，管理人依据企业破产法第三十二条的规定请求撤销的，人民法院不予支持。但是，债务清偿时担保财产的价值低于债权额的除外。

在《破产法司法解释（二）》第十四条规定中，司法解释将对担保财产价值内的担保债务清偿列为不予撤销的例外。究其原因，即使债务人对该债权人进行个别清偿，进入破产程序后，该债权人仍对债务人设定担保物权的财产享有优先受偿权，故在此情形下，债务人的清偿行为并不影响债权人的整体利益。《破产法》第一百零九条规定："对破产人的特定财产享有担保权的权利人，对该特定财产享有优先受偿的权利。"本条规定旨在强调"债务人对以自有财产设定担保物权的债权进行的个别清偿"不在破产撤销权行使的范围之内。《破产法》第一百一十条规定："享有本法第一百零九条规定权利的债权人行使优先受偿权利未能完全受偿的，其未受偿的债权作为普通债权；放弃优先受偿权利的，其债权作为普通债权。"由此可知，对于在担保财产价值之外的债务，债权人并不享有优先受偿权，债务人的清偿行为将使受清偿人获得靠前的受偿次序和清偿利益，损害其他债权人的利益，故应予撤销。

最高人民法院认为，判断债务清偿时担保财产的价值是否低于债权额，采取的是评估价；然而，担保物权实现时需要通过拍卖之程序，适用的是拍卖价。因两者之间存在差异，故根据《破产法司法解释（二）》第十四条撤销个别清偿时，应当撤销整个清偿行为，担保债权人在破产程序中就担保财产实现优先受偿权。①

在深圳市福荫食品集团有限公司管理人、平安银行股份有限公司深圳分行破产撤销权纠纷一案中，原告主张，在涉案清偿债权时，作为担保财

---

① 最高人民法院民事审判第二庭编著：《最高人民法院关于企业破产法司法解释理解与适用》，人民法院出版社 2017 年版，第 228 页。

产的绿荫汇公司股权基本无价值。法院认为，原告提交的审计报告存在瑕疵，无法单独采信，结合福荫食品集团有限公司破产程序中的审计报告，也无法判断涉案债权清偿期间绿荫汇公司的股权价值，法院摇珠选定的评估机构亦无法对绿荫汇公司该时段的股权价值发表意见，现有证据不足以证明管理人关于绿荫汇公司股权没有价值的主张。法院最终认定，该个别清偿行为不可撤销。[①]

在破产程序中如何处理浮动抵押，是一个值得特别探讨的问题。《民法典》第三百九十六条规定："企业、个体工商户、农业生产经营者可以将现有的以及将有的生产设备、原材料、半成品、产品抵押，债务人不履行到期债务或者发生当事人约定的实现抵押权的情形，债权人有权就抵押财产确定时的动产优先受偿。"《民法典》第四百一十一条规定："依据本法第三百九十六条规定设定抵押的，抵押财产自下列情形之一发生时确定：（一）债务履行期限届满，债权未实现；（二）抵押人被宣告破产或者解散；（三）当事人约定的实现抵押权的情形；（四）严重影响债权实现的其他情形。"在浮动抵押制度的实践中，有可能出现债务人的企业在破产之日，全部财产均已设定了抵押的情形。

《破产法》并未对浮动抵押能否撤销的问题作出明确规定，我们可以借鉴美国浮动担保的固定价值例外条款来理解和解释《破产法》第三十二条和《破产法司法解释（二）》第十四条。如果撤销权追溯期内浮动抵押债权发生部分到期，并且债务人对浮动担保的部分到期债权实施清偿，根据《破产法》，虽然不构成破产撤销事由，但应从抵押债权总额以及浮动抵押物的价值（评估值）中作出相应的扣除。从浮动抵押财产价值中扣除之后的到期债务清偿行为，可以解释为未使债务人财产受损，并应对债权和抵押价值作出相应的扣除。浮动抵押财产价值低于债权额的，应适用《破产法司法解释（二）》第十四条之规定，对此债务清偿行为进行撤销。

---

① 参见（2020）粤03民初6808号民事判决书。

3. 经诉讼、仲裁、执行程序

《破产法司法解释（二）》	第十五条　债务人经诉讼、仲裁、执行程序对债权人进行的个别清偿，管理人依据企业破产法第三十二条的规定请求撤销的，人民法院不予支持。但是，债务人与债权人恶意串通损害其他债权人利益的除外。

在《破产法司法解释（二）》第十五条的规定中，司法解释将债务人经诉讼、仲裁、执行程序的个别清偿列入不予撤销的范围，同时又以但书规定“债务人与债权人恶意串通损害其他债权人利益的除外”。这是因为，诉讼、仲裁、执行等法定程序赋予了债务人清偿行为公权力之外观，除法院依法定程序予以撤销外，其他人均无权对其进行否认并加以撤销。但实践中，确实存在债务人以诉讼、仲裁、执行程序进行偏颇性清偿的情况，为了均衡司法程序的公信力与债权人的整体利益，该条文将“债务人与债权人恶意串通”作为对司法程序清偿的例外，赋予管理人撤销此类清偿行为的权力，避免当事人通过合法程序实现其非法的目的。这也是《破产法》及相关司法解释中罕有的对撤销权在形式上作出的主观恶意的要求。需要注意的是，该处的撤销所撤销的是债务人的清偿行为，并非原生效的法律文书，对文书的纠错仍须经过诉讼程序。

在无锡东华会计师事务所有限责任公司（以下简称东华公司）与上海茯苓投资合伙企业破产撤销权纠纷一案中，原无锡市北塘区人民法院作出（2015）北民初字第1259号民事判决，判决大唐公司归还金德公司4500万元及相应利息。该案执行过程中，申请执行人金德公司与被执行人大唐公司达成了《执行和解协议》，该案民事判决因《执行和解协议》已经履行完毕而终结执行。再审法院依据《破产法》第三十二条、《破产法司法解释（二）》第十五条的规定，在东华公司未能提交证据证明债务人大唐公司与债权人金德公司、上海茯苓合伙恶意串通损害其他债权人利益的情况下，最终认定该个别清偿行为不可撤销。[①]

4. 水电费、劳动报酬、人损

《破产法司法解释（二）》	第十六条　债务人对债权人进行的以下个别清偿，管理人依据企业破产法第三十二条的规定请求撤销的，人民法院不予支持： （一）债务人为维系基本生产需要而支付水费、电费等的； （二）债务人支付劳动报酬、人身损害赔偿金的； （三）使债务人财产受益的其他个别清偿。

在《破产法司法解释（二）》第十六条的规定中，司法解释将必要的个别清偿列为不予撤销的例外。所谓必要的个别清偿，是指债务人在生产经营过程中对必须支付的债务的清偿。这些债务或是维系债务人基本生产需要而必须支付的水费、电费等，或是支付给债务人职工的劳动报酬或基于人身损害发生的赔偿金。从严格意义上讲，对人身损害赔偿金的个别清偿，并不属于使债务人财产受益的情况，只是依据人道主义和对生存权的保护，被司法解释纳入例外。同时，该条也以“使债务人财产受益的其他个别清偿”作为兜底，赋予法官在审理偏颇性清偿案件时的自由裁量权，使其可以基于破产撤销权的设置目的，对债务人行使的财产处分行为进行价值评判。

在苏州瑞亚会计师事务所有限公司、仲利国际租赁有限公司等请求撤销个别清偿行为纠纷一案中，江苏省太仓市人民法院认为，被告与顺海公司之间系融资租赁关系，顺海公司租赁的设备系企业生产经营之必需设备，顺海公司支付款项的行为可以确保其继续享有租赁设备的使用权，为企业创造生产价值，故其对仲利国际租赁有限公司的清偿行为，使顺海公司财产受益。此外，根据原被告的融资租赁合同及抵押合同、办理抵押登记来看，双方约定如果顺海公司作为承租人不按时支付租金，仲利公司作

① 参见（2020）苏民申5912号民事裁定书。

为出租人有权解除融资租赁合同，选择取回租赁物，一旦取回租赁物将会对承租人造成更大的损失，故法院对于原告主张撤销该支付行为的诉请不予支持。[①]

三、“使债务人财产受益”的准确理解

综合以上几个案例以及《破产法》撤销权的设立目的，个别清偿撤销权的例外情形本质上应理解为使债务人的财产不受损。狭义的使债务人财产受益，是指使债务人财产增加或者使债务人得到非财产性利益。广义的使债务人财产受益，不仅涵盖以上内容，还包括避免使债务人财产减少或者使债务人损失非财产性利益。

受益不仅指要有相应的对价，还涵盖了对价以外的利益。受益是指财产有增量，不受损是指财产存量不减。破产撤销制度的设立目的一是保证债务人财产不因债务人的不当行为而受损，从而损害债权人的整体利益；二是保护全体债权人获得公平受偿的权利。既然是全体债权人平等受偿，那么，也需要平衡好个别受偿债权人的利益。不加区分地处理，反而会损害个别受偿债权人的利益。故为维护交易的稳定、企业的持续运作，未使债务人财产受损的个别清偿，也应属于撤销权的例外情形。

在司法适用中［如（2016）浙06民终2529号和（2016）浙03民终2847号判例］，审理法院将债务人存在相应对价的财产处分行为认定为使债务人受益，并使其成为个别清偿和对没有财产担保的债务进行财产担保的例外，更进一步说明了破产撤销权在保护债权人之外，亦考虑了对交易安全等其他利益的影响。从设立目的出发，破产撤销权是为否定损害债权人整体利益的行为而设置的，如果债务人的清偿行为能带来相应的对价，且并未损害债权人的整体利益，则该清偿行为便无须撤销，行为人之间原有的交易结果、交易状态便得以维系，在降低经济活动交易成本的同时，也能促进社会的稳定。

---

① 参见（2022）苏0585民初1246号民事判决书。

第三章 破产财产扩张之股东清算责任

《最高人民法院关于适用〈中华人民共和国公司法〉若干问题的规定（二）》［以下简称《公司法司法解释（二）》］第十八条的立法本意为督促公司清算义务人积极履行清算义务，防止清算义务人拖延公司清算，损害公司债权人以及其他股东的合法权益。那么同样因为无财务账册及经营资料而终结破产程序的债务人相关人员，是否亦应根据《公司法司法解释（二）》第十八条的规定承担法律责任？

《破产法》第一条规定："为规范企业破产程序，公平清理债权债务，保护债权人和债务人的合法权益，维护社会主义市场经济秩序，制定本法。"从股东责任角度，《破产法》的本意允许依法运营管理公司的股东依法承担有限责任，经依法清理债权债务后，对于不能清偿的债务可以依法免责。《破产法》的立法宗旨已经通过《公司法》① 及其司法解释、《会计法》②、《破产法》及其司法解释的相关规定传递得非常清楚，但实际情况显然并非如此。

翻阅裁判文书网中的宣告债务人破产民事裁定、终结强制清算民事裁定，随处可见三无企业破产终结［如（2022）粤 04 破 1 号案件中，停业多年、2012 年 8 月被吊销营业执照，法定代表人赵某群下落不明，管理人无法接收公司的证照、财务账册及经营资料，没有发现珠海市银资投资有

---

① 《公司法》第一百六十三条规定："公司应当依照法律、行政法规和国务院财政部门的规定建立本公司的财务、会计制度。"

第一百七十条规定："公司应当向聘用的会计师事务所提供真实、完整的会计凭证、会计账簿、财务会计报告及其他会计资料，不得拒绝、隐匿、谎报。"

② 《会计法》第三条规定："各单位必须依法设置会计帐簿，并保证其真实、完整。"

第二十五条规定："公司、企业必须根据实际发生的经济业务事项，按照国家统一的会计制度的规定确认、计量和记录资产、负债、所有者权益、收入、费用、成本和利润。"

限公司的任何财产用于清偿破产费用，请求终结破产清算程序[①]］、少量资产无法全面审计破产终结［如（2022）川01破4号案件中，财务账簿、资料缺失，管理人无法进行全面审计[②]］、强制清算转破产清算［如（2021）苏1291强清3号案件中，清算程序中，法院根据破产申请进行审查，发现江苏金蟾投资担保有限公司资不抵债，并裁定受理该公司的破产清算申请[③]］、无法清算终结［如（2022）京01强清19号案件中，森得斯公司财产、账册、重要文件、人员均下落不明，无法清算，且股东对清算组制作的清算报告无异议，故清算组请求确认清算报告并终结强制清算程序，本院予以准许。强制清算程序终结后，金隅天坛公司可以依法向控股股东等实际控制公司的主体主张有关权利[④]］。

以上裁定清楚可见，有限责任公司的清算义务人并未根据《公司法》《会计法》的相关规定依法运营管理公司，导致公司债权人、其他股东的权利受损。上述裁定中，无法清算裁定对申请人可以依法向控股股东等清算义务人主张相关权利进行了明确提示，盖因《最高人民法院印发〈关于审理公司强制清算案件工作座谈会纪要〉的通知》第二十九条对此予以明确规定："债权人申请强制清算，人民法院以无法清算或者无法全面清算为由裁定终结强制清算程序的，应当在终结裁定中载明，债权人可以另行依据公司法司法解释二第十八条的规定，要求被申请人的股东、董事、实际控制人等清算义务人对其债务承担偿还责任。股东申请强制清算，人民法院以无法清算或者无法全面清算为由作出终结强制清算程序的，应当在终结裁定中载明，股东可以向控股股东等实际控制公司的主体主张有关权利。"

同为无法清算的破产终结情形、强制清算情形，为何只有强制清算下法院明确提示，"可以另行依据公司法司法解释二第十八条的规定，要求

① 参见（2022）粤04破1号之一（不足清偿破产费用时宣告债务人破产并终结破产程序：民事裁定书）。

② 参见（2022）川01破4号之三（宣告债务人破产：民事裁定书）。

③ 参见（2021）苏1291强清3号（陆某玮与江苏金蟾投资担保有限公司强制清算裁定书）。

④ 参见（2022）京01强清19号（终结强制清算程序：民事裁定书）。

被申请人的股东、董事、实际控制人等清算义务人对其债务承担偿还责任”，而破产终结情形下却没有提示？破产终结情形下的债务人“清算义务人”可以免责吗，应该免责吗？

第一节　《公司法司法解释（二）》第十八条于破产清算情形下的适用问题

结合《公司法司法解释（二）》第十五条，梳理《公司法司法解释（二）》第十八条呈现的司法指引导向可知：在股东依照《公司法》规定，于公司出现解散情形时成立清算组并进行清算，经清理债权债务且清算方案报股东会、股东大会或者人民法院确认后，股东无须承担额外责任。但怠于成立清算组导致公司责任财产减损的，公司清算义务人应在造成损失范围内对公司债务承担赔偿责任；怠于履行义务，导致无法清算的，清算义务人应对公司债务承担连带清偿责任。

《公司法司法解释（二）》第十八条的立法本意为督促公司清算义务人积极履行清算义务，防止清算义务人拖延公司清算，损害公司债权人以及其他股东的合法权益。

但同样地，破产清算中也有诸如三无企业破产终结，无法接收公司的证照、财务账册及经营资料等无法清算的情形，此种情形下，公司清算义务人理应承担同样的法律责任，但为何三无企业破产终结裁定中却没有赋予债权人追责的提示呢？

《九民纪要》第一百一十八条首先对“无法清算案件的审理与责任承担”的原则进行了明确，“人民法院在审理债务人相关人员下落不明或者财产状况不清的破产案件时，应当充分贯彻债权人利益保护原则，避免债务人通过破产程序不当损害债权人利益，同时也要避免不当突破股东有限责任原则”。法人人格独立理论、有限责任理论是公司法人制度的两大基石，有限公司作为独立主体，适用《公司法司法解释（二）》第十八条的后果显然会直接突破股东有限责任，《九民纪要》设定的原则是既要充分保护债权人的利益，又不能不当损害有限责任原则，显属夹缝中的平衡。

《九民纪要》第一百一十八条第二款明确指出，对于《最高人民法院关于债权人对人员下落不明或者财产状况不清的债务人申请破产清算案件如何处理的批复》（以下简称《批复》）第三款的规定（债务人的有关人员不履行法定义务，人民法院可依据有关法律规定追究其相应法律责任；其行为导致无法清算或者造成损失，有关权利人起诉请求其承担相应民事责任的，人民法院应依法予以支持），判定债务人相关人员承担责任时，应当依照企业破产法的相关规定来确定相关主体的义务内容和责任范围，不得根据《公司法司法解释（二）》第十八条第二款的规定来判定相关主体的责任。此处暂将"人员下落不明或者财产状况不清的债务人"概况理解为"三无企业"，上述规定可以理解为，三无企业申请破产清算，债务人有关人员的行为导致无法清算或者造成损失的，有关权利人可以起诉追责，但人民法院不得根据《公司法司法解释（二）》第十八条第二款的规定判定责任。

同时，《九民纪要》第一百一十八条第四款进一步指出，《批复》第三款中的"有关权利人起诉请求其承担相应民事责任"，系指"管理人请求上述主体承担相应损害赔偿责任并将因此获得的赔偿归入债务人财产。管理人未主张上述赔偿，个别债权人可以代表全体债权人提起上述诉讼"。

据此可知，对于三无企业破产清算中出现无法清算或造成损失情形的"有关权利人"仅限于管理人、个别债权人，且所追偿财产均应当并入债务人财产，而非个别受偿。这一点与直接依据《公司法司法解释（二）》第十八条第二款向清算义务人追偿后的个别受偿显然截然不同。上述解释在一定程度上体现了在破产清算与强制清算情形下适用《公司法司法解释（二）》第十八条第二款的区别：法律原理及责任逻辑可以适用，但不能直接作为裁判依据。强制清算情形下的追偿可以个别受偿，破产清算启动后则应一体纳入债务人财产，全体债权人公平受偿，保障破产清算制度的统一受偿原则。

在（2021）京02民终8930号案件中，2017年3月15日，浩天公司申请法院对天津爱蜂潮公司进行破产清算。2018年3月9日，滨海法院作出民事裁定书，天津爱蜂潮公司已无任何财产线索可供查询，其财产不足以清偿破产费用，裁定如下：一、宣告天津爱蜂潮公司破产；二、终结天津爱蜂潮公司破产程序，并于2018年4月15日在《人民法院报》刊登了终结天津爱蜂潮公司破产程序的公告。浩天公司上诉主张其对天津爱蜂潮公司享有债权，天津爱蜂潮公司经滨海法院破产清算并以破产管理人未能接收任何资产及财务资料、公司人员下落不明、财产不足以清偿破产费用为由，裁定终结天津爱蜂潮公司破产程序，高某、黄某川等十一人负有配合清算的义务，因此诉请该十一人对天津爱蜂潮公司对浩天公司负有的债务承担给付责任。法院认为，根据《批复》第三款的规定，天津爱蜂潮公司债权人的债权只能在破产清算程序中按比例受偿，而破产清算以公司资不抵债为前提假设，即便天津爱蜂潮公司破产清算程序顺利进行，除非出现特殊情况，否则债权人的债权无法在破产清算程序中足额受偿。浩天公司要求公司股东就公司对浩天公司的全部债务承担给付责任，缺乏依据。债务人的有关人员的行为造成损失，应当由管理人依法追回后分配给全体债权人，不应在法院裁定终结破产程序后由债权人个别进行追偿并用于清偿其自身债权，即便管理人未主张赔偿，也应由个别债权人代表全体债权人提起诉讼，并将因此获得的赔偿归入债务人财产，而不应径直清偿个别债权。据此，对浩天公司请求个别清偿的主张不予支持。

在（2019）陕民申3004号案件中，陕西省高级人民法院认为，法院的生效法律文书确认鼎源投资公司对大都公司享有的普通债权为人民币5810850元（大都公司仅鼎源投资公司一家债权人），并认为大都公司不能清偿到期债务，符合破产条件，依法应当宣告其破产清算。经管理人调查，大都公司之法定代表人、股东及相关管理人员无法联系，财务账册、重要资料等下落不明，导致本案无法全面清算，债权人可以另循法律途径追究股东及相关人员的法律责任。李某芳、魏某平于大都公司破产期间受让魏某江、郝某娟之股权，且未能接管公司财产及财务资料，一、二审判决李某芳、魏某平、魏某江、郝某娟对大都公司欠付鼎源投资公司的5810850元债务承担连带清偿责任并无不当。

在（2020）沪民申530号案件中，上海市高级人民法院认为，本院在审查中发现绿润公司系以金绍公司的债权人身份，在金绍公司被法院裁定终结破产程序后提起本案诉讼，以金绍公司股东朱某华、郑某根怠于履行清算义务导致公司无法清算为由，要求朱某华、郑某根对金绍公司的债务承担连带责任。由于无法清算并非《破产法》规定的破产终结原因，而破产程序本身具有彻底清理债务人债权债务的功能，相关主体不配合清算导致的债务人财产灭失，该损失理论上属于债务人破产财产，应当由管理人依法追回后分配给全体债权人，不应在法院裁定终结破产程序后，由债权人个别进行追偿并用于清偿其自身债权。二审法院在判定朱某华、郑某根承担责任时，应当依照《破产法》的相关规定确定二人的义务内容和责任范围，不应依照《公司法司法解释（二）》第十八条第二款的规定判定其责任。如破产清算案件被裁定终结后，债务人的主要财产、账册、重要文件等重新出现，若符合《破产法》规定的追加分配情形，债权人可以请求人民法院追加分配。现本案二审法院按照《公司法司法解释（二）》第十八条第二款的规定判决朱某华、郑某根对金绍公司的债务向绿润公司承担连带清偿责任，属于适用法律错误，故本院依法提审本案。

在（2020）沪02民终5981号案件中，根据上海市第三中级人民法院（2019）沪03破61-9号民事裁定书，上海华勋假日酒店管理有限公司因在破产程序中财产状况不明终结破产程序。上海市第二中级人民法院认为，由于相关主体不配合清算导致的债务人财产灭失，该损失理论上属于债务人破产财产，应当由管理人依法追回后分配给全体债权人。在管理人未主张上述赔偿的情况下，应由个别债权人代表全体债权人提起上述诉讼，并将因此获得的赔偿归入债务人财产。因此，沈某堂现仅以个体名义提起本案诉讼，且直接请求陈某、上海华勋假日酒店管理有限公司承担连带责任无法律依据，一审驳回起诉具有依据。

以上案例充分说明：第一，债权人的债权在破产清算程序中仅为按比例受偿，且破产清算须以公司资不抵债为前提，不能全面受偿属于正常情形。第二，债权人可以通过法律途径追究股东以及相关人员的法律责任，以获得的赔偿归入债务人财产统一受偿为前提。第三，对于破产清算后的追偿责任承担，人民法院应以《破产法》的相关规定为裁判依据，不应以《公司法司法解释（二）》第十八条第二款的规定来判定其责任。

据此，《公司法司法解释（二）》第十八条中清算义务人所应承担的责任，在破产清算程序中并非不适用，而是适用方式以及适用结果发生了变化。这是因为，一方面，清算制度是以公司资大于债为前提假设，破产制度以资不抵债为前提，在资不抵债情形下，债权人的损失与债务人的行为之间存在的因果关系应当纳入考虑范围，而非依然按照资大于债的逻辑推演，如此则与《破产法》的制度逻辑相悖。另一方面，“由于相关主体不配合清算导致的债务财产灭失，该损失理论上属于债务人破产财产，应当由管理人依法追回后分配给全体债权人，不应在法院裁定终结破产程序后，由债权人个别进行追偿并用于清偿其自身债权”[①]。这也与《破产法司法解释（二）》第二十一条第二款规定“债务人破产宣告后，人民法院应当依照企业破产法第四十四条的规定判决驳回债权人的诉讼请求。但是，债权人一审中变更其诉讼请求为追收的相关财产归入债务人财产的除外”的原则相统一。同时，《九民纪要》还明确，此种情形下的责任承担要强调侵权因果关系理论，“除非存在《公司法》第二十条规定的股东滥用公司法人独立地位和股东有限责任，逃避债务，严重损害公司债权人利益，应当对公司债务承担连带责任外，不能仅以违反配合破产清算义务为由，要求债务人相关主体对公司债务承担连带清偿责任”[②]。

---

① 最高人民法院民事审判第二庭编著：《〈全国法院民商事审判工作会议纪要〉理解与适用》，人民法院出版社2019年版，第596页。

② 最高人民法院民事审判第二庭编著：《〈全国法院民商事审判工作会议纪要〉理解与适用》，人民法院出版社2019年版，第597页。

第二节 股东清偿责任的认定

股东有限责任制度作为现代公司基本制度之一，在鼓励投资、繁荣经济、促进就业等方面发挥了无与伦比的优势。但任何制度均有其两面性。股东有限责任制度常常被滥用股东权利的股东用作逃避责任的手段，在损害债权人利益的同时，也损害了现代公司制度对股东和债权人利益保护的平衡。为有效防范对股东有限责任制度的滥用，股东清偿责任规定应运而生。

无论在清算程序还是破产程序中，最大化债务人财产都是清算组/管理人的首要目标。债务人财产除了记载于债务人账簿中的财产之外，还有债务人根据法律规定可以取得的相关赔偿。

《公司法司法解释（二）》第十八条规定的法理依据均为侵权责任。既为侵权责任，则属于债权请求权，当事人可以对债权请求权提出诉讼时效抗辩，侵权成立需满足构成要件，即侵权行为+损害后果+因果关系。

侵权责任的设定，主要基于公司股东或实际控制人利用公司控制权损害债权人利益之情形，此时，有限责任股东的责任可能不再“有限”。

结合《公司法司法解释（二）》第十五条，梳理《公司法司法解释（二）》第十八条呈现的司法指引导向可知：在股东依照公司法规定，于公司出现解散情形时成立清算组并依法进行清算，经清理债权债务且清算方案报股东会、股东大会或者人民法院确认后，股东无须承担额外责任。但怠于成立清算组导致公司责任财产减损的，公司清算义务人应在造成损失范围内对公司债务承担赔偿责任。怠于履行义务，导致无法清算的，清算义务人应对公司债务承担连带清偿责任。实践中存在对《公司法司法解释（二）》第十八条规定的不同理解，导致股东清算责任纠纷案件的认定规则存在诸多变化。

一、最高人民法院指导规则的变化

《公司法司法解释（二）》第十八条确立的股东清偿责任规则自2008年5月19日实施以来，最亮眼的典型案例莫过于最高人民法院第9号指导性案例。[①]

第9号指导性案例的裁判要点是：有限责任公司的股东、股份有限公司的董事和控股股东，应当依法在公司被吊销营业执照后履行清算义务，不能以其不是实际控制人或者未实际参加公司经营管理为由，免除清算义务。

第9号指导性案例中，二审法院在认定责任时指出，拓恒公司作为有限责任公司，其全体股东在法律上应一体成为公司的清算义务人。《公司法》及其相关司法解释并未规定蒋某东、王某明所辩称的例外条款，因此，无论蒋某东、王某明在拓恒公司中所占的股份为多少，是否实际参与了公司的经营管理，两人在拓恒公司被吊销营业执照后，都有义务在法定期限内依法对拓恒公司进行清算。

第9号指导性案例将公司全体股东一并视为公司清算义务人，而对能够决策或影响清算工作的清算义务人内部情况不加区分，一定程度上没有考虑无过错股东所享有的股东有限责任利益，完全倾向于对债权人利益的维护。此外，《公司法司法解释（二）》第十八条规定的法理依据均为侵权责任。既为侵权责任，则应当适用侵权责任构成要件来判定侵权主体应否担责，而侵权责任的构成要件中包括侵权人的过错行为、过错行为与损害结果之间的因果关系。

正是由于对"怠于履行义务"理解适用的偏差，最高人民法院在《〈全国法院民商事审判工作会议纪要〉理解与适用》中特别指出："审判实践中有的法院并没有准确把握上述规定的适用条件，判决没有'怠于履

---

① 2020年12月29日发布的《最高人民法院关于部分指导性案例不再参照的通知》（法〔2020〕343号）明确："为保证国家法律统一正确适用，根据《中华人民共和国民法典》等有关法律规定和审判实际，经最高人民法院审判委员会讨论决定，9号、20号指导性案例不再参照。但该指导性案例的裁判以及参照该指导性案例作出的裁判仍然有效。本通知自2021年1月1日起施行。"

行义务'的小股东或者虽'怠于履行义务'但与'公司主要财产、账册、重要文件等灭失'的后果没有因果关系的小股东对公司债务承担远超过其出资数额的责任，导致出现利益明显失衡的现象。"[①] 并据此以概括加列举的形式明确了"怠于履行义务"之情形，包括"有限责任公司的股东在法定清算事由出现后，在能够履行清算义务的情况下，故意拖延、拒绝履行清算义务"，或者"因过失导致无法进行清算的消极行为"。同时反向明确，如"股东举证证明其已经为履行清算义务采取了积极措施"，或者"小股东举证证明其既不是公司董事会或者监事会成员，也没有选派人员担任该机关成员，且从未参与公司经营管理"，可以认为不属于"怠于履行义务"情形。此外，还明确指出，"有限责任公司的股东举证证明其'怠于履行义务'的消极不作为与'公司主要财产、账册、重要文件等灭失，无法进行清算'的结果之间没有因果关系""公司债权人对公司的债权已经超过诉讼时效期间查证属实"亦可作为有限责任公司股东免责的依据。

但是，由于《九民纪要》仅列举式地规定了以上几种情形，显然无法覆盖司法实践中的各种状况，责任认定实践仍然较为混乱。

二、怠于履行清算义务与无法清算的辨别

《公司法司法解释（二）》第十八条第二款规定，清算义务人对公司债务承担连带清偿责任的前提是清算义务人"怠于履行义务，导致公司主要财产、账册、重要文件等灭失，无法进行清算"，其中，"怠于履行义务"导致无法清算，该无法清算是结果意义上的还是行为意义上的？实践中该如何认定？

《最高人民法院印发〈关于审理公司强制清算案件工作座谈会纪要〉的通知》（以下简称《强清纪要》）第二十八条认定无法清算的情形为被申请人没有任何财产、账册、重要文件，被申请人人员下落不明。《公司法司法解释（二）》第十八条第二款认定无法清算的情形为被申请人主

---

① 最高人民法院民事审判第二庭编著：《〈全国法院民商事审判工作会议纪要〉理解与适用》，人民法院出版社2019年版，第162页。

要财产、账册、重要文件等灭失。两规定并不完全一致。

无法清算，系与依法清算相对而言。“公司清算的实质是在公司解散时，按债权债务合约和投资合约，将清算资产在各债权人和投资者之间进行合理分配。”① 《公司法》依法清算指的是在公司解散时，真实、准确、完整清理、核查公司资产、负债后，将公司资产进行概括清偿的法定程序。相应地，无法清算即指公司解散时的资产负债情况无法计算、核实。

由于《强清纪要》与《公司法司法解释（二）》均未对“无法清算”进行法律概念上的界定，而均以列举式的表述方式来概括，导致实务中存在较大争议。

实践中，债务人抗辩较多的情形包括六种：一是企业自始未建立内部控制制度，亦未依法建账，资料缺失并非怠于清算所致。二是公司已依法建账，但遭遇不可抗力原因，如水灾、火灾、盗窃、哄抢等导致灭失。② 三是账册齐全，正在清算中。③ 四是债权人起诉超过诉讼时效。④ 五是股

① 刘敏著：《公司解散清算制度》，北京大学出版社2010年版，第311页。

② 在（2020）沪02民终2123号案件中，上海市第二中级人民法院认为，在举证责任证明方式上，杨浦建设公司作为非控股股东提出请求免责抗辩，需先对因果关系不存在的免责事由承担举证责任，如果其能够举证证明，如公司财产、账册灭失非其原因所致，而是意外事件或控制股东所为等不可归咎于其的因素所致，则不承担责任。

③ 在（2020）沪01民终4815号案件中，一审被告抗辩账册齐全、正在清算中，一审法院认为，被告并无怠于履行义务导致无法清算的情形出现。创捷和信公司主张澳亚公司的主要财产灭失，主要针对的是对账面上曾出现的8594985.20元库存商品的处理，但从《财务清算报告的说明》反映的内容来看，清算组已对该些库存商品进行处理并已入账，不应认定为灭失。创捷和信公司主张澳亚公司的账册已灭失，从被上诉人曾携带澳亚公司账册至一审法院进行谈话可以确认，并不能推定澳亚公司的账册已灭失的事实。二审法院认为，从澳亚公司清算组提供的《二零一九年四月财务清算附注》《财务清算报告》《清算收入分配》等一系列清算文件来看，公司清算组已在履行其清算义务，并不存在创捷和信公司所主张的无法进行清算的情形。

④ 在（2019）沪01民终5279号案件中，上海市第一中级人民法院认为，万某、胡某新二人在一审期间均未提出诉讼时效抗辩，而万某则是在民事上诉状中提出的。而且，万某没有向本院提供新的证据以证明宝建公司提起本案诉讼已超过诉讼时效。公司债权人向公司股东主张承担赔偿责任的请求权在性质上属于债权请求权，应受诉讼时效制度约束，但该赔偿请求权的诉讼时效期间应从债权人知道或者应当知道因公司股东不履行清算义务而致其债权受到损害之日起计算。宝建公司曾向一审法院申请对奥然吉公司进行强制清算，清算组因未接管到奥然吉公司的任何财产、财务账册、重要文件、证照、印章等，提请终结强制清算程序。本案诉讼时效的起算点应为该民事裁定书作出的时间，即2016年12月30日。本案一审的立案时间为2017年5月18日，宝建公司提起本案诉讼也未超过诉讼时效。

东身份系被借用。[①] 六是公司自身经营不善、资不抵债，公司清算前法院已经以未执行到财产为由中止强制执行程序。[②] 应当承认资不抵债情形与资可抵债情形的区别，但法院未执行到财产并不能等同于客观上无资产，因为除可查控财产之外，如应收账款、预付账款等与经营密切相关的财产线索并不一定能被执行程序所掌控。[③]

三、关于诉讼时效认定的演变

《民法典》规定，诉讼时效应当从权利人知道或应当知道权利被侵害之日起算，但因为难以界定权利被侵害之日，实践中出现了诸多不同观点。

在（2015）民申字第 284 号案件中，远东公司不服上海市高级人民法院（2014）沪高民二（商）终字第 59 号民事判决，申请再审，认为时效起点错误，在寅正公司尚未进行清算的情况下，远东公司无从知晓其能否进行清算，更无从确定其对作为其股东的被申请人享有要求被申请人对公司债务连带清偿的请求权，也就无从起算诉讼时效期间。本案诉讼时效应

① 在张某兵案（2022）京民申 8 号案件中，张某兵申请再审，主张其股东、监事身份是老板安排且并无实权，自身也不在公司注册地工作，不知道公司已经被吊销，其无法履行清算义务，故张某兵与公司财产、账册灭失之间不存在因果关系。本院认为，工商登记信息具有公示作用，使交易相对人知悉并对其产生信赖利益。张某兵并未提交充分证据证明其申请再审主张，其提交的证人证言、股权转让协议等材料不足以推翻一审法院依据工商登记信息对张某兵为泰联铝制品公司股东及公司监事的认定。

② 在（2019）沪 01 民终 5279 号案件中，胡某新上诉称，由于奥然吉公司已无财产可供执行，宝建公司才向一审法院申请对奥然吉公司进行强制清算，万某、胡某新清算义务履行与否，与宝建公司的损失不存在因果关系。对此，本院认为，尽管宝建公司在向一审法院申请强制清算前，曾向一审法院申请强制执行，且未执行到奥然吉公司的相关财产，但不能仅以一审法院未能执行到奥然吉公司的财产为由，排除万某、胡某新没有组织清算的责任。在奥然吉公司被吊销营业执照后，组织清算是万某、胡某新作为股东的法定义务。万某、胡某新怠于履行义务，导致奥然吉公司最终无法清算，由此造成奥然吉公司的财产范围无法确定，必然使作为债权人的宝建公司受到影响。更何况，一审法院没有执行到奥然吉公司的财产并不一定意味着该公司的财产在客观上已确实不存在。

③ （2018）渝民申 192 号民事裁定认为，《公司法司法解释（二）》第十八条第一款的立法本意为当公司出现非破产原因的解散事由时，原则上推定只要公司依法进行清算，债权人在清算程序中就理应得到全额清偿。由于公司股东未及时启动清算程序，债权人在经强制执行债务人财产时不能获得清偿的部分，应当推定为有限责任公司股东未及时启动清算程序所造成的公司责任财产的减少部分。除非清算义务人能够举证证明该部分法人财产的减少不是其未及时清算，而是其他原因造成的，或者在出现解散事由时公司已经出现破产原因，否则清算义务人就要对公司不能清偿债权的部分予以赔偿，因此，举证责任倒置与因果关系推定是该法条的适用规则。本案中，钟某等股东没有举证证明其未启动清算程序与公司财产减少之间不存在因果关系，应当承担举证不能的法律后果，钟某等股东应当对云英公司的债务承担赔偿责任。该案已于 2020 年 7 月 22 日被（2020）渝民抗 19 号民事裁定提审。

于远东公司收到无法清算的裁定书，即2013年时才成立，二审判决将诉讼时效期间起算日确定为寅正公司被吊销营业执照之日，即2007年4月24日是错误的，因为远东公司此时根本不知吊销营业执照一事，即使知道，也不知道“无法进行清算”的事实及存在无可供执行财产的事实。最高人民法院认为，远东公司向人民法院起诉寅正公司的股东，以股东不履行清算义务为由，要求各股东对公司的债务承担连带赔偿责任，属于行使请求权，依法应当适用法律关于诉讼时效的规定。寅正公司2004年11月16日因无可供执行的财产裁定中止执行后，远东公司作为执行案件申请人理应关注寅正公司经营情况，包括其是否正常营业和是否存在营业执照被吊销的情况。按照《公司法》的规定，公司因营业执照被吊销等法定事由解散的，应当在解散事由出现之日起十五日内成立清算组，开始清算。《公司法司法解释（二）》也规定，逾期不成立清算组进行清算的，债权人可以申请人民法院指定有关人员组成清算组进行清算。在寅正公司营业执照被吊销和从《公司法司法解释（二）》施行后至提起本案诉讼长达四年至五年的时间内，远东公司既未要求寅正公司的股东履行清算义务，也未向人民法院申请强制清算或者请求被申请人承担赔偿责任，超过了两年的诉讼时效期间。

但（2020）冀民申4639号民事裁定（2020年8月18日作出）依然认为，根据涿鹿通宜公司起诉高星顺通公司买卖合同纠纷及其向北京市昌平区人民法院申请对高星顺通公司强制执行该案的事实，能够认定涿鹿通宜公司在该案审理、执行过程中或最迟在北京市昌平区人民法院向其送达2008年12月17日（2008）昌执字第2032号终结该执行程序的民事裁定书时，即应当对高星顺通公司于2007年12月17日被吊销营业执照、公司难以查找、无可供执行财产的事实已经知晓。高星顺通公司在2007年12月17日被吊销营业执照时，已经符合《公司法》规定的解散原因，高星顺通公司股东应当在公司出现解散事由之日起十五日内成立清算组开始清算，被申请人没有在法定期间成立清算组开始清算，故自申请人收到2008年12月17日终结执行程序的民事裁定书之日就应当知道其权利受到了侵害，诉讼时效期间自该日起即应当开始计算，而申请人起诉本案主张权利的日期为2018年9月11日，已经超过法定的两年诉讼时效期间。故涿鹿公司的再审申请不属于《民事诉讼法》第二百条规定的再审事由。

在（2016）京民申2810号案件中，天创公司申请再审称，城建公司2007年3月和8月收到法院终结强制执行裁定时就已经知道自身权利受到了侵害，2008年5月19日《公司法司法解释（二）》施行，城建公司应于自此两年内向中盛公司的股东天创公司主张连带清偿责任，原判以2014年1月20日（2013）一中法特清算初字第12599-2号终结中盛公司强制清算程序的裁定之日视为城建公司知道或应当知道其权益受到侵害错误。北京市高级人民法院认为，依据《民法通则》（现已失效）之规定，诉讼时效期间从知道或者应当知道权利被侵害时起算。本案中，债权人城建公司依据《公司法司法解释（二）》，要求已被吊销的债务人中盛公司的股东天创公司承担连带清偿责任。天创公司是否怠于履行清算义务，是否最终导致中盛公司无法清算，外部债权人无从知悉。由于天创公司的不作为，侵权的状态一直存续。直至2013年法院受理城建公司的强制清算申请并作出终结中盛公司强制清算程序的裁定，该情形方明确。故天创公司的现有证据不足以证明本案已超过诉讼时效。

2019年7月3日最高人民法院刘贵祥法官《在全国法院民商事审判工作会议上的讲话》以及《九民纪要》第十六条第二款的内容，均明确“公司债权人以公司法司法解释（二）第18条第2款为依据，请求有限责任公司的股东对公司债务承担连带清偿责任的，诉讼时效期间自公司债权人知道或者应当知道公司无法进行清算之日起计算”，可见并未将无法清算的强制清算裁定作为债权人知道或应当知道权利受到损害的时效起诉依据。“应当知道公司无法进行清算”不等同于债权人要确切知道无法清算的事实，仅仅以须经强制清算程序及作出裁定作为认定的情形显然失之偏颇。应当综合考量债务人是否注销、是否成立了清算组、人员是否下落不明、是否已作出无财产可供执行的裁定、债务人主要账册、文件的下落等以判断债权人“应当知道公司无法进行清算”的时效起点。

第四章　破产财产扩张之股东出资责任

公司出资制度向来承载着对内维持公司法人人格独立、对外保护债权人利益的双重目的，但这两种不同的目的，分别代表着不同的利益群体，很多时候存在难以调和的冲突。在不同历史发展阶段，公司出资制度在两种目的的追求上存在不同程度的偏向。

1993 年《公司法》的出台，正值我国计划经济向市场经济的过渡时期，公司出资制度不可避免地需要承载政府管控之目的，所以采取了最严格的法定资本制。《公司法》第二十三条第一款规定："有限责任公司的注册资本为在公司登记机关登记的全体股东实缴的出资额。"另对不同类别的公司设定了不同的注册资本最低限额要求，如生产经营类、商品批发类公司不得低于 50 万元；商业零售类公司不得低于 30 万元；科技开发、咨询、服务性公司不得低于 10 万元；等等。由此可以看出，最严格的法定资本制背后是当时的立法者试图以公司出资制度给予债权人最大保护的努力。

2005 年《公司法》修订时，正值我国市场经济体系已经相对完善，加入 WTO 的背景也使得鼓励投资、激发企业活力的呼声日益高涨，内外因素共同促使国家对公司出资制度进行重大调整。《公司法》第二十六条规定，有限责任公司的注册资本为在公司登记机关登记的全体股东认缴的出资额。公司全体股东的首次出资额不得低于注册资本的百分之二十，也不得低于法定的注册资本最低限额，其余部分由股东自公司成立之日起两年内缴足。另明确有限责任公司的注册资本最低限额为人民币 3 万元。由此可见，降低注册资本最低限额并允许分期缴纳的制度改革，实际上是对以往通过公司出资制度一味追求债权人利益保护的观念的修正，而将制度追求更多地向鼓励投资倾斜。

第一节　破产程序中对抽逃出资的处理

资本确定原则、资本维持原则和资本不变原则共同构成法定资本制的三项基本原则。其中，从保护债权人利益和维持公司信用的角度讲，资本维持原则当为法定资本制的核心。追回股东抽逃的出资，是资本维持原则的内在要求。需要说明的是，在破产程序中，被追缴的抽逃出资须被纳入债务人财产，用于向全体债权人清偿，但破产并非追缴抽逃出资的前提条件。

一、抽逃出资的行为认定

关于对抽逃出资行为的认定，《最高人民法院关于适用〈中华人民共和国公司法〉若干问题的规定（三）》[以下简称《公司法司法解释（三）》] 第十二条规定列举了抽逃出资的四种典型情形："公司成立后，公司、股东或者公司债权人以相关股东的行为符合下列情形之一且损害公司权益为由，请求认定该股东抽逃出资的，人民法院应予支持：（一）制作虚假财务会计报表虚增利润进行分配；（二）通过虚构债权债务关系将其出资转出；（三）利用关联交易将出资转出；（四）其他未经法定程序将出资抽回的行为。"

但在司法实践中，抽逃出资的行为多种多样，除了抽逃注册资本金外，抽逃资本公积金、未经法定程序的减资行为、无合法依据收购本公司股份的行为，都有可能被认定为抽逃出资。

比如，在江门市江建建筑有限公司与江门市金华物业投资管理有限公司、江门市金华投资有限公司执行异议之诉中，最高人民法院认为，第一，林某培对江门市金华投资有限公司的额外出资不是借款，而属于资本公积金，林某培对金华投资公司所谓的借款债权并不成立。第二，资本公积金属于公司的后备资金，股东可以按出资比例向公司主张所有者权益，但股东出资后不能抽回，也不得转变为公司的债务计算利息，变相抽逃。[①] 从该案来看，变相抽逃资本公积金亦属于抽逃出资的范畴，同样违反了公司资本确定原则。

比如，在安徽新集煤电（集团）有限公司（以下简称煤电公司）与如东县农村信用合作联社、上海恒德置地有限公司（以下简称恒德公司）借款合同纠纷案中，最高人民法院认为，根据《公司法》的相关规定，减资行为并不属于抽逃资金，但是本案因公司资产的减少缩小了公司承担责任的能力，直接影响到公司债权人的利益，所以法律对公司减少资本规定了比增加资本更加严格的法律程序……本案中，恒德公司在退股或减资时均没有明确的财产清单。未进行减资公告，就进行实际减资……故煤电公司从恒德公司退出，违反了减资的法定程序，应认定为名为减资，实为抽逃的出资性质。[②] 从该案来看，未经法定程序的减资行为亦属于抽逃出资的典型。

再如，在赵某勋与辽宁中智房屋开发有限公司（以下简称中智公司）股权确认纠纷案中，最高人民法院认为，股东分红依法应由股东会作出决议。本案中，中智公司未经法定程序，在其他股东未分红的情况下，单独给付赵某勋预期分红，作为买断其股权的对价，存在损害其他股东和公司债权人合法利益的可能性。鉴于中智公司退还赵某勋1500万元股权投资款和1000万元红利后，双方没有办理相应的减资或股权变更手续，赵某勋亦否认上述行为为退股，从而导致赵某勋在已没有实际出资的情况下仍具有股东身份并继续享有股东权利。上述行为属于“其他未经法定程序将出资抽回的行为”，应认定为抽逃出资。[③]

二、抽逃出资的民事法律后果

抽逃出资的民事法律后果，主要规定在《公司法司法解释（三）》

① 详见最高人民法院（2013）民提字第226号民事判决书。

② 详见最高人民法院（2010）民提字第79号民事判决书。

③ 详见最高人民法院（2013）民申字第286号民事裁定书。

中，其第十四条第一款规定返还出资本息，即“股东抽逃出资，公司或者其他股东请求其向公司返还出资本息、协助抽逃出资的其他股东、董事、高级管理人员或者实际控制人对此承担连带责任的，人民法院应予支持”；第十四条第二款规定补充赔偿债权人，即“公司债权人请求抽逃出资的股东在抽逃出资本息范围内对公司债务不能清偿的部分承担补充赔偿责任、协助抽逃出资的其他股东、董事、高级管理人员或者实际控制人对此承担连带责任的，人民法院应予支持”；另，第十六条规定股东权利受限，第十七条规定可以解除股东资格等。

三、管理人追缴抽逃出资须注意的问题

结合前述相关规定，笔者归纳总结出如下关于管理人追缴抽逃出资须注意的问题。

1. 明确追缴对象

《公司法司法解释（三）》明确了追缴对象为抽逃出资的股东，以及协助抽逃出资的其他股东、董事、高级管理人员或者实际控制人。其中，高级管理人员是指《公司法》第二百一十六条规定的公司的经理、副经理、财务负责人，上市公司董事会秘书和公司章程规定的其他人员。

值得注意的是，管理人能够追缴的对象是否仅局限于以上主体？2011年出台的《公司法司法解释（三）》第十五条规定：“第三人代垫资金协助发起人设立公司，双方明确约定在公司验资后或者在公司成立后将该发起人的出资抽回以偿还该第三人，发起人依照前述约定抽回出资偿还第三人后又不能补足出资，相关权利人请求第三人连带承担发起人因抽回出资而产生的相应责任的，人民法院应予支持。”后经修订，删除了该条规定。部分观点认为，既已删除第三人代垫资金构成协助抽逃出资的规定，那么，追缴对象的确定就应当限定在《公司法司法解释（三）》规定的范围内。笔者认为，其实不然。比如，在神州数码信息服务股份有限公司、北京新富投资有限公司与公司有关的纠纷案中，最高人民法院认为，《公司法司法解释（三）》（2011年版）第十五条虽被删除，但并不意味着代

垫资金、协助抽逃出资的第三人无须承担民事责任。第三人代垫资金、协助股东抽逃出资，依照《侵权责任法》第八条规定构成共同侵权的，该第三人仍应承担相应连带责任。[①] 据此，现《公司法司法解释（三）》仅是在采取列举的方式明确可以追缴的对象，但管理人能够追缴的对象并不局限于此，还包括一切提供协助抽逃行为的第三人，其背后的法理基础在于共同侵权理论。

2. 厘清请求权基础

《公司法》第二十七条规定了货币和非货币的出资形式。出资形式的多样化会带来抽逃出资形式的多样化，抽逃的出资既可能是货币资金，也可能是非货币财产。管理人在追缴抽逃出资时，需注意厘清请求权基础。如被抽逃的资本系现金、无记名有价证券等，应当以侵权责任为请求权基础；如被抽逃的资本系实物，则请求权基础应为物权请求权。

3. 能否向名义股东追缴出资

《公司法司法解释（三）》第二十六条第一款规定："公司债权人以登记于公司登记机关的股东未履行出资义务为由，请求其对公司债务不能清偿的部分在未出资本息范围内承担补充赔偿责任，股东以其仅为名义股东而非实际出资人为由进行抗辩的，人民法院不予支持。"该款规定仅赋予了债权人可以主张名义股东承担补充赔偿责任的权利。司法实践中，管理人向名义股东追缴出资的案例有吴某艳与永嘉艳阳纸箱有限公司（以下简称艳阳公司）股东出资纠纷案，该案中，法院认为，吴某艳作为工商登记持有艳阳公司60%股份的股东，在艳阳公司未能偿还债权人欠款、经破产程序后由艳阳公司破产管理人追收抽逃出资，根据《公司法司法解释（三）》第二十六条第一款的规定，不管其在本案中是名义股东还是实际股东，均应在未出资本息范围内承担补充赔偿责任，因此吴某艳抗辩其为名义股东无须承担责任的主张无法律依据，本院不予支持。[②] 但《公司法

---

① 详见最高人民法院（2017）最高法民申4642号民事裁定书。

② 详见温州市中级人民法院（2017）浙03民终6079号民事判决书。

司法解释（三）》并没有赋予管理人向名义股东追缴抽逃出资的权利，其权利基础来源于《破产法》赋予管理人的法定职责。

4. 注意甄别股东借款与抽逃出资的界限

管理人遇到公司借款给股东的情形时，往往轻易误将其认定为抽逃出资。基于实践中此种类型的争议屡见不鲜，2002 年国家工商行政管理总局出台了《关于股东借款是否属于抽逃出资行为问题的答复》（工商企字〔2002〕第 180 号，现已失效）认为："公司借款给股东，是公司依法享有其财产所有权的体现，股东与公司之间的这种关系属于借贷关系，合法的借贷关系受法律保护，公司对合法借出的资金依法享有相应的债权，借款的股东依法承担相应的债务。因此，在没有充分证据的情况下，仅凭股东向公司借款就认定为股东抽逃出资缺乏法律依据。如果在借款活动中违反了有关金融管理、财务制度等规定，应由有关部门予以查处。"由此可见，公司依法合规地为股东提供借款，属于正常的商业行为，恰恰体现了公司有权自行处分其财产，不能仅依据资金流向片面认定构成抽逃出资。

第二节　破产程序中对瑕疵出资的处理

《公司法》第二十七条规定："股东可以用货币出资，也可以用实物、知识产权、土地使用权等可以用货币估价并可以依法转让的非货币财产作价出资；但是，法律、行政法规规定不得作为出资的财产除外。对作为出资的非货币财产应当评估作价，核实财产，不得高估或者低估作价……"瑕疵出资问题主要产生于非货币财产出资。

一、瑕疵出资的行为认定

关于瑕疵出资的行为认定，《公司法司法解释（三）》分别规定了两种情形。其中，第九条规定了出资人以非货币财产出资，未依法评估作价，或评估确定的价额显著低于公司章程所定价额的情形。第十条规定了出资人以房屋、土地使用权或者需要办理权属登记的知识产权等财产出资，已经交付公司使用但未办理权属变更手续的情形。

二、瑕疵出资的民事法律后果

关于瑕疵出资的民事法律后果，《公司法》第三十条规定："有限责任公司成立后，发现作为设立公司出资的非货币财产的实际价额显著低于公司章程所定价额的，应当由交付该出资的股东补足其差额；公司设立时的其他股东承担连带责任。"根据该条之规定，瑕疵出资的民事法律后果主要是补足差额，当然，补足的形式可以是货币，也可以是非货币财产。

三、管理人应对瑕疵出资须注意的问题

1. 明确追缴对象

现行《公司法》第三十条明确了追缴对象为交付该出资的股东以及公司设立时的其他股东。但值得注意的是，管理人能够追缴的对象是否仅局限于以上主体？

在北京双鹤药业股份有限公司（以下简称双鹤医药）与贵州益佰制药股份有限公司、湖北恒康双鹤医药股份有限公司、湖北省医药有限公司买卖合同货款纠纷案中，最高人民检察院抗诉称对资本充实义务承担连带责任的不包括作为非发起人股东的双鹤医药。但最高人民法院认为，鉴于股东的瑕疵出资民事责任是公司股东的特有民事责任，除法律法规有特别规定和当事人有特别约定外，该责任应当由公司的股东承担，而不是由公司股东以外的人承担。由于出资瑕疵的股东将其股权转让给其他民事主体后，便产生了该瑕疵股权出资责任的承担主体问题，因此，在处理上要遵循股权转让双方当事人的真实意思表示和过错责任相当的基本原则。就股权转让的受让人而言，核实转让股权是否存在瑕疵出资是受让人应尽的基本义务，如果其明知或应当知道受让的股权存在瑕疵而仍接受转让，应当推定其知道该股权转让的法律后果，即受让人明知其可能会因受让瑕疵股权而承担相应的民事责任，但其愿意承担，这并不超出其可预见的范围，

司法没有必要对其加以特别保护而免除其承担出资瑕疵的民事责任。并以此判决双鹤医药在未足额出资部分承担补充清偿责任。[①] 从该案中可以看出，受让瑕疵出资的股东也同样属于管理人追缴抽逃出资的对象，管理人追缴抽逃出资的对象不仅仅局限于《公司法司法解释（三）》规定的范畴。

2. 关于非货币价额的判断

管理人判断非货币财产出资是否构成瑕疵出资，需要注意两点：一是应当以出资时为基准日来判断用于出资的非货币财产的价值。二是关于是否“显著”低于章程所定价额，如果只是轻微低于章程所定价额，显然不构成瑕疵出资。司法实践中暂无关于何谓“显著”低于章程所定价格的认定，但倾向认为可以参照规定违约金明显过高过低之条款，以30%为依据。

3. 瑕疵出资的除外情形

《公司法司法解释（三）》第十五条规定：“出资人以符合法定条件的非货币财产出资后，因市场变化或者其他客观因素导致出资财产贬值，公司、其他股东或者公司债权人请求该出资人承担补足出资责任的，人民法院不予支持。但是，当事人另有约定的除外。”管理人在判定是否存在瑕疵出资情形时，应当注意排除因市场变化或者其他客观因素导致出资财产贬值的情况，且当事人无另外约定的情形。比如，在青海威德生物技术有限公司（以下简称青海威德公司）、北京威德生物科技有限公司（以下简称北京威德公司）公司增资纠纷案中，最高人民法院认为，北京威德公司于2010年委托北京大正评估公司对其所有的知识产权价值进行了评估，并据此增资入股至青海威德公司，双方未作其他约定。此后，青海威德公司召开股东会会议，决议同意北京威德公司以知识产权评估作价1300万元入股青海威德公司，并履行了工商变更登记手续。上述事实表明，北京威德公司的出资严格遵循了《公司法》对知识产权出资的要求。现以案

① 详见最高人民法院（2008）民抗字第59号民事判决书。

涉两项知识产权被确认无效，要求北京威德公司承担补足出资和赔偿损失的责任，缺乏事实和法律依据。①

第三节 破产程序中对未到期出资的处理

一、股东享有的期限利益

期限利益，是指民事主体基于期限而享有的利益，是一种在履行期限届满前可拒绝履行义务的权利。在现行《公司法》注册资本认缴制下，股东享有在出资期限届满前拒绝出资的权利。此外，《九民纪要》第六条第一款正式使用了“期限利益”的表述，具体规定如下：“在注册资本认缴制下，股东依法享有期限利益。债权人以公司不能清偿到期债务为由，请求未届出资期限的股东在未出资范围内对公司不能清偿的债务承担补充赔偿责任的，人民法院不予支持……”

司法实践中，如无法定加速到期情形，对股东的期限利益应当给予保护。比如，在榆林市德厚矿业建设有限公司、中国化学工程集团有限公司等执行异议之诉中，最高人民法院认为，根据《公司法》第二十八条“股东应当按期足额缴纳公司章程中规定的各自所认缴的出资额”之规定，在认缴期限届满前，股东享有期限利益，故股东在认缴期限内未缴纳或未全部缴纳出资不属于未履行或未完全履行出资义务。在认缴期限届满前转让股权的股东无须在未出资本息范围内对公司不能清偿的债务承担连带责任，除非该股东具有转让股权以逃避出资义务的恶意，或存在在注册资本不高的情况下零实缴出资并设定超长认缴期等例外情形。②

---

① 详见最高人民法院（2020）最高法民申4578号民事裁定书。

② 详见最高人民法院（2021）最高法民申6421号民事裁定书。

二、股东出资义务加速到期的法定情形

股东享有的期限利益具有权利边界，出资义务加速到期的法定情形主要规定在《公司法司法解释（二）》第二十二条和《破产法》第三十五条中。其中，《公司法司法解释（二）》第二十二条第一款规定：“公司解散时，股东尚未缴纳的出资均应作为清算财产。股东尚未缴纳的出资，包括到期应缴未缴的出资，以及依照公司法第二十六条和第八十条的规定分期缴纳尚未届满缴纳期限的出资。”《破产法》第三十五条规定：“人民法院受理破产申请后，债务人的出资人尚未完全履行出资义务的，管理人应当要求该出资人缴纳所认缴的出资，而不受出资期限的限制。”

综合前述规定来看，认缴制下，股东享有期限利益，应当依法给予保护，这是基本原则。但在公司解散时和公司被受理破产申请时，股东出资义务应当加速到期。关于公司解散，《公司法》第一百八十条规定：“公司因下列原因解散：（一）公司章程规定的营业期限届满或者公司章程规定的其他解散事由出现；（二）股东会或者股东大会决议解散；（三）因公司合并或者分立需要解散；（四）依法被吊销营业执照、责令关闭或者被撤销；（五）人民法院依照本法第一百八十二条的规定予以解散。”关于公司被受理破产申请，是指法院作出裁定受理对某公司的破产清算申请，一般裁定书以“破×××号”的形式出现。需要注意的是，实践中存在编立“破申”案号的情况，是指破产申请审查案件，不代表公司已被受理破产申请。

三、股东出资义务加速到期的扩大情形

关于股东出资义务加速到期的扩大情形，主要指《九民纪要》第六条中的两种例外情形：一是指公司作为被执行人的案件，人民法院穷尽执行措施无财产可供执行，已具备破产原因，但不申请破产的；二是指在公司债务产生后，公司以股东（大）会决议或其他方式延长股东出资期限的。

1. 关于已具备破产原因但不申请破产的情形认定

何谓“具备破产原因”，《破产法》第二条第一款规定：“企业法人不能清偿到期债务，并且资产不足以清偿全部债务或者明显缺乏清偿能力的，依照本法规定清理债务。”根据该规定，公司破产的原因有二：一是“不能清偿到期债务，并且资产不足以清偿全部债务”，二是“不能清偿到期债务，并且明显缺乏清偿能力”。关于“不能清偿到期债务”，《破产法司法解释（一）》第二条规定：“下列情形同时存在的，人民法院应当认定债务人不能清偿到期债务：（一）债权债务关系依法成立；（二）债务履行期限已经届满；（三）债务人未完全清偿债务。”关于“明显缺乏清偿能力”，《破产法司法解释（一）》第四条规定：“债务人账面资产虽大于负债，但存在下列情形之一的，人民法院应当认定其明显缺乏清偿能力：（一）因资金严重不足或者财产不能变现等原因，无法清偿债务；（二）法定代表人下落不明且无其他人员负责管理财产，无法清偿债务；（三）经人民法院强制执行，无法清偿债务；（四）长期亏损且经营扭亏困难，无法清偿债务；（五）导致债务人丧失清偿能力的其他情形。”

关于破产原因的举证责任分配，司法实践中的认定有一个不断演化的过程。最初，破产申请的门槛很高，对债权人科以较重的举证责任。比如，在严某泉与江苏明日汽车销售服务有限公司申请破产清算案中，法院认为，申请人提供的证据仅表明申请人对被申请人享有到期债权，被申请人未能清偿到期债务。法律规定：法院受理破产案件除被申请人不能清偿到期债务，还需具备债务人资产不足以清偿全部债务或明显缺乏清偿能力的条件。被申请人现虽停业，主要财产被抵押正被法院强制执行，但这些都不能证明被申请人资不抵债或明显缺乏清偿能力。[①] 虽然该案后被扬州市中级人民法院予以撤销，[②] 但不得不承认，当时普遍存在将本应由债务人承担的破产原因的举证错误地分配给债权人的现象。

其实，在最高人民法院民二庭负责人就《破产法司法解释（一）》

---

① 详见扬州市邗江区人民法院（2014）扬邗破字第001号民事裁定书。

② 详见扬州市中级人民法院（2014）扬商破终字第00002号民事裁定书。

答记者问中，最高人民法院已经明确指出，根据《破产法》第七条第二款的规定，债务人不能清偿到期债务是债权人提出债务人破产申请的条件，债权人向人民法院提出申请时，只要证明债务人不能清偿其到期债务即可。比如，在刘某辉、龚某英与江西亚细亚气门芯制造有限公司（以下简称亚细亚公司）申请破产清算一案中，最高人民法院认为，本案的争议焦点问题是亚细亚公司是否具备破产原因。根据《破产法》第七条第二款“债务人不能清偿到期债务，债权人可以向人民法院提出对债务人进行重整或者破产清算的申请”之规定，债权人向人民法院提出破产申请时，只需证明债务人不能清偿到期债务即可。就本案而言，刘某辉、龚某英申请亚细亚公司破产时，应当举证证明亚细亚公司存在不能清偿到期债务的情形，之后，举证责任转换至亚细亚公司，由亚细亚公司举证证明其不存在资产不足以清偿全部债务或者明显缺乏清偿能力的情形，否则即应认定亚细亚公司具备破产原因，由一审法院依法受理刘某辉、龚某英提出的破产申请。[①]

另在上海市第一中级人民法院发布的《股东出资加速到期纠纷案件的审理思路和裁判要点》一文中，总结到法院一般从以下五个方面来综合审查认定公司已具备破产原因而不申请破产：一是资产不足以清偿生效判决确定的债务；二是明显缺乏清偿能力；三是公司处于停业状态；四是公司股东未答辩；五是不申请破产。

2. 公司债务产生后，公司以股东（大）会决议或其他方式延长股东出资期限的认定

针对公司债务产生后，公司以股东（大）会决议或其他方式延长股东出资期限的情形，在上海市第一中级人民法院发布的《股东出资加速到期纠纷案件的审理思路和裁判要点》一文中，认为其本质上属于“公司放弃即将到期的对股东的债权，损害了公司债权人的利益，公司债权人有权请求撤销”。具体而言，就是债权人可以申请撤销该延长的出资期限，

---

① 详见最高人民法院（2017）最高法民再284号民事裁定书。

并请求股东按原约定的出资期限履行出资义务。在姚某升、湖南中格建设集团有限公司（以下简称中格公司）等建设工程施工合同纠纷案中，最高人民法院认为，一般而言，在注册资本认缴制下，股东依法享有期限利益。债权人以公司不能清偿债务为由，请求未届出资期限的股东在未出资范围内对公司不能清偿的债务承担补充赔偿责任的，人民法院通常不予支持。但是，在公司债务产生后，公司以股东（大）会决议或其他方式延长股东出资期限的除外。本案中，中格公司和中以光通信公司之间的交易，以及中格公司对中以光通信公司的债权形成均发生于2015年3月3日中以光通信公司股东会决定延长姚某升的出资期限之前，在中以光通信公司的对外负债未予清偿的情况下，中以光通信公司股东会作出决议延长姚某升等股东的出资期限且姚某升于其后转让股权，上述行为实质上对中格公司之债权实现构成不利影响。因此，中格公司主张姚某升应对该债务承担补充赔偿责任，具有法律依据。①

四、管理人应对未到期出资须注意的问题

1. 未到期出资转让时的追缴对象

根据《破产法》第三十五条“人民法院受理破产申请后，债务人的出资人尚未完全履行出资义务的，管理人应当要求该出资人缴纳所认缴的出资，而不受出资期限的限制”以及《破产法司法解释（二）》第二十条、《公司法司法解释（三）》第十三条等规定，在未到期出资发生转让时，管理人要求现工商登记记载的已认缴未实缴的股东在其认缴出资范围内承担责任于法有据。值得注意的是，管理人能否要求原股东承担相应的出资责任？司法实践中确实存在部分法院出于加快诉讼程序的终结、促进债务人财产恢复之目的，认可在出资期限届满前即转让股权的股东须同受让人一起在公司发生破产情形时对未缴出资承担连带责任。比如，在福州庚新实业有限公司、陈某雷等追收未缴出资纠纷案中，法院关于要求原股

① 详见最高人民法院（2020）最高法民申6390号民事裁定书。

东承担连带责任的理由是，为了使公司资本充实，充分保障公司及相关债权人的利益，公司股东未尽出资义务即转让股权，转让股东的出资义务并不因股权转让而免除，公司仍有权请求转让股东履行出资义务。而知道或者应当知道的受让人承担连带责任。[①] 再如，中铁建业集团有限公司与中铁建业物流有限公司、江阴市远大燃料有限公司股东出资纠纷案中，法院关于要求原股东承担连带责任的理由是，在认缴制下，公司股东虽然享有出资期限利益，但当公司财产不足以清偿债务时，认缴出资的股东应向公司履行出资义务。并且，该出资义务被触发后不因股权转让而消灭，否则将导致股东向偿债能力较差的受让人转让股权、逃避出资义务，进而损害公司债权人的利益和交易安全。此时，公司或者债权人请求股东与受让人在未缴出资范围内承担连带责任的，应予支持。[②]

2. 未到期出资的核查

鉴于2013年《公司法》已废除对有限责任公司需要验资的强制性规定，实践中，管理人核查有限责任公司出资是否实缴到位，往往不能完全寄希望于从工商档案中获取的验资报告。《国务院关于印发注册资本登记制度改革方案的通知》规定："公司应当将股东认缴出资额或者发起人认购股份、出资方式、出资期限、缴纳情况通过市场主体信用信息公示系统向社会公示。公司股东（发起人）对缴纳出资情况的真实性、合法性负责。"首先，通常情况下，管理人可以通过国家企业信用信息公示系统、企查查等网站初步查询股东出资情况。其次，如果管理人接管到了破产企业相关财务报表，也可以通过核查审计报告中资产负债表的实收资本情况来判定注册资本是否实缴到位。最后，管理人还可以进一步调取破产企业的银行账户流水来判断出资情况。

3. 破产债权不得与未到位出资进行抵销

该问题其实属于抽逃出资、瑕疵出资以及未到期出资中的共性问题。

---

① 详见福州市中级人民法院（2020）闽01民终5523号民事判决书。

② 详见无锡市中级人民法院（2018）苏02民终1516号民事判决书。

破产程序中关于债权债务的抵销问题，主要规定在《破产法》第四十条中，即“债权人在破产申请受理前对债务人负有债务的，可以向管理人主张抵销。但是，有下列情形之一的，不得抵销：（一）债务人的债务人在破产申请受理后取得他人对债务人的债权的；（二）债权人已知债务人有不能清偿到期债务或者破产申请的事实，对债务人负担债务的；但是，债权人因为法律规定或者有破产申请一年前所发生的原因而负担债务的除外；（三）债务人的债务人已知债务人有不能清偿到期债务或者破产申请的事实，对债务人取得债权的；但是，债务人的债务人因为法律规定或者有破产申请一年前所发生的原因而取得债权的除外。”根据该条之规定，除了列明的三种特殊情形以外，通常情况下，一般债权人在破产申请受理前对债务人负有债务的，原则上都可以进行抵销。

但关于破产债权与未到位的出资抵销问题，往往意味着该债权人同时为债务人未出资到位的股东，但该债权人从根本上来说应当和其他债权人享有平等地位，如果允许抵销，则无疑侵犯了其他债权人的合法权益。《最高人民法院关于破产债权能否与未到位的注册资金抵销问题的复函》也明确指出：“货柜公司被申请破产后，武汉公司作为货柜公司的债权人同货柜公司的其他债权人享有平等的权利。为保护其他债权人的合法权益，武汉公司对货柜公司享有的破产债权不能与该公司对货柜公司未出足的注册资金相抵销。”①

4. 未到期出资追缴范围的确定

《破产法》第三十五条规定：“人民法院受理破产申请后，债务人的出资人尚未完全履行出资义务的，管理人应当要求该出资人缴纳所认缴的出资，而不受出资期限的限制。”实践中，经常会遇到三无企业的债务规模远低于未实缴出资的情况，届时，管理人能否以追求较低诉讼费之目的，仅按现阶段确认的债权总额来追缴股东出资？从管理人履职风险的角度看，其实不然。《破产法》第五十六条第一款规定：“在人民法院确定

---

① 详见最高人民法院法函〔1995〕32号。

的债权申报期限内，债权人未申报债权的，可以在破产财产最后分配前补充申报；但是，此前已进行的分配，不再对其补充分配……”如果管理人仅以现有的债权额为限追缴股东出资，如在诉讼完结后相关财产分配前，又有债权人补充申报，便会因“一事不再理”原则导致管理人不能再次就追缴部分进行追缴，最终侵害补充申报的债权人的利益。

第五章　破产财产扩张之企业高管责任

第一节　破产程序中企业高管身份的认定

随着近年来我国经济的进一步发展，传统企业面临的挑战与风险日益增多，破产企业也逐步增多，导致其破产的原因也多种多样，其中，由企业高管的行为导致企业破产的情形尤为突出。企业高管由董事会或股东会作出的决议聘请而来，直接参与公司的日常经营管理，知悉公司具体的经营状况和公司的商业秘密，其作出的决策或指示往往能够左右公司的命运。由企业高管的行为导致企业破产大体上可以概括为两大类：第一类是企业本来处于正常的运营状态，并不具备破产原因，但由于公司所有权与控制权的分离，企业高管的权力往往远大于公司章程以及《公司法》的规定，实践中，企业高管滥用权力，以转移资产、虚构债务、以权谋私等手段掏空企业资产而导致企业破产，不仅损害了企业股东的利益，也间接损害了债权人的利益；第二类是企业本身处于资不抵债、无法全面清偿全部债务而面临破产的状态，企业的高管放任企业持续经营、实施错误的决策，致使企业亏损扩大，导致债权人在破产财产分配时的受偿份额减少，直接损害债权人的利益。在以上两种情况下，高管的行为都严重损害了股东、企业以及债权人的利益，这时就需要管理人代表债权人，追究相关企业的高管的责任。因此，在破产程序中，管理人对于高管身份的认定就显得尤为重要。

一、破产企业高管身份认定之法律适用

对于在破产程序当中应当承担责任的企业高管的范围，《破产法》中并没有明确的规定，如第十五条第二款中规定，破产程序中需要承担义务的有关人员即企业的法定代表人；经人民法院决定，可以包括企业的财务管理人员和其他经营管理人员。该法条仅仅明确了法定代表人需要在破产程序中需承担的义务，特殊情况下，经法院决定，该人员范围可以扩大到企业的财务管理人员和其他经营管理人员。该法第三十六条规定，债务人的董事、监事和高级管理人员利用职权从企业获取的非正常收入和侵占的企业财产，管理人应当追回，赋予了管理人“追回权”。第一百二十五条规定，企业董事、监事或高级管理人员若违反忠实义务、勤勉义务，致使企业破产的，应当依法承担民事责任。根据该条之规定，企业董事、监事或高级管理人员违反忠实义务、勤勉义务应当承担相应的责任，但监事作为公司高管在企业破产程序中是否应承担责任，实践中存在争议。例如，在（2020）浙10民终1899号案件中，浙江省台州市中级人民法院认为，严某成担任公司监事，应推定其作为公司高管参与了公司经营管理，现严某成未举证证明其只是投资性持股，未参与公司经营管理，应承担举证不能的后果。综上，无论是其未履行配合清算义务还是未及时履行申请破产义务，严某成均应承担赔偿责任。[①] 而浙江省瑞安市人民法院在（2020）浙0381民初8912号民事判决书中则认为，被告杨某波为公司股东暨监事，但并不必然属于《破产法》第十五条规定中的“有关人员”。[②]

上述《破产法》条文和司法实践都规定，企业高管一旦作出相应的行为，就要依法承担相应的责任，但是并未对破产程序中高管的身份范围

---

① 参见浙江省台州市中级人民法院（2020）浙10民终1899号民事判决书。

② 参见浙江省瑞安市人民法院（2020）浙0381民初8912号民事判决书。

进行具体的明确。

关于企业高管的身份规定，《公司法》第二百一十六条第一项规定："（一）高级管理人员，是指公司的经理、副经理、财务负责人，上市公司董事会秘书和公司章程规定的其他人员。"但在实务中，企业的组织结构和职位设置要比该条规定的范围大得多，如总监、总经理助理、主管、负责人等，他们的决策也会对公司的日常经营产生重大的影响。因此，笔者认为，由于法律规定存在局限性，实务中，公司的组织架构、运营模式以及职位设置等存在复杂性，为了维护债权人的利益，管理人在破产程序中对高管身份的认定不能仅仅根据法律的规定，还应该结合破产企业的具体情况，作出最有利于债权人的认定。

二、企业高管身份认定遵循的标准

虽然法律对企业高管的范围作出了一定的限定，但是在实践中，由于有的企业的规章制度等资料并不完善，有的企业高管为了逃避责任，登记为公司的秘书，甚至是司机等，但其自身实际上行使着企业高管的职责，领取着高额的报酬，所以管理人在认定企业高管身份时可以参照以下几个标准。

1. 公司章程或工商登记

公司章程是公司成立时必备的基本文件，根据《公司法》第十一条的规定，设立公司必须依法制定公司章程。公司章程对公司、股东、董事、监事、高级管理人员具有约束力。此外，《公司法》第二十五条①规定了公司章程的具体内容，因此，企业高管的名称以及具体职责在公司章程中会有所体现，管理人在进行破产企业高管身份认定时可参照公司章程的规定进行判断。此外，企业在设立过程中以及进行章程、法定代表人、

---

① 《公司法》第二十五条规定："有限责任公司章程应当载明下列事项：（一）公司名称和住所；（二）公司经营范围；（三）公司注册资本；（四）股东的姓名或者名称；（五）股东的出资方式、出资额和出资时间；（六）公司的机构及其产生办法、职权、议事规则；（七）公司法定代表人；（八）股东会会议认为需要规定的其他事项。股东应当在公司章程上签名、盖章。"

股东等事项变更时会进行企业高管的工商登记，因此，管理人可以调取破产企业的工商档案，进行综合认定。

2. 破产企业组织架构

每个企业都拥有一套完整的组织架构，每一个部门在企业中的职能、分工都十分明确，而该部门的管理人员往往属于该企业的管理人员。因此，管理人为了更好地对破产企业的高管进行认定，在进行破产企业财产以及资料接管的时候，可以要求破产企业对其组织架构进行说明，以便查明哪些职位属于企业高管的范畴。除此之外，管理人还可以将接管到的破产企业人事资料中的各类组织结构表、简历表、履职评价表等作为企业高管身份认定的佐证资料。

3. 劳动或聘任合同

实务中，管理人可以通过在职工入职时签署的劳动合同书中记载的内容判断该职工是否为公司高管。比如，劳动合同中约定的岗位为公司经理或财务负责人的，这种岗位设置显而易见与法律规定相一致，不会给管理人的认定工作带来难度。但很多劳动合同中约定的岗位往往较为模糊，或语焉不详，这就需要管理人运用自己的实务经验，结合其他证据，进行综合评判。

此外，还存在公司未与高管签订书面劳动合同，而通过聘书的方式聘请有能力的人员担任公司高管的情形。所以，管理人除要注意查找与收集有关劳动合同等的人事资料外，其他重要的人事资料也要一并收集和保管。实务中，笔者还曾遇到聘书与实际情况完全不符的情形，即有的公司为了对外宣传或经营业务需要，会在形式上聘请一些在本行业内具有一定知名度或具备一定专业知识的人员为公司高管，但实际上，这些所谓的聘请人员并不为公司提供任何劳动或劳务，也并非实际高管，故管理人应注意有效甄别。

另外，根据《公司法》第四十六条的规定，公司高管的聘任属于董事会的职权范围，须经董事会形成有效决议。因此，一些公司高管的聘任和解聘往往由公司董事会或执行董事决定，管理人可通过查阅破产企业的董事会决议或其他文件记载内容来认定高管身份。再者，若有些公司不设董事会，或对于高管的聘任未形成决议，或有些公司章程规定公司高管的聘任或解聘属于股东会的决议事项，则管理人还需查阅公司章程及相关股东会决议，以便正确认定高管身份。

4. 工作内容与性质

管理人在办理破产案件的过程中，有时候会发现破产企业登记的法定代表人、董事、监事与企业的实际控制人、参与日常经营管理的人员甚至高管并不一致，其并不参与企业的日常经营管理，甚至事实上与企业不存在任何关系，对此，管理人找不到任何文件或其他证据来证明实际参与经营的管理人员的身份，因此，为了更好地理顺权利义务关系，管理人在了解到相关情况的第一时间应当及时联系相关人员进行情况核实，必要时进行现场谈话，并制作谈话笔录，向相关人员进行相关法律规定的普及并告知其违反的法律后果，最后再辅以所接管到的公司章程、规章制度、计划审批、财务报销等OA流程①以及相关文书的审批、签章等资料，对企业的高管身份进行认定。

现如今，一些公司高管为规避法律风险，善于伪装，用普通员工的身份将自己的高管身份隐藏起来，而将一些普通员工或者与公司无关的人员登记为公司的总经理、法定代表人或公司董事、监事。在这种情况下，管理人若要正确判定高管身份，就必须学会抽丝剥茧，剥离层层假象，从相关人员的工作内容和工作性质着手，通过职权进行分析研判。比如，通过约谈、走访等方式先初步确定疑似高管人员，再结合其他有效证据进行认定。再如，如公司某一员工的职责行使能对公司整体利益产生影响，或其所负责的工作对公司发展会产生重大影响，就可以再结合该员工日常工作内容、审批事项与权限、薪资待遇等，对其是否具备高管身份作出认定。

5. 劳动报酬

破产案件中，如果管理人未接管到破产企业任何有效的人事资料，就

① OA流程即办公自动化流程。

只能从薪资待遇的角度入手。通过破产企业的财务账册或银行流水，查找该企业员工的工资发放情况，从而筛选出公司高管。当然，这种机械的方法称不上一种有效的认定方式，但可以通过这种方式进行预判，再结合其他证据进行认定。比如，在发现某人员的职务与薪资存在倒挂情形时，管理人就应结合一些身份证明材料和法定代表人或实际控制人的证言，在无相反证据的情况下，认定该人员为公司高管。

第二节　破产程序中企业高管应承担的民事责任类型

一、破产企业高管的信义义务

忠实义务，又被称为忠诚义务，其具体含义在理论上和实践上有着不同的表达，大体包含以下几点要求：必须按照法律规则和公司章程执行董事的职务事务、必须把公司的利益放在首位、不能利用自己拥有的权力为自己谋取福利。[①] 勤勉义务，又被称为注意义务，是指企业的董事、监事及高级管理人员在履行职责时应当为企业最佳利益，以正常的商业判断原则尽到善良管理人的细心善管和合理注意义务。[②]《公司法》第一百四十七条第一款明确规定："董事、监事、高级管理人员应当遵守法律、行政法规和公司章程，对公司负有忠实义务和勤勉义务。"《破产法》第一百二十五条也规定："企业董事、监事或者高级管理人员违反忠实义务、勤勉义务，致使所在企业破产的，依法承担民事责任。有前款规定情形的人员，自破产程序终结之日起三年内不得担任任何企业的董事、监事、高级管理人员。"

① 楼建波、陈炜恒、朱征夫、李骐译：《公司治理原则：分析与建议（上卷）》，法律出版社2006年版，第233—240页。

② 参见王艳华主编：《破产法学》，郑州大学出版社2009年版，第332—333页。

企业高管违反信义义务的类型结合《公司法》第一百四十八条[①]可以概括为侵占企业财产、违反竞业禁止义务、泄露商业秘密、违规使用企业财产行为以及虚构债务或承认不正当债务。司法实践中，法院对企业高管未履行忠实、勤勉义务也作出过判决，部分案例如表3所示。

表3　法院对企业高管未履行忠实、勤勉义务的部分判决

最高人民法院（2018）最高法民再366号	
裁判理由	最高人民法院认为，股东开曼斯曼特公司未缴清出资的行为实际损害了深圳斯曼特公司的利益，胡某生等六名董事消极不作为放任了实际损害的持续。股东开曼斯曼特公司欠缴的出资即为深圳斯曼特公司遭受的损失，开曼斯曼特公司欠缴出资的行为与胡某生等六名董事消极不作为共同造成损害的发生、持续，胡某生等六名董事未履行向股东催缴出资义务的行为与深圳斯曼特公司所受损失之间存在法律上的因果关系。
最高人民法院（2018）最高法民申2300号	
裁判理由	最高人民法院认为，根据原审查明，郭某婴和食品公司两次虚假增资均使用同一虚假账户，其对食品公司虚假增资的行为显然知情。二审法院认为，郭某婴作为公司法定代表人和董事未尽忠实、勤勉义务，对食品公司虚假增资行为存在过错并判决其承担相应责任，符合本案实际情况和上述法律规定。
广东省深圳市中级人民法院（2018）粤03民初1331号	
裁判理由	关于于某晶应否对浩洋公司承担赔偿责任的问题，于某晶作为浩洋公司的执行董事，系公司高级管理人员。其在浩洋公司任职期间，违反公司高级管理人员的忠实、勤勉义务，将公司的资金转入其个人账户，属于占用公司财产的行为。具体到本案中，于某晶在浩洋公司经营期间以个人账户占用公司财产达100万元，而浩洋公司拖欠员工工资和债权人款项达数十万元，致使浩洋公司被员工申请破产清算，于某晶占用公司财产的行为损害了公司的利益，依法应当承担赔偿责任。

① 《公司法》第一百四十八条规定："董事、高级管理人员不得有下列行为：（一）挪用公司资金；（二）将公司资金以其个人名义或者以其他个人名义开立账户存储；（三）违反公司章程的规定，未经股东会、股东大会或者董事会同意，将公司资金借贷给他人或者以公司财产为他人提供担保；（四）违反公司章程的规定或者未经股东会、股东大会同意，与本公司订立合同或者进行交易；（五）未经股东会或者股东大会同意，利用职务便利为自己或者他人谋取属于公司的商业机会，自营或者为他人经营与所任职公司同类的业务；（六）接受他人与公司交易的佣金归为己有；（七）擅自披露公司秘密；（八）违反对公司忠实义务的其他行为。董事、高级管理人员违反前款规定所得的收入应当归公司所有。"

续表

北京市高级人民法院（2017）京民终 308 号	
裁判理由	北京市高级人民法院酌定，刘某明、侯某江、韩某军在 2 万元的范围内承担赔偿责任。本案未支持弘大公司破产管理人大部分诉讼请求，源于弘大公司高级管理人员刘某明、侯某江、韩某军违反对公司的忠实、勤勉义务，未妥善保管弘大公司原始财务凭证的过错行为，侯某江、韩某军在答辩中亦明确承认本案产生的原因在于“账务处理、账务手续方面存在不规范，导致当期账务不当处理，造成账实不符，引发本案”。
山东省威海经济技术开发区人民法院（2020）鲁 1092 民初 940 号	
裁判理由	山东省威海经济技术开发区人民法院认为，企业高级管理人员不得有挪用公司资金等行为。本案被告系润泽公司的股东、高级管理人员，对润泽公司负有忠实义务和勤勉义务，若有不当行为给企业造成损失，润泽公司管理人有权要求被告承担赔偿责任。本案中，管理人以润泽公司的名义提起诉讼，可以支持其主体资格。

除《公司法》第一百四十八条规定的义务外，催缴股东的出资也属于公司董事的勤勉义务，《公司法司法解释（三）》第十三条第四款规定：“股东在公司增资时未履行或者未全面履行出资义务，依照本条第一款或者第二款提起诉讼的原告，请求未尽公司法第一百四十七条第一款规定的义务而使出资未缴足的董事、高级管理人员承担相应责任的，人民法院应予支持；董事、高级管理人员承担责任后，可以向被告股东追偿。”实践中，如在（2018）最高法民再 366 号案件中，最高人民法院认为，胡某生等六名董事作为深圳斯曼特公司的董事，同时又是股东开曼斯曼特公司的董事，对股东开曼斯曼特公司的资产情况、公司运营状况均应了解，具备监督股东开曼斯曼特公司履行出资义务的便利条件。胡某生等六名董事未能提交证据证明其在股东出资期限届满，即 2006 年 3 月 16 日之后向股东履行过催缴出资的义务，以消极不作为的方式构成了对董事勤勉义务的违反。因此，当企业进入破产程序，如破产企业的高管存在怠于催缴股东出资的行为，管理人可以追究相关企业高管的责任。

综上所述，管理人在办理企业破产过程中，发现企业高管存在违反忠实、勤勉义务的，有权代表债权人和破产企业追究相关高管的责任。

二、破产程序中的企业高管应承担义务

当企业进入破产程序，企业高管需要配合管理人的工作，推进破产程序的顺利进行，并需要承担以下义务。

1. 配合进行破产财产及物品的交接

《破产法》第十五条规定：“自人民法院受理破产申请的裁定送达债务人之日起至破产程序终结之日，债务人的有关人员承担下列义务：（一）妥善保管其占有和管理的财产、印章和账簿、文书等资料；（二）根据人民法院、管理人的要求进行工作，并如实回答询问；（三）列席债权人会议并如实回答债权人的询问；（四）未经人民法院许可，不得离开住所地；（五）不得新任其他企业的董事、监事、高级管理人员。前款所称有关人员，是指企业的法定代表人；经人民法院决定，可以包括企业的财务管理人员和其他经营管理人员。”第一百二十七条规定：“债务人违反本法规定，拒不向人民法院提交或者提交不真实的财产状况说明、债务清册、债权清册、有关财务会计报告以及职工工资的支付情况和社会保险费用的缴纳情况的，人民法院可以对直接责任人员依法处以罚款。债务人违反本法规定，拒不向管理人移交财产、印章和账簿、文书等资料的，或者伪造、销毁有关财产证据材料而使财产状况不明的，人民法院可以对直接责任人员依法处以罚款。”同时，《最高人民法院印发〈关于推进破产案件依法高效审理的意见〉的通知》第八条规定：“管理人应当及时接管债务人的财产、印章和账簿、文书等资料。债务人拒不移交的，人民法院可以根据管理人的申请或者依职权对直接责任人员处以罚款，并可以就债务人应当移交的内容和期限作出裁定。债务人不履行裁定确定的义务的，人民法院可以依照民事诉讼法执行程序的有关规定采取搜查、强制交付等必要措施予以强制执行。”《九民纪要》第一百一十八条第二款和第三款也对企业高管的协助义务作出了规定：“人民法院在适用《最高人民法院关于债权人对人员下落不明或者财产状况不清的债务人申请破产清算案件如何处理的批复》第3款的规定，判定债务人相关人员承

担责任时，应当依照企业破产法的相关规定来确定相关主体的义务内容和责任范围，不得根据公司法司法解释（二）第 18 条第 2 款的规定来判定相关主体的责任。上述批复第 3 款规定的‘债务人的有关人员不履行法定义务，人民法院可依据有关法律规定追究其相应法律责任’，系指债务人的法定代表人、财务管理人员和其他经营管理人员不履行《企业破产法》第 15 条规定的配合清算义务，人民法院可以根据《企业破产法》第 126 条、第 127 条追究其相应法律责任……”

司法实践中，企业高管不履行配合管理人转移破产财产以及相关账簿、资料的情况比比皆是，法院对此也作出了判决。例如，在（2021）京 01 民初 911 号案件中，北京市第一中级人民法院认为，裘某盛作为九五公司的法定代表人、执行董事和经理，应当尽到妥善保管其占有和管理的财产、印章和账簿、文书等资料的职责，并在九五公司进入破产清算程序后，履行向管理人移交上述材料配合清算的法定义务。但其在九五公司破产清算程序中未履行配合清算义务，管理人因未接管到九五公司印章和账簿、文书等资料，无财产可供分配，申请终结破产清算程序，本院据此裁定终结。因裘某盛未配合清算的行为导致九五公司财产状况不明，致使管理人无法对九五公司进行全面接管和追收处置，无法全面执行清算职务，债权人的利益遭受损失，故裘某盛应承担侵权责任并赔偿债权人的损失。[①]（2020）浙 0381 民初 3441 号民事判决书载明，被告林某星作为瑞安市瑞隆包装印刷有限公司法定代表人、股东，被告王某敏作为股东，经人民法院通知后，均未履行配合清算的义务（包括移交瑞安市瑞隆包装印刷有限公司的财产、账册、印章及重要文件、资料等），是致使瑞安市瑞隆包装印刷有限公司的财产状况不清并无法清算的原因，两被告应对全体债权人的债权承担赔偿责任。在（2020）浙 03 民初 528 号案件中，法院认为，在博格公司破产审理期间，其有关人员未向管理人移交公司财产、账簿等资料，未尽到妥善保管公司财产、印章、账簿、文书等资料的义务，致使

① 参见北京市第一中级人民法院（2021）京 01 民初 911 号民事判决书。

管理人无法执行清算职务，给债权人的利益造成损害，故博格公司有关人员应当承担相应的损害赔偿责任，并将该赔偿款归入破产财产。有关人员应当包括博格公司的法定代表人郑某周及负责生产的经营管理人员罗某旺，其依法应对全体债权人的债权承担赔偿责任。

根据上述法律的规定，在企业进入破产程序后，企业高管应配合管理人进行破产企业财产以及破产物品的交接，以保证破产程序的顺利进行。管理人在接受法院指定后，应立即向破产企业的股东、法定代表人、董监高、财务管理人员、实际控制人等发送法院的破产文书和接管通知等，要求其妥善保管并在接到通知后于指定期限内向管理人移交公司财产、公章证照、财务账册、重要文书等，若相关责任人不配合，导致管理人接管不能，可能承担相应的民事责任。

2. 说明义务

由于企业高管是企业日常经营活动的直接参与者，甚至有些关乎企业存亡的重大决策也是由高管作出的，因此，在企业进入破产程序后，破产企业高管有义务接受管理人就破产企业相关情况的询问与调查。例如，《破产法》第六十八条第二款规定："债权人委员会执行职务时，有权要求管理人、债务人的有关人员对其职权范围内的事务作出说明或者提供有关文件。"第一百二十六条规定："有义务列席债权人会议的债务人的有关人员，经人民法院传唤，无正当理由拒不列席债权人会议的，人民法院可以拘传，并依法处以罚款。债务人的有关人员违反本法规定，拒不陈述、回答，或者作虚假陈述、回答的，人民法院可以依法处以罚款。"例如，在（2021）粤 03 民初 1067 号案件中，法院认为，债务人有关人员承担的民事责任，在性质上应当属于侵权责任，故债权人的损失及其范围与"有关人员"主体行为之间应当存在因果关系……根据原告提交的证据，在信思公司清算过程中，被告刘某华作为信思公司的法定代表人及实际控制人，既未履行移交财务账册等重要资料的义务，也未配合管理人陈述债务人财产状况，其具备不履行配合清算义务的行为，致使信思公司的财产状况处于不明状态，间接造成债权人的利益受到损害。故被告刘某华不配合清算的行为，与原告信思公司所负债务无法获得清偿之间具有因果关系。

3. 非必要不得离开住所地

《破产法》第一百二十九条规定："债务人的有关人员违反本法规定，擅自离开住所地的，人民法院可以予以训诫、拘留，可以依法并处罚款。"

企业高管履行协助义务的目的是保障债权人的利益得到更好的维护，以保证破产程序的顺利进行。因此，如果破产程序中出现高管不配合管理人，拒不履行协助义务，管理人有权代表债权人要求相关责任人进行赔偿。

三、破产欺诈性行为与破产偏颇性清偿行为

破产欺诈性行为，是指通过隐瞒真实情况或者制造虚假情况的行为，减少破产财产或者增加破产财产的负担，或使破产财产状况不明，进而损害债权人利益的行为。[①] 其在法律规定中主要表现为《破产法》第三十一条第一项、第二项和第五项及第三十三条第一项和第二项，可以概括为：第一，无偿转让财产；第二，以明显不合理的价格进行交易；第三，放弃债权；第四，为逃避债务而隐匿、转移财产；第五，虚构债务或者承认不真实的债务。

偏颇性清偿行为，是指在破产案件受理前，债务人明知自己已经或者可能出现破产原因，仍然违反《破产法》规定，给予个别债权人某些不正当利益，使个别债权人的地位得到改善，从而优先于其他债权人，损害其他债权人的利益，影响公平清偿顺序的行为。[②] 其在法律规定中主要表现为《破产法》第三十一条第三项和第四项及第三十二条，具体可以概括为：第一，对没有财产担保的债务提供财产担保；第二，对未到期的债务提前清偿；第三，在人民法院受理破产申请前六个月内，债务人不能清偿到期债务，并且资产不足以清偿全部债务或者明显缺乏清偿能力，仍对个别债权人进行清偿，但是个别清偿使债务人财产受益的除外。

---

① 参见王艳华主编：《破产法学》，郑州大学出版社2009年版，第342页。

② 同上注，第345页。

在（2021）最高法民申7153号案件中，法院认为，根据原审查明，《债务转让协议》是为履行2018年8月29日山西焦炭新能公司与长治煤化公司签订的《还款协议书》，但本质上属于清偿山西焦炭新能公司所欠长治煤化公司焦炭货款的行为。因前述《债务转让协议》签订时，山西焦炭新能公司已经出现不能清偿到期债务且资产不足以清偿全部债务的情形，该清偿行为亦未使山西焦炭新能公司财产受益。原审法院基于该行为发生在人民法院裁定受理破产清算前六个月内而认定其属于个别清偿，并无不当。在（2019）浙0683民初5867号案件中，法院认为，被告天乐数码欠原告货款561万余元等，而债权转让金额包括1700余万元本金及利息，远远超过了被告所欠原告款项，对超过债权部分原告行使撤销权，是否应予支持，是双方当事人激烈争辩的内容之一。天乐数码已经进入破产清算程序，相对人以债权人行使撤销权的范围超出债权人的债权抗辩的，人民法院不予支持。原告请求撤销《债权转让协议书》适用《破产法司法解释（二）》，本院应予支持。

综上，破产欺诈性行为和偏颇性清偿行为，可统称为破产可撤销行为。破产可撤销行为有两个构成要件：一是损害了债权人的权益，无论是破产欺诈性行为还是偏颇性清偿行为，两者在根本上都损害了债权人的利益；二是行为发生在法律规定的可撤销的期间内，《破产法》第三十一条规定的期间为破产申请前一年内，第三十二条规定的期间为破产申请前六个月内。管理人在进行破产工作的过程中，如发现企业高管作出了破产可撤销行为，要及时行使破产撤销权，在规定的期限内向债务人或者财产的持有人发出通知，要求其在规定的时间内交还财产。

四、非正常收入及侵占财产的追回

根据《破产法》第三十六条①的规定，当企业进入破产程序，债务人的董事、监事和高级管理人员利用职权从企业获取的非正常收入以及侵占

---

① 《破产法》第三十六条规定："债务人的董事、监事和高级管理人员利用职权从企业获取的非正常收入和侵占的企业财产，管理人应当追回。"

的企业财产，管理人应当追回。对于非正常收入的范围，《破产法司法解释（二）》第二十四条第一款和第二款予以规定："债务人有企业破产法第二条第一款规定的情形时，债务人的董事、监事和高级管理人员利用职权获取的以下收入，人民法院应当认定为企业破产法第三十六条规定的非正常收入：（一）绩效奖金；（二）普遍拖欠职工工资情况下获取的工资性收入；（三）其他非正常收入。债务人的董事、监事和高级管理人员拒不向管理人返还上述债务人财产，管理人主张上述人员予以返还的，人民法院应予支持。"但并不是所有的非正常收入都会被追回。《破产法司法解释（二）》第二十四条第三款规定："债务人的董事、监事和高级管理人员因返还第一款第（一）项、第（三）项非正常收入形成的债权，可以作为普通破产债权清偿。因返还第一款第（二）项非正常收入形成的债权，依据企业破产法第一百一十三条第三款的规定，按照该企业职工平均工资计算的部分作为拖欠职工工资清偿；高出该企业职工平均工资计算的部分，可以作为普通破产债权清偿。"因返还普遍拖欠职工工资情况下获取的工资性收入形成的债权，依据《破产法》第一百一十三条第三款的规定，按照该企业职工的平均工资计算的部分作为拖欠职工工资清偿；高出该企业职工平均工资计算的部分，可以作为普通债权清偿。实务中，大部分法院也判决对破产程序中高管的非正常收入予以追回。例如，在（2021）湘01民终15612号案件中，法院认为，南方搏云公司领导人员的薪酬标准系其控股股东南资公司统筹确定，张某的薪酬亦基于其系南方搏云公司副总经理的身份而被纳入该标准范围内，故张某依据该标准获得的绩效奖金系基于其特殊身份所获得。据此，张某所获得的绩效奖金应属于非正常收入。在（2021）闽02民初1124号案件中，法院认为，施某莹作为奥捷公司的高级管理人员，在法院受理奥捷公司破产清算一案六个月前才离开公司，在奥捷公司普遍拖欠员工工资、长期亏损并进入破产程序的情形下，管理人对其较高的工资收入的清偿顺序进行了一定限制，体现与其他普通劳动者在清偿顺序上的公平性，符合上述法律规定。因此，施某莹作为奥捷公司的高级管理人员，其职工债权的金额应当按照奥捷公司职工平均工资为标准进行计算。

对于企业高管的非正常收入及侵占财产的追回，管理人在接管企业之后，首先，应当开始调查债务人的资产负债表，确定破产企业破产原因出现的准确时间，以此为起点调查董事、监事以及高级管理人员的财务账册、工资发放表以及自前一年起至破产宣告当年的企业平均工资，核实工资的发放情况。其次，在核实董事、监事、高级管理人员获取的非正常收入后，尽快向其发放书面通知，通知其在规定的时间内向管理人返还相应财产。同时，管理人在通知书中，应明确告知其如果不返还相应财产，管理人将代表债务人向受理破产申请的人民法院提起诉讼。最后，向人民法院提起诉讼。管理人向董事、监事、高级管理人员寄发书面通知书后，如果董事、监事、高级管理人员在规定的时间内不予答复或者拒绝向管理人返还相应财产，管理人有权以代表债务人的身份向受理破产申请的人民法院提起诉讼，请求董事、监事、高级管理人员返还相应财产，受理破产申请的人民法院应予支持。①

五、企业破产程序与追究高管责任诉讼的衔接

《破产法》第二十一条规定："人民法院受理破产申请后，有关债务人的民事诉讼，只能向受理破产申请的人民法院提起。"《破产法司法解释（二）》第四十七条第一款规定："人民法院受理破产申请后，当事人提起的有关债务人的民事诉讼案件，应当依据企业破产法第二十一条的规定，由受理破产申请的人民法院管辖。"在地方立法上，《北京市高级人民法院关于印发〈北京市高级人民法院企业破产案件审理规程〉的通知》第五十九条②、《江苏省高级人民法院民事审判第二庭关于印发〈破产案

---

① 参见最高人民法院民事审判第二庭编著：《最高人民法院关于企业破产法司法解释理解与适用》，人民法院出版社2017年版，第293页。

② 《北京市高级人民法院关于印发〈北京市高级人民法院企业破产案件审理规程〉的通知》第五十九条新发生的有关债务人民事案件的集中管辖第一款规定："人民法院受理破产申请后，以债务人为原告、被告或者第三人的新提起的第一审民事诉讼，由受理破产申请的人民法院管辖，不受民事诉讼法、海事特别诉讼法及有关司法解释关于地域管辖、级别管辖和专属管辖规定的限制。但确认仲裁条款效力、申请撤销仲裁裁决的案件除外。"

件审理指南（修订版）〉的通知》第二章第六节第七条[①]也规定，破产受理后的诉讼由受理破产清算的人民法院管辖。

在（2021）粤民辖终221号案件中，张某强上诉称，广东省惠州市中级人民法院已于2021年3月31日裁定终结惠州市山伊克斯新能源有限公司的破产程序，江西优锂新材股份有限公司起诉的基础已经不存在，原审法院无权管辖本案。广东省高级人民法院认为，江西优锂新材股份有限公司以深圳市博力匀科技有限公司、张某强和杨某梅涉嫌抽逃出资、损害公司债权人利益为由，主张深圳市博力匀科技有限公司、张某强和杨某梅向惠州市山伊克斯新能源有限公司支付款项等。原审法院在本案立案前已裁定受理惠州市山伊克斯新能源有限公司破产清算，本案属于有关破产企业的诉讼。因此，广东省惠州市中级人民法院有权管辖本案。在（2021）京0101民初25099号案件中，北京市东城区人民法院认为，人民法院受理破产申请后，有关债务人的民事诉讼只能向受理破产申请的人民法院提起。辽宁省锦州市中级人民法院在本案立案前已裁定受理辽宁恒缘公司破产清算一案，有关辽宁恒缘公司作为被告的民事诉讼应向辽宁省锦州市中级人民法院提起。

综上，法院受理破产申请前的案件，应仍由原审法院继续审理，但由于法院已指定破产管理人，则应当由破产管理人代替破产企业继续进行诉讼。在破产程序中，如管理人通过调查或通过股东发现企业高管存在损害债权人利益的行为，应统一由破产管理人向受理企业破产申请的人民法院提起诉讼，追究相关高管的责任。

---

① 《江苏省高级人民法院民事审判第二庭关于印发〈破产案件审理指南（修订版）〉的通知》第二章第六节第七条规定："有关债务人民事诉讼的管辖。人民法院受理破产申请后、破产程序终结前，当事人提起的有关债务人的第一审民事诉讼，由受理破产申请的人民法院管辖，但债务人作为无独立请求权第三人参加诉讼的除外……"

第三编

债权及清偿

第一章　职工债权以及职工集资款的清偿顺位

根据《破产法》第一百一十三条第一款第一项的规定，职工债权主要包括："破产人所欠职工的工资和医疗、伤残补助、抚恤费用，所欠的应当划入职工个人账户的基本养老保险、基本医疗保险费用，以及法律、行政法规规定应当支付给职工的补偿金。"职工债权应被置于破产财产分配的第一顺序优先清偿。

虽然传统破产程序赋予了职工债权优先受偿的地位，但随着依据非破产法下获得优先权的债权人种类越来越多，[1] 在债务人资产有限的前提下，职工债权人与其他绝对优先权债权人之间、职工债权人之间因清偿顺位、分配金额等发生冲突的情况越来越普遍。故管理人通过调查职工债权，确认职工债权在优先债权人中清偿的位置，确定职工债权人债权金额，变得更为复杂和重要。

第一节　职工债权调查实务

一、职工身份的认定

职工身份是享有职工债权的前提，管理人审核债权性质时，债权人应先审核债权人是否具有债务人职工身份。

按照当前我国企业的用工模式，整体可分为劳动关系和非劳动关系两大类。《破产法》认定的职工身份，应基于劳动关系而产生。管理人确认

① 其他部门法中规定的优先债权，如建设工程承包人优先受偿权、消费商品房购房人权利、民用航空器优先权、船舶优先权等。

劳动关系的依据除劳动合同外，如通过职工的工作内容、性质、工资发放等情况进行综合判断，发现存在事实劳动关系，也能够认定其职工身份。

个别企业集资时，面向的对象包括社会不特定人群，其非职工身份比较明确。也有部分集资人身份比较模糊，需要仔细甄别。例如，在林某布、海南电缆厂职工破产债权确认纠纷一案中，[①] 集资款的实际出资人为非职工人员林某布，虽然其以协议约定这部分出资视为职工姚某琴的出资，法院仍然判决不属于职工债权。

在非劳动关系用工模式中，因劳动者不具备职工身份，其债权性质通常不成立职工债权。常见的非劳动关系的用工模式有劳务派遣、承揽合同等，国企中还有一类特殊模式，即事业编制职工的派调。派调关系产生于特殊的历史时期，是我国在向市场经济体制转型的过程中，事业单位为分流职工，鼓励职工走向市场的一种特殊方式，即由上级单位将人员派驻到下属企业提供劳动，由下属企业负责人员的日常管理、人事关系仍由上级单位统一管理的模式。派调人员与下属企业并不具备人身隶属性特征，身份亦为事业编制。此类劳动者从外观上看，与和企业存在事实劳动关系的劳动者非常相似，如派调职工的工作内容同样由债务人安排，也为全日制用工，接受债务人管理并自债务人处领取报酬等。所以管理人在审核债权性质时，比较难以判断，如认为不属于职工债权，审核的结果也难以得到劳动者的理解，对其职工身份的认定较易引起争议。类似此类较难辨别身份的职工，对其参与集资款项的债权性质也容易引起争议。

职工身份确立后，管理人应对其债权的来源及性质进行审核。职工债权的优先性源于职工以其工资收入为主要生活来源，就职单位破产后，职工及其家人的生活往往会受到直接影响。[②] 出于保障人权、维护社会经济秩序等方面的考虑，各国破产法均遵循这一共识，如《日本民法典》第三百零六条规定："受雇人报酬属于享有先取特权的优先债权。"2006 年，联合国贸易法委员会颁布的《破产法立法指南》指出，将职工工资作为

---

① 参见（2021）琼 96 民初 333 号民事判决书。

② 韩长印：《破产优先权的公共政策基础》，载《中国法学》2002 年第 3 期，第 27—41 页。

优先权与对工人的保护是一致的，同时也符合国际劳工保护条约。

《破产法》同样以优先保护职工债权为原则，《破产法》第一百一十三条明确规定，职工债权作为破产财产分配的第一顺序优先清偿，在特定情况下甚至优先于担保等特定财产的清偿。《破产法》第一百三十二条规定："……依照本法第一百一十三条的规定清偿后不足以清偿的部分，以本法第一百零九条规定的特定财产优先于对该特定财产享有担保权的权利人受偿。"

但是，并非所有与职工相关的债权均属于职工债权，《破产法》第一百一十三条第一款第一项对职工债权的范围采用列举式规定："破产人所欠职工的工资和医疗、伤残补助、抚恤费用，所欠的应当划入职工个人账户的基本养老保险、基本医疗保险费用，以及法律、行政法规规定应当支付给职工的补偿金。"原则上不在列举范围内的债权，即便与职工相关，也不应认定为职工债权。《破产审判会议纪要》第二十七条规定："……由第三方垫付的职工债权，原则上按照垫付的职工债权性质进行清偿……"这里虽然对职工债权的来源有所扩张，但前提仍然是垫付对象属于职工债权，其垫付范围依然在《破产法》第一百一十三条列举的范围内，并未创设新的可以认定为职工债权类型。

二、职工债权调查

《破产法》第四十八条第二款规定，职工债权不必申报，由管理人调查后列出清单并予以公示。实务中，管理人调查职工债权的方式主要是移交接管和外部调取证据两种途径。

1. 移交接管

管理人如能顺利完成债务人接管，一般重点关注的职工相关资料包括职工安置预案、职工工资的支付和社会保险费用的缴纳情况、职工花名册、劳动合同档案、职工异动单、社会保险档案、工资福利发放资料等。

在职工债权中，对工资的调查相对简单，债务人移交材料中职工工资的记录一般比较详细，通过工资表、银行记录等也可确认。

对社会保险债权的调查则较为复杂。1991 年，国务院发布《关于企业职工养老保险制度改革的决定》，我国开始实行国家、企业、个人三方共同承担养老保险的新模式，基本养老保险制度逐步建立。此后，我国的社会保险制度逐步完善，在此过程中，各地的履行情况有很大差异。债务人如果从 20 世纪 90 年代即开始营业，往往存在少缴、漏缴社会保险的情况，管理人在调查时，可梳理企业自成立之日起全部员工的劳动合同和用工协议，并将上述资料提交社保主管部门，申请主管部门查询所有就职员工社保的缴费年限及缴纳情况，核对企业历史上是否存在欠缴职工社保的情况，根据查询结果确认应公示的职工债权。

对其余医疗、伤残补助、抚恤费用以及法律、行政法规规定应当支付给职工的补偿金等，管理人应先查看有无生效法律文书确认，无确认则看企业与职工有无单独约定，有约定、在法律规定范围内的，应尽量从其约定；无约定的，管理人再进行计算。

2. 外部调取证据

管理人调查是处理债务人职工债权的核心工作。实务中，大量的债务人在进入破产程序前已停止运营，无人移交相关资料，职工也已经流散，确认职工范围非常困难，调查债权金额等更无现成资料参考。遇到这类债务人，管理人可通过到对公开户行、人力资源和社会保障局、各级司法部门、劳动仲裁委、税务局等相关部门进行走访，调取工资发放、职工社保缴费、个税缴费、涉诉涉执案件等记录，完成对职工名单及联系方式的确认。通过初步调查结果与职工建立联系，以笔录、电话等形式与职工进行沟通，完成职工工作年限、工资水平、工资福利待遇发放、费用代扣代缴、经济补偿、劳动赔偿等具体调查，结合初步调查结果尽快完成对相关职工债权的认定工作，并对债权清单进行公示。

第二节　职工集资款的清偿顺位

由于职工集资款并不在《破产法》第一百一十三条、《破产审判会议纪要》第二十七条规定的职工债权范畴内，其能否作为职工债权进行清偿存在争议。

职工集资款的本质是用人单位对职工的负债，指用人单位向本单位不特定职工募集款项，用于生产经营等活动。按照法院对职工集资款债权性质的认定，主要观点分为以下两类。

一、认为属于职工债权

1994 年颁布的《国务院关于在若干城市试行国有企业破产有关问题的通知》（以下简称《通知》）第三条第三款规定："企业在破产前为维持生产经营，向职工筹借的款项，视为破产企业所欠职工工资处理，借款利息按照借款实际使用时间和银行同期存款利率计算……"职工工资是职工债权形式的一种，《通知》将集资款作为职工工资处理，等于明确了集资款的职工债权性质。在（2017）冀民终 857 号案件中，赵某作为纬编厂兴华分厂（国营）的职工向单位集资用于生产经营。在单位破产后，法院依据《通知》第三条判决确认赵某集资款本金及利息（银行同期利率）的债权性质为职工债权。

《破产案件若干规定》第五十八条同样将集资款认定为职工债权："债务人所欠企业职工集资款，参照企业破产法第三十七条第二款第（一）项规定的顺序清偿……"在（2022）豫 16 民终 1644 号案件中，法官参考《破产案件若干规定》认为，"职工集资款的来源一般为职工长期生活资金积累，应当实事求是地对职工集资款予以优先考虑和作出变通处理，并判决支持将原告的集资款性质认定为职工债权"。（2020）豫民终 621 号、（2020）豫民终 878 号、（2020）豫 16 民初 31 号等案件的判决均持同样观点。

二、认为属于普通债权

2022年8月，笔者检索威科先行法律信息库发现，共有175篇裁判文书引用了《破产案件若干规定》第五十八条，但有43个判决认定集资款性质为普通债权，裁判标准并不一致。分析以上案件，集资款未能被确认为职工债权主要有以下三个原因。

1. 集资人无职工身份或款项来源于工资收入以外

集资人具备职工身份，是将其债权确认为职工债权的前提。参与集资人如无职工身份，便不具备认定为职工债权的主体资格，如（2021）最高法民申6195号案件因集资人不具备职工身份，判决不认定是职工债权。

集资款认定为职工债权源于其职工债权包含的工资、劳动保险费用等，是职工实现其生存权近乎唯一的方式，如果集资款存在款项来源多样，有向社会其他人员吸收资金的情况，便不是单纯的企业内部集资行为。如将外部集资款也认定为职工债权，便有违破产程序优先清偿职工债权、保障职工基本生活的初衷。例如，在（2021）琼96民初333号案件中，集资款来源为第三方垫付，不视为单纯的企业内部集资行为，法院判决不支持其债权性质为职工债权。

2. 认为集资款作为职工债权没有法律依据

《通知》的出台背景为1994年前后的国有企业政策性破产职工安置，对职工集资款的特殊规定，源于政策性破产项目中，国有企业职工强人身依附背景下，职工以工资收入支持企业经营的特殊情形，集资款对利率的要求一般在银行同期利率范围内。政府出于安置职工的要求，规定为职工债权予以优先清偿，有其历史特殊性。《通知》的调整范围仅涉及18个城市，调整对象限于国有企业职工，虽仍现行有效，但不具备普适性，也不是审判实务中的主要法律依据，如果不加甄别扩大适用，不仅会造成国有资产的流失，也可能损害其他职工债权人的权益。

《破产案件若干规定》第五十八条参照的《企业破产法（试行）》已经废止。现行《破产法》第一百一十三条第一款第一项明确列举了职工债权包含的种类，“破产人所欠职工的工资和医疗、伤残补助、抚恤费用，所欠的应当划入职工个人账户的基本养老保险、基本医疗保险费用，以及法律、行政法规规定应当支付给职工的补偿金”，并不包含职工集资款。且从法律适用上看，《破产案件若干规定》于2002年9月1日实施，《破产法》于2007年6月1日生效，在新法与旧法冲突的情况下，应当适用新法，即职工集资款不具有优先受偿权。（2021）湘06民初54号、（2021）闽01民终2816号、（2020）湘0724民再9号案件均持此裁判观点。

3. 认为集资款应属民间借贷范畴，与职工生存保障无关

《最高人民法院关于审理民间借贷案件适用法律若干问题的规定》第十一条规定：“法人或者非法人组织在本单位内部通过借款形式向职工筹集资金，用于本单位生产、经营，且不存在民法典第一百四十四条、第一百四十六条、第一百五十三条、第一百五十四条以及本规定第十三条规定的情形，当事人主张民间借贷合同有效的，人民法院应予支持。”该条规定并未将对于职工的借款与外部借款进行区分，职工以获取利息为目的出借款项也符合民间借贷的关系特征，很多案件据此认定集资款为普通债权。例如，在（2020）宁民终497号、（2017）浙0803民初2110号案件中，管理人均依据上述规定将职工借款确认为普通债权，并获得法院裁判确认。

以上三种观点经常在同一案件中被交叉引用，得出职工集资款债权为普通债权的结论。

此外，针对职工集资款的清偿顺序，个别地方层面认为可以优先受偿，但应从严把握。《江苏省高级人民法院民事审判第二庭关于印发〈破产案件审理指南（修订版）〉的通知》“七、破产债权及清偿顺序”第五条规定：“……审判实践中，应当从严把握优先清偿的职工集资款范围，重点审查借款行为是否向不特定多数职工作出、职工借款是否源于劳动身

份强迫、借款资金是否来源于职工工资性收入。”例如，在（2020）苏0404民初4774号案件中，法官依据上述规定，判决职工集资款的本金及法定范围内利息参照职工债权顺序清偿。

笔者认为，虽然法律规定和实务中对于集资款债权性质的认定标准并不一致，但如果回归法益的保障看清偿顺位，职工债权的优先性来源于职工的生存权需要被优先保障。职工集资款在本质上属于借款行为，无关职工的生存权，应作为普通债权进行认定。在当前企业融资难的社会背景下，向职工融资借款的情形并不罕见，甚至一些房地产、航空等行业的知名企业也有以高额利息大规模组织职工集资的先例。这些企业规模大、职工多、融资金额巨大，一旦企业进入破产程序，如将集资款直接认定为职工债权，不仅违背市场交易规律，也会损害其他债权人的权益，有违《破产法》公平清理债权债务的原则。

对于涉及历史遗留问题的职工集资款，出于保护职工利益和维护社会稳定的需要，可以在认定为普通债权的前提下，参照职工债权顺序进行清偿。例如，（2020）宁民终497号判例提到，“上陵实业集团重整管理人依据《最高人民法院关于审理民间借贷案件适用法律若干问题的规定》第十二条，将所有职工福利借款均确认为普通债权。为了破产重整的顺利进行，上陵实业集团破产管理人对进入破产重整程序的上陵实业集团及其他六家关联债务人职工福利借款参照了职工债权顺位进行清偿”。兼顾实体和法益的平衡，似乎更符合《破产法》的立法精神。

第二章 人身侵权债权在破产程序中的清偿顺位

第一节 关于人身侵权债权的分类

破产程序中的人身侵权债权是指依据《民法典》第一千一百七十九条[①]规定的，因债务人的行为造成人身损害的，被侵权人因健康、身体、生命等权利遭受侵害产生的请求损害赔偿之债。人身侵权债权在破产程序中的清偿顺位，业内一直有争议，管理人在审核债权时也多有差别。以法院受理破产申请为节点，人身侵权债权的债权性质可分为以下两类。

一、破产申请受理后发生的人身侵权之债

《破产法》第四十二条规定："人民法院受理破产申请后发生的下列债务，为共益债务：……（五）管理人或者相关人员执行职务致人损害所产生的债务；（六）债务人财产致人损害所产生的债务。"

共益债务应符合全体债权人的共同利益，破产受理前不产生共益债务。债务人在破产申请受理后，发生的人身侵权之债，其性质属于共益债务，应按照《破产法》第四十三条的规定随时清偿。例如，在（2016）豫05民终1538号案件中，管理人聘用的保安在债务人场地内摔伤，法院判决债务人进行赔偿，且将赔偿款项的性质认定为共益债务。也有法院认

---

① 《民法典》第一千一百七十九条规定："侵害他人造成人身损害的，应当赔偿医疗费、护理费、交通费、营养费、住院伙食补助费等为治疗和康复支出的合理费用，以及因误工减少的收入。造成残疾的，还应当赔偿辅助器具费和残疾赔偿金；造成死亡的，还应当赔偿丧葬费和死亡赔偿金。"

为，在破产程序中发生的人身侵权，债权人应按照《破产法》的规定申报债权，不应直接受理。例如，在（2019）皖 1702 民初 3804 号案件中，原告被债务人地面设施损害受伤，起诉后，法院据此裁定驳回起诉，要求原告向管理人申报债权。

二、破产申请受理前发生的人身侵权之债

对于破产受理后人身侵权债权的性质，由于《破产法》对优先清偿的债权进行了列举式说明，破产申请受理前发生的不在优先清偿范围内，现有法律一般按照普通债权处理。

2009 年 11 月 29 日，石家庄中院裁定终结三鹿集团股份有限公司（以下简称三鹿集团）破产清算一案，因食用三鹿集团生产的婴幼儿奶粉患病的近 30 万名婴幼儿，其债权性质被认定为普通债权人。其中，管理人申请裁定的分配方案显示：本案的普通债权清偿率为 0，意味着患儿无法在三鹿集团的破产程序中获得清偿。虽然在三鹿集团破产清算案中，依靠中国乳协协调，有关责任企业出资筹集了总额 11.1 亿元的婴幼儿奶粉事件赔偿金，设立基金，用于对患儿的诊疗，但在绝大部分破产程序中，只有极少数案件设有人身侵权债权人专项赔偿基金，“毒奶粉”患儿在破产程序中的受偿顺位引发了破产法学界的普遍关注。

对于普通债权人，参与破产程序的前提是进行债权申报。《破产法》第四十八条第一款规定：“债权人应当在人民法院确定的债权申报期限内向管理人申报债权。”第五十六条第二款规定：“债权人未依照本法规定申报债权的，不得依照本法规定的程序行使权利。”

债权人完成债权申报后，由管理人进行审查，得出初步结论后编制债权表，提交债权人会议核查，经债权人会议核查无异议的债权，由人民法院裁定予以确认。经人民法院裁定确认的债权人，有权参与破产分配。从申报至破产分配完毕，往往要经历几个月甚至几年的漫长过程，对人身侵权债权人来说，即时产生的医疗等费用往往无法得到保障。即便能够参与破产分配，普通债权人的清偿率也极其有限，如三鹿集团一样清偿率为 0

的案件并不鲜见。

对于进入破产程序后的人身侵权之债，《破产法》已明确规定可作为共益债务优先受偿，以下仅就破产申请受理前发生的人身侵权之债作为普通债权之原因、应有位次、管理人审核思路等进行探讨。

第二节 人身侵权债权在破产债权受偿顺序中的位次

一、人身侵权债权性质为普通债权之原因

1. 认定侵权债权优先受偿无法律依据

破产程序旨在公平清理债权债务，管理人对破产债权的审核应受破产程序约束，以《破产法》等法律规定为依据。管理人作为破产程序的执行者，其权利并非没有边界，对于债权性质的审核及受偿顺序的认定，应依据《破产法》相关规定执行。《破产法》第一百一十三条规定："破产财产在优先清偿破产费用和共益债务后，依照下列顺序清偿：（一）破产人所欠职工的工资和医疗、伤残补助、抚恤费用，所欠的应当划入职工个人账户的基本养老保险、基本医疗保险费用，以及法律、行政法规规定应当支付给职工的补偿金；（二）破产人欠缴的除前项规定以外的社会保险费用和破产人所欠税款；（三）普通破产债权。破产财产不足以清偿同一顺序的清偿要求的，按照比例分配。破产企业的董事、监事和高级管理人员的工资按照该企业职工的平均工资计算。"

根据以上规定，债务人可偿债财产的客体为偿付担保财产后，支付完毕破产费用和共益债务的剩余破产财产。清偿顺序为：职工债权—社保及税款债权—普通债权。无论如何解释，根据现有法律规定，人身侵权债权与职工、社保、税款等优先债权均不相符，一般应被列入普通债权范畴。例外的情况在《破产审判会议纪要》第二十八条中也有规定："……对于法律没有明确规定清偿顺序的债权，人民法院可以按照人身损害赔偿债权

优先于财产性债权、私法债权优先于公法债权、补偿性债权优先于惩罚性债权的原则合理确定清偿顺序。因债务人侵权行为造成的人身损害赔偿，可以参照企业破产法第一百一十三条第一款第一项规定的顺序清偿，但其中涉及的惩罚性赔偿除外。破产财产依照企业破产法第一百一十三条规定的顺序清偿后仍有剩余的，可依次用于清偿破产受理前产生的民事惩罚性赔偿金、行政罚款、刑事罚金等惩罚性债权。”管理人可以根据规定的精神，将人身侵权债权与职工债权置于同等受偿序列。

2. 特殊情形下管理人可提出优先清偿方案

对人身侵权债权的清偿方案，管理人提议参照其他债权优先清偿的，应该尤为慎重。债务人进入破产程序，尤其是破产清算程序，虽然债权人行使权利的对象仍为债务人，但偿债资金的实质享有人为全体债权人，人身侵权债权顺位前移，将影响原有债权人，特别是优先债权人的受偿比例。对于个别人身侵权债权人，在债权金额不高的情况下，管理人为顺利推进程序，提议参照优先清偿的债权人清偿时，应制作特别清偿方案供债权人会议表决，未经债权人会议表决的，不得擅自改变人身侵权债权人的受偿顺位。

管理人应慎将人身侵权债权优先清偿方案提交债权人会议审核，因债权人会议的表决主体为普通债权人，优先清偿提议影响的主体为职工、社保或税务债权人，各债权人之间的利益并不一致，在普通债权清偿率为0的情况下，该提议可能因不涉及普通债权人的利益而获得通过，从而产生滥用核查权，易形成对其他优先债权人“多数决压榨”的结果。

自“三鹿奶粉”事件发生后，面对破产程序不利于保护特殊的人身侵权债权实现的现状，基于《破产法》存在对职工债权以法律规定优先清偿的先例，有学者提出人身侵权债权也应优先清偿的观点，主要原因为以下几点。

（1）人身侵权之债的发生不是债权人自由意志选择的结果

破产程序中人身侵权之债的产生，源于债务人在进入破产程序前实施了侵权行为，债权人受到了人身损害，损害后果与侵权行为之间有因果关系。债权人是不希望发生损害结果的，与其他普通债权人与债务人达成合意的合同之债有本质区别。如果将两者置于同等的受偿顺位上，则有实质不公平之嫌，似乎不符合《破产法》公平清理债权债务之精神。

（2）人身侵权之债关系到人身利益保障，应优先于财产权利保障

人格权因其与主体的密切关系，应当置于各种民事权利之首，当人格利益与财产利益发生冲突时应优先保护人格利益。[①] 人身侵权之债的优先性来源可参照位于第一顺位的职工债权。职工债权的优先性源于法律规定，而非交易约定。法律保障职工债权的根源在于保障职工的人身权利——职工以工资等为生活来源，医疗、伤残补助、抚恤金等均直接关系到职工的基本人身权利保障。人身侵权债权与职工债权具有同样的人身属性，就损害程度而言，人身侵权债权人的受损伤程度甚至强于大部分职工债权人，获得的清偿额不足以弥补债权人的损失，遑论损害赔偿。

学界对人身侵权债权在破产债权中的受偿顺序，有优先于担保物权、与担保物权同序，优先于职工债权、与职工债权同序，在职工债权与税款债权之间，仅优先于普通债权等观点。

第一，优先于担保物权、担保债权同序。优先于有财产担保的债权受偿，意味着人身侵权债权获得了超级优先权地位。[②]《法国民法典》第二千一百零一条第六项规定，事故受害人或其权利继受人有关医疗费、药费、丧葬费的债权，以及他们由于暂时丧失劳动能力而应当取得的补偿金的债权，有权享有动产一般优先权。

已设定担保的债权，在担保范围内，是否还属于债务人的财产，学界尚有争议，如将人身侵权债权直接置于担保债权之前，无疑有以他人财产清偿债务人债权之嫌，故也有学者认为人身侵权债权只有在发生于担保债权设立之前、人身侵权之后时，才可享有优先受偿地位。[③]

如将其与担保债权提升到相同的受偿顺位，也将增加人身侵权债权的受偿概率和受偿比例，不影响其他顺位债权人的受偿，较易得到债权人会

---

① 王利明著：《人格权法研究》，中国人民大学出版社 2012 年版，第 54 页。

② 暂时丧失劳动能力而应当取得的补偿金的债权，有权享有动产一般优先权。

③ 林一：《侵权债权在破产程序中的优先受偿顺位建构——基于“给最少受惠者最大利益”的考量》，载《法学论坛》2012 年第 2 期，第 152 页。

议的支持。但这同样存在对担保制度的极大破坏，可能引发企业融资难等一系列恶果。

第二，优先于职工债权、与职工债权同序。职工债权与人身侵权债权的范畴有很大重合，如职工债权中的医疗费用、伤残补助等费用，《民法典》第一千一百七十九条也有同样含义的表述。同时，职工债权的优先性也与破产法公平清理债权债务的原则不符，属于法律为保障人权的特殊设置。如果基于维护社会稳定、保障人身权利的初衷给予职工债权优先清偿，那么人身侵权债权应享有同等的清偿顺序，《破产审判会议纪要》也为其与职工债权同序清偿提供了法律依据。考虑到人身侵权债权人与职工相比，可能承受了生命、健康等更为严重的人身损害，根据权利性质，甚至可以优先于职工债权清偿。

第三，在职工债权与税款债权之间。韩长印老师以债权产生的自愿与非自愿为基点，探讨了将侵权行为之债排序到国家税款之后的可行性。[①]他认为，以权利主体对风险的负担能力或者分散能力作为排定分配顺序的标准，可以提供的排序是：除了破产费用和共益债权之外，国家税款—社会保障费用—职工工资—侵权行为之债——般债权。韩长印老师认为："人身侵权债权与合同债权存在很大的差异，在破产救济时不宜采取相同的方式，给予人身侵权债权优先受偿的地位反而是公平的。"

第四，仅优先于普通债权。即将人身侵权债权作为新的优先债权列于其他优先债权之后、普通债权之前，在《破产法》现有的清偿顺位中，加入人身侵权债权，除破产费用和共益债务外，将清偿顺序调整为：职工债权—税款和社会保障—侵权行为之债—普通债权。给予人身侵权债权优先清偿地位，但处于优先清偿的末位，不影响其他优先于债权的清偿，依据为非合意之债优先于普通债权代表的合意之债。

二、破产制度外的社会保障机制

2022 年 8 月，笔者以“终结破产”为关键词在威科先行法律信息库

---

① 韩长印：《破产优先权的公共政策基础》，载《中国法学》2002 年第 3 期，第 39 页。

检索，共发现31881条结果，其中因破产人无财产可供分配终结的达8172条，占总数的25.6%。也就是说，有四分之一以上的破产案件，无论清偿顺位如何，债权人的受偿率均为0。实务中，在破产人无偿债财产的情况下，即便将人身侵权债权纳入优先清偿序列，绝大部分债务人的偿债财产也极其有限，甚至无法覆盖人身侵权债权人基本的医疗支出，通过破产程序解决人身侵权债权存在天然不足。例如，人身侵权的损害后果与破产程序并不一定同步，破产程序终结后，被侵权人仍有可能需要长期支付医疗等费用。侵权损害的赔偿应以国家强制力为基础，仅以破产人的财产为限，远远无法达到保障人权的功能，亟待另行建立救济制度进行补充。

1. 个别清偿撤销期限延长

《破产法司法解释（二）》第十六条、《破产法》第三十二条体现了当前《破产法》体系下对人身侵权债权人的保护性规定，主要集中在个别清偿的撤销方面。[①] 债务人在受理破产申请之日前六个月至一年内，往往是债务人向关联企业清偿比较频繁的时间，可以考虑在人身侵权债权人的案件中，延长撤销个别清偿时间至裁定受理破产前六个月以上，回转财产专项用于清偿人身侵权，在不减损其他债权人清偿率的情况下，能够达到增加对人身侵权债权的偿债资金的效果。

2. 董事或其他有代表权之人连带责任制度

我国台湾地区“民法”第三十一条规定，董事或其他有代表权之人对因执行职务造成的损害，应与法人承担连带责任。[②] 对于因合同等原因发生的合意之债，按照我国现有法律规定，由法人独立承担。但破产程序中人身侵权之债的发生并非被侵权人可以控制，董事或其他有代表权之人

---

① 《破产法司法解释（二）》第十六条规定：“债务人对债权人进行的以下个别清偿，管理人依据企业破产法第三十二条的规定请求撤销的，人民法院不予支持……”

《破产法》第三十二条规定：“人民法院受理破产申请前六个月内，债务人有本法第二条第一款规定的情形，仍对个别债权人进行清偿的，管理人有权请求人民法院予以撤销。但是，个别清偿使债务人财产受益的除外。”

② 我国台湾地区“民法”第三十一条规定：“损害法人对于其董事或其他有代表权之人因执行职务所加于他人之损害，与该行为人连带负赔偿之责任。”

存在过错时如能承担连带责任，则能使被侵权人获得多一重救济，更有利于保障社会公平、保护个体权益。

3. 赔偿基金

针对大规模的侵权损害，设置赔偿基金，专项用于被侵权人的医疗或赔偿，在国内外均不乏先例。例如，在三鹿集团破产清算案中，中国乳协设立了2亿元的医疗赔偿基金，用于报销患儿急性治疗终结后、年满18岁之前可能出现的相关疾病发生的医疗费用。在曼维尔公司破产重整案中，曼维尔公司设立了20亿美元的信托基金，用于解决人身侵权债权人的赔偿问题。①

对人身侵权债权在破产程序中的清偿，我国现行法律规定保障制度还不完善，清偿顺序的安排缺乏合理性，实务中将其认定为普通债权、无法清偿的判例并不鲜见。同时，就现有案件体现出的债务人财产现状，即便人身侵权债权获得优先清偿的地位，实质无法清偿的情况也大量存在，亟待完善配套的基金、保险等制度。

第三章　债权人会议分组表决制度

在破产程序中，基于债权性质，各类债权人在破产程序中享有的实体权利和程序权利也存在一定差别。但在重整程序中，由于重整计划的表决牵涉到全体债权人的利益，需要全体债权人对此进行表决，因而有必要保障各类债权人公平进行表决，由此也就产生了债权人分组表决的制度。

① 参见［美］小戴维·A. 斯基尔著：《债务的世界：美国破产法史》，赵炳昊译，中国法制出版社2010年版，第272—275页。

第一节　分组表决的适用场景

基于现行法律规定，债权人分组表决制度仅在重整程序中涉及重整计划表决时才会适用，《破产法》第八十二条第一款规定：“下列各类债权的债权人参加讨论重整计划草案的债权人会议，依照下列债权分类，分组对重整计划草案进行表决……”但在破产程序项下的表决事项中，则并未设置类似的表决规则。

第二节　分组依据及分组安排

现行制度下，债权人会议的分组表决以债权性质为分组的核心依据，同时也将重整计划对当事人是否造成影响作为是否安排其他表决组的判断依据。

之所以在重整计划表决程序中按债权性质设置分组表决制度，笔者认为，主要是为了保证在程序公平的前提下，由所有债权人（包括出资人）对重整计划发表意见，以保护全体债权人的利益。

现行破产制度下，债权性质是判断债权人身份与决定债权人清偿顺位的最重要依据之一，基于各类债权背后的优先权，债权人在破产程序中享有的程序性权利也有所不同（如财产担保债权人不得参与破产财产分配方案表决、职工一般不参与债权人会议议案表决等）。但因重整计划一般涉及所有债权人（以及出资人）的利益调整，有必要由全体债权人（以及权益受影响的出资人）对重整计划公平发表意见。从程序的角度讲，只有将不同优先级的债权划分为不同的表决组，由各类债权人在各自的表决组内依照同等条件行使表决权，方可在保障全体债权人充分参与表决的前提下，实现表决程序与表决结果公平、公正。

一、表决组基本设置

现行《破产法》第八十二条规定，债权人参加讨论重整计划草案的债权人会议，依照债权性质，按照如下组别表决重整计划：一是财产担保债权；二是职工债权；三是税款债权；四是普通债权。根据实际情况，普通债权组中可另设小额债权组。另外，根据《破产法》第八十五条规定，重整计划草案涉及出资人权益调整事项的，应当设出资人组。同时，《破产法》第八十三条规定，重整计划不得规定减免债务人欠缴的除职工债权以外的社保费用，该等社保费用的债权人不参加重整计划草案的表决。

二、表决组的特别调整

由于司法实践中陆续出现了新的债权类型，仅依靠《破产法》规定的几类债权分组已无法完全满足实践需要，因此，一些地方在后续出台地方性重整规定时，对原有的债权人分组表决设置进行了调整或细化，使债权人会议的表决制度更加贴合实践需要。

例如，《北京市第一中级人民法院关于印发〈北京破产法庭破产重整案件办理规范（试行）〉的通知》（以下简称《重整规范》）第九十九条第二款规定："债权系因债务人侵权行为造成的人身损害赔偿，除其中涉及的惩罚性赔偿外，可以列入前款第二项规定的表决组进行表决。"第一百零一条规定："债权依照法律规定，具有不同于本规范第九十九条规定的性质的，人民法院可以根据实际情况设置相应表决组。"

除此以外，深圳市中级人民法院出台的《审理企业重整案件的工作指引（试行）》（以下简称《重整指引》）第九十条第二款规定："合议庭可以将享有建设工程价款、船舶和航空器等法定优先权的债权人列入对债务人特定财产享有担保权的债权表决组，也可以根据上述优先权的性质设置其他优先权表决组。"

此外，重庆市第五中级人民法院在其制定的《重庆市第五中级人民法院关于印发〈重整案件审理指引（试行）〉的通知》中，也参考了北京的《重整规范》和深圳的《重整指引》，引入人身损害赔偿及其他法定优先债权的特殊表决组，具体设置方式与北京、深圳的一致。[①] 同时，该指引第八十一条还规定，如重整计划对普通债权根据债权额大小进行分类调整，还应当设置相应的表决组。

结合上述规定可见，在现行重整程序中，债权人组别仍以法律规定为核心依据，债权人以其债权性质或其身份（如权益因重整计划被调整的出资人）自动归入相应的表决组，一般无权自行选择组别（除非担保财产不能全额清偿担保债权，担保债权人可就不能清偿部分在普通债权组另行表决），也不能单独创设其他的表决组。仅在特殊情况下，如出现《破产法》未明确规定的债权种类，可以另设新的表决组，或者在原有分组的基础上进行细分。但此类组别调整只是在《破产法》规定的债权组类别的基础上、针对特定债权所作的额外增补或合并，并未实质性改变现行法律规定的表决组类别。

笔者认为，此种设置主要基于两种考虑：一是为调和《破产法》与其他法律法规规定的优先债权之间的矛盾、保证各类债权人公平行使表决权所作的临时变通措施；二是在重整计划对当事人权益造成实质影响的情况下，为平衡当事人利益所作的特别调整。

第一种情况主要针对《破产法》未予规定，但在其他法律中有特别规定的优先债权。例如，《最高人民法院关于审理建设工程施工合同纠纷案件适用法律问题的解释（一）》第三十六条规定，建设工程承包人针

---

① 《重庆市第五中级人民法院关于印发〈重整案件审理指引（试行）〉的通知》第八十条规定："下列各类债权的债权人参加讨论重整计划草案的债权人会议，依照下列债权分类，分组对重整计划草案进行表决：（一）对债务人的特定财产享有担保权的债权；（二）债务人所欠职工的工资和医疗、伤残补助、抚恤费用，所欠的应当划入职工个人账户的基本养老保险、基本医疗保险费用，以及法律、行政法规规定应当支付给职工的补偿金；（三）债务人所欠税款；（四）普通债权。债权系因债务人侵权行为造成的人身损害赔偿，除其中涉及的惩罚性赔偿外，可以列入前款第二项规定的表决组进行表决。"

第八十一条规定："重整计划草案进行分组表决时，重整计划草案对普通债权根据债权额大小作出分类调整的，应当设置相应表决组。人民法院可以将享有建设工程价款、船舶和航空器等法定优先权的债权人列入对债务人特定财产享有担保权的债权表决组，也可以根据上述优先权的性质设置其他优先权表决组。经评估的担保财产价值不足以清偿担保债权，对该财产享有担保权的债权人同意对超出评估值以外的债权按普通债权清偿的，可以将评估值作为该笔债权在担保债权组的表决额，剩余金额作为其在普通债权组的表决额。"

对建设工程价款享有的优先受偿权优先于对该建设工程享有的抵押权和其他债权。在此种情况下，针对同一建设工程，如将建设工程优先债权人和抵押权人置于同一表决组中，因建设工程承包人享有的债权优先顺位超越抵押权人，其债权实现必然会影响抵押权人的利益，如再按照同一顺位行使表决权，则可能导致抵押权人利益受损。因而法院允许对此类“更优先”的债权作出特别分组的安排。

第二种情况主要针对重整计划实质调整当事人利益的情形，具体包括出资人权益调整和小额债权两种情况。重整案件基于引入新的投资人或者采用以股抵债清偿方式等原因，通常伴随着原出资人的权益变更，为保证出资人的合法权益不受损害，有必要由权益受到实质影响的出资人对重整计划发表意见。而在很多重整案件中，为提高债务清偿率、最大限度化解债务危机，往往会在普通债权中按一定数额特别区分小额债权，并针对小额债权采用与其他大额普通债权不同的清偿方式（一般可以实现小额普通债权的全额受偿）。在此种情况下，由于小额债权人数量众多且适用不同的清偿方式，因此不宜与其他普通债权人处于同一表决组，否则必然互相影响、损害其他普通债权人的利益。

但是，如前所述，债权人的分组表决主要是为缩小不同类型的债权在实体和程序权利上的差异，保证各类当事人都能够对重整计划公平发表意见。故此类分组调整措施只能实现当事人公平发表意见的目的，且只能作为临时措施适用。这也是临时增设或调整表决组的最终决定主体为人民法院的原因。

第三节　设定表决组的其他标准

由前述分类依据可以引申出一个问题，现行《破产法》划分表决组的依据主要是债权性质，那么，能否根据债权人的其他属性，如债权人主体（如金融债权人、经营债权人、供应商等）来进行分类？

就此问题，笔者认为，在当下的破产制度中，以债权人主体的性质作为分组依据看似“美好”，实则难以操作，原因有以下三个。

1. 债权人主体性质难以准确界定

除了公司股东、职工、金融机构等的主体身份相对容易辨认以外，实践中，准确认定其他债权人的身份存在较大困难。除非根据债权申报材料中提供的主体身份证明材料，否则很难准确认定。而在按照债权性质认定债权人的基础上，再补充认定债权人的身份，实属多此一举。更重要的是，在现行破产法制度下，不同债权有明确的种类划分，而债权人的主体身份则千差万别，如果以债权人身份作为分组依据，很难具体设置组别，除非针对债权人主体的性质作进一步分类，否则将导致债权人分组难以实现。

2. 易导致表决组内债权混杂

基于实际的债权债务关系，同一个债权人可能同时享有多类不同性质的债权（如担保债权人可能同时拥有担保债权、普通债权，乃至劣后债权），若仅依据债权人主体身份将之纳入同一表决组，则可能将不同性质的债权归入相同的表决组别，不仅不利于维护当事人公平参与表决的权利，也将极大增加表决结果统计的难度，降低统计结果的准确性。

3. 按身份分组与债权人会议制度不完全匹配

在现行破产制度下，债权人会议从参会人到表决结果统计均以债权作为基本判断依据，现行重整制度中的分组表决制度以债权作为分组依据与上述程序设置的逻辑基本一致。但若采取以债权人主体身份分组的方式，则是以“身份”而非“债权”作为分组依据，如此，则与债权人会议表决制度的基本逻辑不完全匹配，难以适应债权人会议的实际需要。

第四节　重整中分组表决

重整中，按照债权性质分组表决是当下公平对待债权人最现实的解决方案，但在运用过程中也存在一定问题，笔者理解如下。

1. 不同优先级债权合并分组的问题

如前所述，现行法律规定，优先债权中不仅包含一般的财产担保债权，还包括建设工程优先权、船舶优先权等其他优先权，在某些情况下，该等优先权甚至优先于一般财产担保债权。如将此类债权全部置于担保债权组，由于各类债权的优先性不同，容易引发优先债权人损害一般财产担保债权人利益的问题。因此，在同时存在其他优先债权的情况下，建议以优先债权性质，额外设立相应的表决组。

2. 利益未受调整的债权人是否应当参与分组表决

结合《破产法》与地方重整案件办理规定，如当事人的利益未受到重整计划的影响，原则上可以不再额外设置表决组，有关当事人甚至不需要参与表决。例如，按照《破产法》第八十五条的逻辑，若重整计划不涉及出资人权益调整事项，则可以不设出资人表决组。《破产法》第八十三条也规定，重整计划不得规定减免债务人欠缴的除职工债权以外的社会保险费用，该项费用的债权人不参加重整计划草案的表决。此外，北京《重整规范》第一百一十一条亦规定，权益未受到调整或者影响的债权人或者出资人，不参加重整计划草案的表决。

但依此逻辑推论会产生一个问题，即利益未受重整计划影响的债权人或当事人是否应当被排除在重整计划分组表决之外？例如，重整程序中，破产法语境下的职工债权、税款债权通常不会受到重整计划的调整，一般也均可实现全额清偿，但因《破产法》设置了该等债权组，对应的债权人仍应参与表决。而社保债权作为《破产法》规定的债权，也同样不受重整计划的调整，但却囿于法律规定，无法参与重整计划表决。如果基于债权是否受到调整作出此设定，那么在职工债权、税款债权可全额清偿的情况下，此种设置显然给予债权人差别对待，剥夺了社保债权人参与表决的程序权利。而职工、税款债权人在利益未受影响的情况下再次参与投票，不仅与设置分组表决的初衷相悖，缺乏参与表决的必要性与合理性，由于表决组增加，还会增大债权人会议无法表决通过重整计划的潜在风险。

基于上述内容，笔者认为，从公平对待债权人以及提高债权人会议表决效率的角度考虑，在债权人会议分组表决中，权益未受调整，或者可实现全额受偿的债权人或出资人可以不再参与表决，并不再设立对应的表决组。北京《重整规范》第一百一十一条规定："权益未受到调整或者影响的债权人或者出资人，不参加重整计划草案的表决。"说明此举具备可行性，且不会损害未参加表决权的债权人或出资人的利益。

3. 劣后债权是否应当纳入债权分组

根据《破产审判会议纪要》第二十八条的规定，在破产案件的审理中，对于民事惩罚性赔偿金、行政罚款、刑事罚金等具有惩罚性债权，可在破产程序普通债权清偿完毕后再行清偿，即所谓"劣后债权"。此类债权并非《破产法》明确规定的债权类别，但结合前述规定，实践中，法院和管理人一般也会予以认可（按照劣后于普通债权的顺位处理）。结合笔者的实践经验，在破产清算程序中，虽然债权基本无法得到清偿，但作为依法申报登记的债权，劣后债权人在债权人会议中一般仍可正常行使表决权。

但在重整程序中，由于普通债权在多数情况下可以全额受偿（至少是账面全额受偿），且债务人企业在重整终结后也将恢复正常经营，此时必然涉及劣后债权的清偿问题，劣后债权人能否参与表决重整计划的问题也就表现得相对突出。现行《破产法》及各地方规定均未将劣后债权纳入表决组的范围，很容易引起制度设计与实务操作的冲突。

笔者认为，从保障债权人公平行使表决权的角度考虑，有必要增设劣后债权组。因为劣后债权在性质上仍属于债权，实践中业已被广泛承认。同时，如北京《重整规范》第一百零一条，人民法院可以根据不同债权的性质，结合实际情况设置相应表决组的规定，事实上已经考虑到劣后债权的表决情况，并为劣后债权人参与表决创造了条件。无论是基于"依法申报债权的债权人，可按照《破产法》规定行使权利"的基本原则，还是从权益受到调整的债权人应当对重整计划发表意见的角度考虑，笔者认为，劣后债权人应当被纳入分组表决的考虑范畴。不过，笔者认为，将劣后债权纳入分组表决也应当根据实际情况进行判断。根据《破产审判会议纪要》的规定，如破产企业财产在清偿普通债权后仍有剩余，才可清偿劣后债权，只有在此种条件下，才会涉及劣后债权的调整与清偿，劣后债权人在此条件下才可参与表决。如重整计划无法保证普通债权全额受偿，则劣后债权不可能受偿，此时便不存在劣后债权人债权调整的问题，没有必要要求劣后债权人参与表决。

4. 债权人跨组表决问题

如前所述，同一债权人可能同时享有多类不同债权，基于当前的债权分组设置，必然涉及债权人跨组表决的问题。这一问题又可以分为以下两类讨论。

（1）债权人分别享有不同类别的债权

例如，在职工对破产企业存在借款的情况下，职工可同时享有职工债权和普通债权两类债权，并依照各类债权之数额，分别参与对应组别的表决。或者，税务机关申报了企业的欠税及滞纳金，依照税收征管之相关规定，[①]欠税和滞纳金分别作为税收债权和普通债权申报和认定，税务机关也可分别参加对应组别的表决。此时，债权人的债权在申报、审核阶段业已确定，也不涉及债权调整的问题，债权人按对应债权的性质行使表决权即可。

（2）因债权调整导致的跨组表决

实践中，主要体现为财产担保债权的调整，即财产担保债权已获确认，但因担保财产不足以全额清偿担保债权，只能将无法受偿的部分调整为普通债权。

此处容易出现一个问题，即在担保财产价值有限的情况下，担保债权人的大部分债权将被调整为普通债权，因担保债权人一般为银行等金融机构，债权数额较大，若被调整为普通债权，在现行表决制度下，很有可能

① 此处规定见《国家税务总局关于税收征管若干事项的公告》（国家税务总局公告2019年第48号），其第四条第三款规定："企业所欠税款、滞纳金、因特别纳税调整产生的利息，税务机关按照企业破产法相关规定进行申报，其中，企业所欠的滞纳金、因特别纳税调整产生的利息按照普通破产债权申报。"

影响普通债权组内其他债权人正常行使表决权，存在侵害其他普通债权人利益的风险。

为减轻这一问题的影响，在不改变现行表决制度的前提下，笔者建议，实践中可以考虑在普通债权组中，将此类转化后的普通债权单独分组，如此，便可以对普通债权组作进一步区分，避免担保债权人在转化为普通债权后影响普通债权人的表决权，实现平等对待各同类债权人的目的。

由于重整计划表决已经对债权人分组表决作出明确规定，那么，能否将这一制度推广至重整案件中的其他程序，乃至破产清算、和解等程序中适用?

笔者认为，在现行《破产法》的规定下，将债权人分组表决制度推广至和解程序中有一定的可行性，但推广至破产清算程序中的可行性有待商榷。

第一，和解程序。笔者认为，和解程序是在债权人、债务人协商一致后，通过对债务及偿债方式进行调整，在维持债务人经营的前提下，实现其债务清偿的方式。而具体调整债务的形式是和解协议，现行《破产法》第九十七条规定："债权人会议通过和解协议的决议，由出席会议的有表决权的债权人过半数同意，并且其所代表的债权额占无财产担保债权总额的三分之二以上。"

笔者认为，由于和解协议涉及债务数额及清偿方式的调整，必然会对主要债权人的利益造成实质影响，但在现行债权人会议制度下，结合上述规定，债务人职工并不能参与和解协议的表决，其他类型的债权人也不能分类参与和解协议表决，一旦和解协议对各类债权作出差异化的清偿安排，极易导致和解协议无法获得债权人会议决议通过，增加债务人被宣告破产的可能性。

综上，基于和解协议对债权的调整安排，有必要让除了担保债权人以外的其他主要债权人充分发表意见。同时，为保证各债权人均能公平行使表决权，可以且有必要按照债权之性质，由不同债权人分组进行表决。至于财产担保债权人，因其可以就担保财产行使优先受偿权，通常可以实现债权的全额受偿，因此原则上不应再参与和解协议的分组表决。但在担保财产不足以全额清偿债权的情况下，担保财产不足以清偿的部分仍可作为调整后的普通债权组参与分组表决。

此外，债权人分组表决仅限于和解协议表决。其他方案表决方式原则上还应当按照现行表决制度处理。

第二，清算程序。笔者认为破产清算制度不适用债权人分组表决的制度。原因在于，破产清算是以破产企业的全部财产按法定顺位清偿其全部债务。在此制度下，债权人的债权清偿顺位是由法律直接规定的，且通常会在数额和清偿方式等方面作出调整，因此，债权人的清偿率更多地受到破产财产变现价值的影响。因此，债权人无须全员参与表决，其依据《破产法》的规定行使表决权不至于对其程序性权利造成损害，也不会对实体权利造成实质改变。在此情况下，要求债权人全体参与、分组表决并无必要。

第四章　破产程序中担保债权的行使与保障

第一节　破产程序中担保债权的处理方式及实践应用

基于物权优先性与破产债权人利益保护的矛盾，担保债权人在破产程序中权利的行使和保护是破产程序，特别是重整程序长期以来关注的重点。虽然现行《破产法》及其司法解释对于担保债权人行使权利的条件和方式作出了基本规定，但这些规定并不能充分满足实践中的各种需要。

一、现阶段的适用

由于财产担保债权通常数额较大，且用于提供担保的财产往往是债务人企业的不动产、机器设备、股权等重要财产，而在不同子程序中，这些财产对债务人的重要性并不相同。因此，在不同的破产程序中，担保债权人行使权利的条件和方式也存在一定差异。

1. 重整程序中的适用

在重整程序中，担保财产往往是债务人维持生产经营的重要财产，能否保留担保财产对于重整及后续经营的成功与否具有重要影响，为实现重整成功的目标，可能会限制债权人担保物权的行使。

（1）现行规定

《破产法》第七十五条第一款规定："在重整期间，对债务人的特定财产享有的担保权暂停行使。但是，担保物有损坏或者价值明显减少的可能，足以危害担保权人权利的，担保权人可以向人民法院请求恢复行使担保权。"依此规定，重整期间，只要认定财产为担保财产，管理人即可拒绝担保债权人的优先受偿请求。而债权人要想申请恢复行使担保物权，就要收集担保物有损坏或显著贬值，以及对自己权利造成损害的证据并提交给法院，鉴于担保物的实际情况一般由管理人掌握，债权人收集此类证据的难度可想而知。此规定无疑严重限制了担保权人行使担保物权的机会，损害了担保权人基于物权享有的优先受偿权，违背了物权优先的原则。

（2）《九民纪要》的修正

随着破产重整案件审理实践的发展，为更好地保障担保权人的利益，《九民纪要》对担保权人行使担保物权放宽了条件。该纪要第一百一十二条第一款规定："……重整申请受理后，管理人或者自行管理的债务人应当及时确定设定有担保物权的债务人财产是否为重整所必需。如果认为担保物不是重整所必需，管理人或者自行管理的债务人应当及时对担保物进行拍卖或者变卖，拍卖或者变卖担保物所得价款在支付拍卖、变卖费用后优先清偿担保物权人的债权。”据此规定，管理人或债务人应当先对担保财产之于重整的必要性作出主动判断，只有在确定担保财产为重整必需的情况下，才能要求担保权人暂停行使其优先受偿权。此规定赋予了管理人和债务人审查担保物必要性的前置义务，限制了上述主体借“担保权暂停行使”之由阻止担保权人正当行权的情况。

管理人以担保物为重整必需为由，暂停行使担保物权的，根据《九民纪要》第一百一十二条第二款的规定，担保权人此时仍有权利救济渠道。具体体现为，在担保物权暂停行使期间，担保物权人根据《破产法》第七十五条的规定向人民法院请求恢复行使担保物权的，人民法院应当自收到恢复行使担保物权申请之日起三十日内进行审查并作出裁定。经审查，担保物权人的申请不符合第七十五条的规定，或者虽然符合该条规定但管理人或者自行管理的债务人有证据证明担保物是重整所必需，并且提供与减少价值相应担保或者补偿的，人民法院应当裁定不予批准恢复行使担保物权。担保物权人不服该裁定的，可以自收到裁定书之日起十日内，向作出裁定的人民法院申请复议。人民法院裁定批准行使担保物权的，管理人或者自行管理的债务人应当自收到裁定书之日起十五日内启动对担保物的拍卖或者变卖，拍卖或者变卖担保物所得价款在支付拍卖、变卖费用后优先清偿担保物权人的债权。

需要注意的是，依据规定的文字表述，担保权人应当先行向管理人或自行管理的债务人申请行使担保权，如管理人或债务人暂停行使担保权，且债权人又掌握有担保物存在《破产法》第七十五条规定情形的，才可向法院申请恢复行使担保权。同时，法院在收到担保权人的行权请求后，也并不一定会作出恢复债权人行权的裁定，如管理人或债务人能够提供与担保物减少价值对应的担保或补偿，由于担保权人的实际权利未受到损害，法院仍可拒绝恢复债权人行使担保权。此规定系出于保证重整所必需的担保物的存在，避免因行使担保权导致必要资产减少，引起重整失败的后果之目的。

2. 清算与和解程序之适用

由于在重整案件中，担保财产通常为债务人重要乃至主要的财产，对于重整成功具有重要意义，因此，重整程序中通常会暂停担保权人行使担保权。而在清算或和解程序中，由于担保财产于债务人的重要性相对没有那么显著，所以现行《破产法》原则上允许担保权人在相应程序中随时主张行使担保权。具体体现为，针对破产清算程序，《破产法》第一百零九条规定："对破产人的特定财产享有担保权的权利人，对该特定财产享有优先受偿的权利。"针对和解程序，《破产法》第九十六条第二款规定："对债务人的特定财产享有担保权的权利人，自人民法院裁定和解之日起可以行使权利。"

此外，《破产审判会议纪要》第二十五条也对上述原则进行了重申，其规定为："……在破产清算和破产和解程序中，对债务人特定财产享有担保权的债权人可以随时向管理人主张就该特定财产变价处置行使优先受偿权，管理人应及时变价处置，不得以须经债权人会议决议等为由拒绝。但因单独处置担保财产会降低其他破产财产的价值而应整体处置的除外。"

3. 担保权行使优先受偿的要点

结合上述规定可以看出，在可以行权的条件下，在破产程序中行使担保权具有如下特点。

（1）行使时间

理论上，破产受理后（清算转重整、和解的，在出具相应的重整或和解受理裁定后申请亦可）即可主张行权。但结合破产工作正处于开展阶段的实际，建议担保权人在向管理人申报债权时，一并向管理人主张优先行使担保权，一来管理人在前期需要开展债务人的接管工作，过早主张行使担保权，由于管理人此时尚未完成债务人接管，暂不能核实担保财产情况，可能影响担保权的认定。二来担保权通常与对债务人的债权相挂钩，管理人在未完成担保债权审核的情况下，对于担保债权的行使也会持谨慎态度。因此，笔者建议担保权人在向管理人申报债权时一并提供担保物清单，并向管理人主张行使担保权，管理人在完成债权审核的同时，也会对相应的担保物依法进行处理。

但需要注意的是，虽然法律没有明确规定行权的截止期限，但担保权人应当尽可能在第一次债权人会议管理人出具财产调查报告前，至迟应在作出财产变价方案（重整中为出具重整计划、和解中为出具和解协议）前，向管理人或债务人主张担保权并提交证据，否则一旦管理人出具相应的报告或方案，很容易将担保财产纳入无担保财产范围，即使担保权人此后主张行使担保权成功，由于涉及财产性质及范围的调整，也会给后续包括财产变价在内的关联工作的正常开展造成很大阻碍。

（2）权利主张对象

担保权人应当向管理人或自行管理的债务人（重整中在债务人自行管理的情况下）主张行使担保权，因管理人主导债权审核等主要破产事务工作（包括在债务人自行管理时监督债务人），因此，以向管理人主张担保权为佳。如有《破产法》第七十五条的情形，且管理人或债务人不同意行使担保权，可向破产受理法院主张恢复行使担保权。

（3）是否需要经过债权人会议决议

根据《破产审判会议纪要》第二十五条的规定，在破产清算与和解程序中，对于担保权人要求处置担保财产的主张，管理人应及时变价处置，不得以须经债权人会议决议等为由拒绝。而在重整程序中，经管理人审查担保权人提供的证据无误，且担保物并非债务人重整所必需的财产后，也应当及时安排变价处置。但在实践中，由于担保权通常与债权相关联，担保权人在向管理人申报债权后，一般需要等到管理人对债权进行审核并结合担保物情况确认为担保债权后，才能进一步考虑后续的财产变价、受偿等事宜。

（4）行使权利的效果

担保物完成处置后，以其变价收入在支付拍卖、变卖的必要费用完毕后优先清偿担保债权。

4. 担保权行使优先受偿的基本要求

除了上述条件，担保权可以优先受偿的前提是担保权有效设立，具体设立的标准可以参考《民法典》及其司法解释的规定理解。

（1）担保效力——登记为准、注意撤销风险

第一，效力一般以登记为准。虽然根据《民法典》第四百零三条、第四百二十九条等的规定，抵押权和质押权并不以登记为生效的必需要件，但在破产程序中，为充分保护债务人财产和全体债权人的利益，《最高人民法院关于适用〈中华人民共和国民法典〉有关担保制度的解释》对担保物权在破产程序中的有效性认定作出了一定限制，其第五十四条第四项规定："动产抵押合同订立后未办理抵押登记，动产抵押权的效力按照下列情形分别处理：……（四）抵押人破产，抵押权人主张对抵押财产优先受偿的，人民法院不予支持。"

对管理人来说，如果财产担保未经抵质押登记，即使其符合《民法典》规定的财产担保的形式生效要件，若此时擅自允许担保权人行使权利，在影响其他债权人利益的同时，也会招致不必要的法律风险，因而管理人倾向于否认未经登记的担保权的有效性。

故在破产程序中，担保权的有效性一般以登记为准，未经登记的，权利人虽可以向管理人主张权利，但会面临不被认可的风险。

第二，财产担保的撤销风险。此外，即使依照法律规定设定了财产担保，也不代表担保权不存在风险。根据《破产法》第三十一条第三项的规定，在破产申请受理前一年内，债务人对无财产担保债务提供财产担保（包括设立抵押预告登记）的，管理人有权请求法院予以撤销。此规定可帮助债务人在陷入经营危机的情况下不至于被恶意处分财产，以最大限度地保存可供分配的债务人财产，确保债权人能够受到更多清偿。但对担保权人而言，此举将直接导致其优先受偿权消灭，损害担保权人的利益。

基于上述可能性，为避免担保债权人的利益受损，对于债务人在经营、财务状况恶化的情况下，特别是已存在大量执行终本案件的情况下所提供的财产担保，债权人应当充分考虑债务人短期内破产的可能性，并通

过由他人提供额外财产担保、增加保证人等方式分摊风险，防止担保权在破产程序中被撤销、导致债权人之债难以受偿的不利后果。

（2）优先受偿前提条件——担保物确定且存在

根据《破产法》第一百一十条的规定，财产担保债权人行使优先受偿权利未能完全受偿的，其未受偿的债权作为普通债权。此规定蕴含了一个前提条件，即担保财产存在且具有价值。否则即使担保权有效设立并已获得管理人审核确认，债权人也依然无法获得优先受偿，其债权只能作为普通债权清偿。

需要说明的是，此“担保物存在”不仅指设立财产担保时担保物存在，还要求担保物在担保权人主张优先受偿权时依然存在。如担保物在设立财产担保后至担保权人主张权利期间灭失，担保权人依然无法就担保物获得优先受偿。结合笔者的实务经验，基于担保财产客观存在的要求，针对银行、融资租赁公司等金融机构，其在与债务人签订抵质押合同时，除要对债务人提供的抵质押财产进行形式审核以外，还要对担保财产是否真实存在进行审核（如现场查看、要求担保人提供担保财产或权利凭证的照片、视频等）；财产担保设立后，还应当定期对担保财产的实际状况进行核实（担保债权人现场查看或者要求担保人提供担保物或权利凭证的当前照片、视频等）并保留审核凭证。这样做的原因在于，在某些破产案件中，出于保护债务人财产、维持公司运营、减轻即时偿债压力等考量因素，管理人倾向于以担保物不存在为由否认担保债权。即使债权人提起债权确认诉讼，但若无法举证证明担保物现实存在，其担保债权的主张很难被法院支持。同时，对于金融机构，因其对财产担保的真实性负有审查义务，除非能够提供担保物真实性审核与定期核查的书面证据，否则法院难以认定金融机构尽到了审核义务的主张。

一般情况下，管理人会在担保债权人申报债权时，根据其证据，结合债务人的财产调查情况，综合确定担保财产。换言之，在破产程序中行使担保权时，对担保财产的确定并无明确的时间节点要求。不过，根据《民法典》的有关规定，存在以下几种对担保物确定有明确时点的情形。

第一，以将来取得所有权的财产设定抵押。《民法典》第四百一十一条规定，债务人以其现有的以及将有的生产设备、原材料、半成品、产品设定抵押的，抵押财产可以在债务履行期限届满但债权未实现、当事人约定情形出现或者抵押人被宣告破产时确定。

第二，抵押预告登记。《最高人民法院关于适用〈中华人民共和国民法典〉有关担保制度的解释》第五十二条第二款规定，当事人办理了抵押预告登记，抵押人破产，经审查抵押财产属于破产财产，预告登记权利人主张就抵押财产优先受偿的，人民法院应当在受理破产申请时抵押财产的价值范围内予以支持。

二、清算与和解程序推广适用暂停行使担保债权的可能性

根据现行《破产法》之规定，在清算与和解程序中，担保权人均可随时主张优先受偿，但重整程序中的暂停行使担保权是否有必要推广至清算与和解程序？就此问题，笔者的理解是，和解程序适用暂停行使担保物权具有一定的合理性与可行性，但破产清算程序并无暂停行使担保物权的必要，理由如下。

第一，程序目的不同。于破产清算程序而言，破产清算的主要工作是将破产企业之财产按照法定顺位和比例清偿给债权人后，完成破产企业注销，此时担保权人行使优先受偿权与清算的目的并无冲突。但和解程序则是通过对债务数额及清偿方式进行调整，维持债务人运营，避免最终清算注销的后果。若担保权人不加区别地直接行使优先受偿权，将导致债务人的偿债能力进一步受损，且不排除会引发债权人加速挤兑的情形，极易导致和解失败，使债务人重返破产清算的道路。

第二，担保财产的重要性不同。破产清算不涉及破产企业的继续经营，担保权人的优先受偿对破产企业的清理不会产生实质性影响。但对和解程序而言，与重整程序类似，担保财产可能是债务人企业维持继续经营的重要资源，若不加区分地允许担保权人优先受偿，将导致债务人难以维持后续经营，增加债务人和解失败转破产清算的可能性。

综上，针对和解程序，为保证和解成功、避免债务人因失去重要财产而再次陷入经营和财务危机，在和解程序中，对于债务人的必要财产，如判断其为债务人后续经营的必要财产，则有必要暂停或延缓担保权人的优先受偿权。

例如，在重整程序中，诚然，担保财产可能对债务人继续经营偿债具有重要作用，但也不能因此侵害担保权人基于担保物权所享有的优先受偿权。笔者认为，此时应当参考重整程序，赋予管理人优先审查保留担保财产必要性的前置义务，如经审查判断担保财产为债务人后续经营所必需，则应暂缓担保权的行使。若非经营所必需的，则管理人应当及时安排担保财产变价。如在暂缓行使担保权期间发现担保物有损毁灭失之风险且债务人无法提供等额担保或补偿的，担保权人也可向法院申请恢复行使担保权。

第二节　担保债权行使的一些重要问题

一、如何认定担保财产是否为重整所必需

依据现行规定，判断担保财产是否为重整必需是决定重整程序中暂缓行使担保权的关键因素。可惜的是，现行规定对于“何谓重整必需”并无相对清晰的解释。这导致在重整案件实际办理过程中，管理人可以以“重整必需”为由，变相限制担保权人行使优先受偿权，损害担保权人的合法权益。

笔者认为，判断担保财产是否为重整必需可从以下几个方面入手。

1. 担保财产的类别与价值

以根据担保财产为动产/不动产举例，若担保财产为价值较低的设备、车辆、存货或知识产权等，其为重整必需财产的可能性就相对较低；若担保财产为价值较大、专业性较强的设备，或者为土地、建筑等不动产，则

其为重整必需财产的可能性就相对较高。

2. 担保财产与债务人主营业务的关联性和可替代性

若担保财产与债务人之主营业务具有强关联性（如机械制造企业的生产线等），且专业性较强、难以用其他财产直接取代，或者已经添附在其他设备上、无法即时替换（如飞机发动机等），则其属于重整必需财产的可能性较大；反之，则不属于重整必需财产的可能性较大。

3. 担保财产在已知债务人财产中所占比例

若担保财产在债务人已知财产中所占比例较高，一旦担保权人行使优先受偿权，则可能导致债务人失去赖以维持经营的必要财产，此时，从保证债务人重整成功的角度出发，可能会将其认定为债务人重整必需财产并暂缓担保权的行使。但笔者认为，此认定标准主要是从维持债务人经营的角度考虑的，具体判断时还需结合前两点标准判断，若担保财产占比较高，但价值较低、与债务人主营业务关联较弱，也可以认定为并非重整必需。

4. 担保财产的使用情况或开发情况

若担保财产已经投入使用，或者建筑、土地等已经进行开发或处于开发过程中，则属于重整必需财产的可能性较大；若处于闲置状态、尚未进行开发利用，除非其与债务人之主营业务相关且属于主要财产（如房地产公司名下的土地使用权），否则其属于非必需财产的可能性较大。不过，此标准只是辅助判断标准，具体还应当结合前述标准进行判断。

二、担保财产处置的决议问题

如前所述，针对破产程序中处置担保财产这一事项，债权人会议决议不属于必需程序，但《最高人民法院关于适用〈中华人民共和国企业破产法〉若干问题的规定（三）》[以下简称《破产法司法解释（三）》]第十五条第一款规定："管理人处分企业破产法第六十九条规定的债务人重大财产的，应当事先制作财产管理或者变价方案并提交债权人会议进行表决，债权人会议表决未通过的，管理人不得处分。”那么，担保财产的处分是否应当经过债权人会议表决？

笔者认为，担保财产处置需要经过债权人会议的表决，理由如下。

首先，从效力层面来看，《破产法》及其司法解释的效力高于《破产审判会议纪要》，而根据前述法律规定，对担保财产的处分显然属于债务人的重大财产处分行为，涉及全体债权人的利益。债权人会议作为破产程序中的决策机构，财产变价事宜应当经过其决议，否则便缺乏合法性。同时，担保财产的处置方案也属于《破产法》第六十一条规定的债权人会议有权决议的财产变价方案之范畴，由债权人会议表决属于合法、合理、必要之举。

其次，从规定表述来看，《破产审判会议纪要》的要求是管理人“不得以须经债权人会议决议等为由拒绝”，此处强调的是管理人不得拒绝担保债权人行使优先受偿权的正当要求，而非不需要经过债权人会议讨论。管理人在收到担保债权人的行权要求后，除非担保财产为重整所必需，否则应当及时拟订担保财产变价方案并提交债权人会议表决，并参考《破产法》有关财产变价方案表决的规定处理。

那么，在重整程序中，法院根据《破产法》第七十五条裁定恢复行使担保物权后，是否还需要经债权人会议决议？

笔者认为，法院裁定仅是允许担保权人行使担保权、为处置担保财产扫清障碍，解决的是“能不能”的问题。但在处置步骤，即“怎么做”的层面，法院并不会在裁定中作出具体安排，仍需要管理人制作对应的财产变价方案提交债权人会议审议表决，未经债权人会议审议表决的，管理人的处分行为仍然缺乏合理依据。

就此问题，北京《重整规范》第八十七条的规定相对明确，可供参考：“管理人或者自行管理的债务人认为担保物并非债务人重整所必需的，或者人民法院裁定批准恢复行使担保权的，管理人或债务人应当及时制作财产变价方案提交债权人会议表决，并及时执行债权人会议决议或人民法院裁定……”

不过，《重庆市第五中级人民法院关于印发〈重整案件审理指引（试行）〉的通知》第六十一条第四款规定："人民法院裁定批准行使担保物权的，管理人或者自行管理的债务人应当自收到裁定书之日起十五日内启动对担保物的拍卖或者变卖，拍卖或者变卖担保物所得价款在支付拍卖、变卖费用后优先清偿担保物权人的债权。"此规定要求管理人在十五日内启动担保物的拍卖或变卖程序，那么，此程序是否包含债权人会议表决？笔者认为，从程序合法性的角度理解，此处应当作广义的拍卖/变卖程序理解，即将拍卖/变卖前的变价方案制作及表决程序一并纳入，否则，在缺乏全体债权人审议处置具体方案的情况下，管理人仅凭法院恢复行使担保物权的裁定即实施处置行为，仍然缺乏合法性依据。

但是，由于管理人制作财产变价方案、组织债权人会议，在前期开展资产评估，以及担保物拍卖、变卖等工作均需要占用一定期限，虽然法律规定管理人原则上应在担保债权人提出行使担保权后及时安排变价处置，考虑到上述期限，即使对担保物的处置不存在障碍，从担保权人提出行权要求后至担保物实际完成处置仍会持续一定时间，担保债权人需要对此有充分的准备。

三、担保权与其他优先权的冲突问题

担保权人在破产程序中享有的优先受偿权由物权优先性所决定，但在实务中，基于其他法律关系所产生的优先权不可避免地会与担保债权的优先权发生竞合，一般包含如下情形。

1. 税收优先权

《税收征收管理法》（以下简称《税收征管法》）第四十五条第一款规定："……纳税人欠缴的税款发生在纳税人以其财产设定抵押、质押或者纳税人的财产被留置之前的，税收应当先于抵押权、质权、留置权执行。"但是，依照《破产法》《国家税务总局关于税收征管若干事项的公告》等的规定，债务人欠缴的税款应当作为税收债权向管理人申报，并按照破产程序的法定顺位接受清偿。

就此问题，笔者认为，针对破产程序而言，应当优先适用《破产法》之规定，优先保障担保债权人的利益。浙江省浦江县人民法院在（2020）浙0726民初1770号民事判决中的说理部分具有合理性，可资参考。具体而言，《破产法》主要规范企业破产相关事务，而《税收征管法》规范的则是企业一般的涉税事项。仅就破产程序而言，《破产法》相较于《税收征管法》属于特别法，在调整债务清偿顺位上更具针对性，原则上应优先适用。同时，税收债权属于公益债权，而担保权人债权属于私益债权，在破产企业的财产不足以全额清偿债务的情况下，应当适当限制税收债权的优先性，优先保护私益债权人的利益。若严格按照《税收征管法》之规定清偿税收债权，不仅会损害担保债权人的利益，还将造成《破产法》下债务清偿制度的混乱。因此，破产程序中税收优先权原则上不能对抗担保权人对担保物享有的优先受偿权。

不过，需要注意的是，《国家税务总局关于税收征管若干事项的公告》第四条第二款规定："在人民法院裁定受理破产申请之日至企业注销之日期间，企业应当接受税务机关的税务管理，履行税法规定的相关义务。破产程序中如发生应税情形，应按规定申报纳税……"即税收债权的范围以破产受理日为限。破产受理后因处置财产发生应税事项的，仍应当履行纳税义务，且此时缴纳的税款应当认定为《破产法》第四十一条第二项规定的破产费用（管理、变价和分配债务人财产的费用）。换言之，虽然担保权人的优先受偿权优先于税收债权，但管理人处置担保财产时仍应依法纳税。

2. 建设工程优先权

建设工程优先权也是破产程序中经常出现的优先权问题，《民法典》第八百零七条规定："发包人未按照约定支付价款的，承包人可以催告发包人在合理期限内支付价款。发包人逾期不支付的，除根据建设工程的性质不宜折价、拍卖外，承包人可以与发包人协议将该工程折价，也可以请求人民法院将该工程依法拍卖。建设工程的价款就该工程折价或者拍卖的价款优先受偿。"同时，《最高人民法院关于审理建设工程施工合同纠纷案件适用法律问题的解释（一）》第三十六条规定："承包人根据民法典第八百零七条规定享有的建设工程价款优先受偿权优于抵押权和其他债权。"

根据上述规定，如债务人以其建设工程设置财产担保，一旦债务人进入破产程序，在承包人和担保权人同时申报优先债权的情况下，便需要以建设工程的处置价款先行清偿建设工程债权，清偿后仍有剩余财产的，再清偿担保债权。此为司法实践中的一种特别情形，主要目的是保障建设工程承包人及劳动者的合法权益，防止因债务人财产不足以清偿建设工程承包人及劳动者债权而引发大规模债务纠纷和维权事件。不过，此优先权仅限承包人承建的建设工程，债务人其他的担保财产不受此优先权的影响，担保债权人如以建设工程设定财产担保权，则需要考虑债务人在破产情况下的利益保护，此时建议增加担保财产的种类，以规避潜在的建设优先权冲突问题。

3. 唯一财产设置担保与职工债权的保护问题

此处主要针对担保财产为债务人的唯一财产、在优先清偿担保债权后无法清偿职工债权的情况。从权利性质来看，担保债权人的优先受偿权源于物权，而职工债权之性质为债权，担保债权优先于职工债权清偿并不违反《破产法》的规定。但从债务清偿的结果来看，如此，破产企业的财产将全部用来清偿担保权人之担保权，企业职工无法受偿。就债权人之身份而言，担保债权人的数量较少，且多为金融机构，资金实力及风险承担能力较强，除却财产担保的因素，其债权多为金融债权，债权受偿的紧迫性相对较低；而职工债权人的数量相对较多，处于相对弱势地位，且被欠付的多为工资、补偿金、个人社保等必要的生活费用，受偿的紧迫性相对较高。如严格按照《破产法》之规定，以破产企业的担保财产全部清偿担保债权，从法律层面讲并无错误，也有利于维护担保债权人的合理预期、保证市场交易秩序稳定。但从破产案件的社会效果来看，处于弱势地位的公司职工的权利未能得到救济，容易引发职工维权纠纷，不利于社会稳定。

就此问题，笔者经检索案例，发现在司法实践中，存在法院认定职工债权优先的判决。

例如，广东省佛山市中级人民法院在（2020）粤06民终10038号案中，即认为职工工资是基于劳动合同关系产生的，是维持劳动者生存权的特种债权，应当优先于其他债权（包括抵押权、质押权）受偿。但在执行分配过程中，对职工工资予以优先清偿的目的是维持职工正常的基本生活，保障职工的生存权，并以此认定有关职工在未超过当地职工平均工资三倍范围内的工资债权优先受偿。

在（2015）浙台执分终字第10号案中，浙江省台州市中级人民法院也认为，虽然目前法律对工资债权与抵押债权在受偿时孰先孰后未作明确规定，但理应确认工资债权在受偿时享有优先顺位。劳动报酬是劳动者提供劳动所获得的对价，劳动者获得劳动报酬是宪法赋予的基本权利，劳动报酬的实现对于保障劳动者维系自身和家庭成员最基本的生存权具有重要意义。而抵押权保障的是民事主体的经营性利益。两者相比较而言，生存权显然比经营性利益更为重要，工资债权应高于抵押权受到保护。而且赋予职工工资相应的优先权，更符合公平原则的要求，也有利于维护社会的和谐与稳定。基于上述理由，法院对职工债权作出了优先受偿的裁决。

虽然上述司法判例并非实践中的普遍操作，但可以看出，当涉及担保债权之实现与劳动者基本生存权的冲突时，法院出于保护弱势群体、实现破产社会效果的考虑，会限制担保债权人行使优先受偿权。虽然法院将职工债权优先受偿的部分维持在保证职工正常生存需要的部分（参照当地职工平均工资），但毕竟侵害了担保债权人基于物权享有的合法权益。

第四编
重整

第一章　重整计划“强裁”的实务探查与思考

对于担保重整计划的强制裁定（以下简称“强裁”），是一个既陌生又熟悉的话题。从整体案件的数量来看，涉及重整计划“强裁”的案件占比并不高，很多重整案件不需要法院进行是或否的抉择。但在涉及重整计划“强裁”的案件中，法院最终行使强裁权的比例却很高，使得有关问题被反复提及，在理论和实务界都多有探讨。

第一节　法院对重整计划的实质“强裁”

“强裁”重整计划是“法院出具裁定强制批准重整计划草案”的简化说法，具体而言，是指重整计划草案未获债权人会议全部表决组通过时，在符合法律规定条件的前提下，法院仍裁定批准重整计划草案，赋予重整计划法律效力和执行效力。由于并非所有的债权人表决组均表决同意重整计划草案，因此在一定程度上，法院的这种裁定对该组债权人而言具有强制的意味，在实务工作中通常被称为“强裁”。

重整计划的“强裁”制度被规定在《破产法》第八十七条中，简单而言，即未通过重整计划草案的表决组拒绝再次表决或者再次表决仍未通过重整计划草案，但重整计划草案符合六个条件时，经债务人或者管理人申请，法院可以直接裁定批准重整计划草案。《破产法》第八十七条规定：“部分表决组未通过重整计划草案的，债务人或者管理人可以同未通过重整计划草案的表决组协商。该表决组可以在协商后再表决一次。双方协商的结果不得损害其他表决组的利益。未通过重整计划草案的表决组拒绝再次表决或者再次表决仍未通过重整计划草案，但重整计划草案符合下列条件的，债务人或者管理人可以申请人民法院批准重整计划草案：（一）按照重整计划草案，本法第八十二条第一款第一项所列债权就该特定财产将获得全额清偿，其因延期清偿所受的损失将得到公平补偿，并且其担保权未受到实质性损害，或者该表决组已经通过重整计划草案；（二）按照重整计划草案，本法第八十二条第一款第二项、第三项所列债权将获得全额清偿，或者相应表决组已经通过重整计划草案；（三）按照重整计划草案，普通债权所获得的清偿比例，不低于其在重整计划草案被提请批准时依照破产清算程序所能获得的清偿比例，或者该表决组已经通过重整计划草案；（四）重整计划草案对出资人权益的调整公平、公正，或者出资人组已经通过重整计划草案；（五）重整计划草案公平对待同一表决组的成员，并且所规定的债权清偿顺序不违反本法第一百一十三条的规定；（六）债务人的经营方案具有可行性。人民法院经审查认为重整计划草案符合前款规定的，应当自收到申请之日起三十日内裁定批准，终止重整程序，并予以公告。”

在上述关于“强裁”的法定条件中，条件（二）、（三）、（五）有相对客观的标准，条件（一）、（四）、（六）需要法院进行主观判断。因此，法院在行使“强裁”权利时具有较大的自由裁量权。

第二节 重整计划“强裁”的价值导向及实务现状

一、“强裁”的价值导向

众所周知，重整是一个由多方参与、充满博弈的司法程序。通常来说，重整程序的参与主体至少包括法院、管理人、投资人、债权人、债务人、出资人（股东），其中债权人根据债权性质的不同，还可分为财产担保债权人、职工债权人、税款债权人、普通债权人。此外，对于大体量公司、上市公司或特殊行业公司的破产重整案件，地方政府、证监部门、其他行业监管部门也可能会参与其中，虽然它们不是破产程序的参与主体，但其意愿和行动也会给重整结果带来很大影响。以上各主体之间的利益诉求并不一致，很多情况下还会发生冲突，由此可能造成个别债权人滥用投票权，阻扰原本合理的重整计划草案表决通过，继而拖延整个重整程序的进度，甚至造成重整失败的结果。在个体表决权与整体利益决策权之间，法院所作的价值取舍多少会带有强制性的成分，“强裁”也是为提高重整效率而采取的权宜之计。

二、“强裁”的实务现状

为防止债权人滥用投票权造成上述情况，“重整计划草案强制批准”制度应运而生。但是，由于“强裁”是司法权对重整债权人表决规则的强制干预，无论是理论界还是实务界，对重整计划“强裁”都持谨慎态度，最高人民法院、各地方法院也发布过不少相关规定（见表4和表5）。

表4　最高人民法院单独或联合发布的有关“强裁”的文件

序号	文件名	文号或时间	有关内容
1	最高人民法院关于正确审理企业破产案件为维护市场经济秩序提供司法保障若干问题的意见	法发〔2009〕36号	表决重整计划草案时，要充分尊重职工的意愿，并就债务人所欠职工工资等债权设定专门表决组进行表决；职工债权人表决组未通过重整计划草案的，人民法院强制批准必须以应当优先清偿的职工债权全额清偿为前提。
2	最高人民法院关于当前商事审判工作中的若干具体问题	2015年12月24日	要审慎使用《企业破产法》第八十七条第二款中的强制批准权。
3	最高人民法院印发《关于进一步加强金融审判工作的若干意见》的通知（已被修改）	法发〔2017〕22号	破产重整程序要坚持市场化导向，更加重视重整中的营业整合和资产重组，严格依法审慎适用重整计划强制批准权。

续表

4	最高人民法院印发《关于为改善营商环境提供司法保障的若干意见》的通知	法发〔2017〕23号	坚持市场化导向开展破产重整工作，更加重视营业整合和资产重组，严格依法适用强制批准权，以实现重整制度的核心价值和制度目标。
5	《破产审判会议纪要》	法〔2018〕53号	人民法院应当审慎适用企业破产法第八十七条第二款，不得滥用强制批准权。确需强制批准重整计划草案的，重整计划草案除应当符合企业破产法第八十七条第二款规定外，如债权人分多组的，还应当至少有一组已经通过重整计划草案，且各表决组中反对者能够获得的清偿利益不低于依照破产清算程序所能获得的利益。
6	国家发展改革委、最高人民法院、工业和信息化部等关于印发《加快完善市场主体退出制度改革方案》的通知	发改财金〔2019〕1104号	倡导积极重建的破产重整理念，切实解决企业破产污名化问题，充分利用破产重整制度促进企业重组重生。细化完善重整程序实施规则，明确强制批准重整计划的审查标准和法律依据，规范法院对重整计划的强制批准权。

表5　各地方法院发布的有关“强裁”的规定

序号	文件名	文号或时间	有关内容
1	重庆市第五中级人民法院关于印发《重整案件审理指引（试行）》的通知	2021年12月28日	第九十一条第一款　未通过重整计划草案的表决组拒绝再次表决，或者再次表决仍未通过，债务人或者管理人申请强制批准重整计划草案的，人民法院应当依照企业破产法第八十七条第二款以及本指引第八十九条第二款规定的标准，对强制批准重整计划草案的申请进行全面、审慎审查。

续表

2	贵州省发展改革委等十三部门关于印发《贵州省加快完善市场主体退出制度的工作计划》的通知	黔发改财金〔2020〕410 号	倡导积极重建的破产重整理念，切实解决企业破产污名化问题，充分利用破产重整制度促进企业重组重生，通过司法清算和破产审判对企业进行救治和出清，实现生产要素重新组合，推进产业结构优化升级。细化完善重整程序实施规则，规范法院对重整计划的强制批准权。
3	云南省高级人民法院关于印发《破产案件审判指引（试行）》的通知	云高法发〔2019〕3 号	第一百一十九条第一款　部分表决组未通过重整计划草案，且拒绝再次表决或者经再次表决仍未通过重整计划草案，债务人或管理人申请人民法院强制批准重整计划草案的，人民法院应审慎审查。
4	四川省高级人民法院关于印发《关于审理破产案件若干问题的解答》的通知	川高法〔2019〕90 号	7. 人民法院在强制批准重整计划草案时，应重点审查哪些事项？答：人民法院应审慎适用强裁权。在强制批准重整计划草案时，除了严格按照《企业破产法》第八十七条规定的条件进行审查外，尤其要注意已表决通过重整计划草案的表决组至少有一组是利益受到影响的表决组，且应当由管理人与未通过重整计划草案的表决组进行充分协商。实践中，应当注意强制批准上市公司及金融机构的重整计划草案的，需层报最高人民法院批准。
5	上海市高级人民法院关于印发《破产审判工作规范指引（试行）》的通知	沪高法民二〔2018〕9 号	9. 重整计划的强制批准。人民法院必须审慎适用强制批准，确需强制批准重整计划草案的，合议庭应提交审判委员会讨论决定。强制批准重整计划草案，必须同时具备以下条件：（1）符合《企业破产法》第八十七条第二款规定的各项条件；（2）债权人分组的，至少有一组已经通过重整计划草案；（3）各表决组中反对者的清偿利益不低于依照破产清算程序所能获得的利益。

续表

6	江苏省高级人民法院民事审判第二庭关于印发《破产案件审理指南（修订版）》的通知	苏高法电〔2017〕794 号	各表决组均通过重整计划草案的，可以由合议庭决定是否批准重整计划草案；拟强制批准重整计划草案的，应当经审判委员会讨论决定。是否强制批准重整计划草案，应当综合考虑各方当事人利益及社会公共利益，既避免损害债权人等利害关系人合法权益，也避免因部分利害关系人的反对导致合法正当的重整程序无法推进，应重点审查的事项包括：一是至少有一个表决组已表决通过重整计划草案；二是未通过重整计划的债权人表决组所获清偿符合企业破产法第八十七条第二款第一、二、三项的规定。三是重整计划草案对出资人权益的调整公平、公正，或者出资人组已经通过重整计划草案。四是重整计划草案公平对待同一表决组的成员，并且所规定的债权清偿顺序不违反法律规定。五是经营方案具备可行性。
7	江苏省高级人民法院关于充分发挥破产审判职能作用服务保障供给侧结构性改革去产能的意见	苏高发〔2016〕174 号	11. 审慎适用重整计划强制批准权。要依法审查重整计划是否充分保护债权人应有权益，确保反对重整计划草案的利害关系人在破产重整中至少可以获得破产清算应当获得的清偿，决不能借挽救企业之名违法审批。切实纠正“重偿债方案、轻经营方案”错误认识，避免让破产重整成为低层次的企业保留，重整计划只规定债务重组方案，未规定营业整合和资产重组方案的，原则上不得行使重整计划强制批准权，确需强制批准的，应当经审判委员会研究决定。
8	浙江省高级人民法院关于印发《关于企业破产案件简易审若干问题的纪要》的通知	浙高法〔2013〕153 号	严格限定法院强制批准重整计划草案，确需要强制批准的，应提交审判委员会讨论决定。

续表

9	深圳市中级人民法院关于印发《关于提升“办理破产”质效优化营商环境的实施意见》的通知	深中法发〔2019〕6号	14. 依法强制批准重整计划草案，平衡各方主体利益。严格依照《企业破产法》第87条关于强制批准重整计划草案的规定，对未实际影响或改变债权人权利或已经该债权人所属表决组表决通过的重整计划草案，在符合其他法定条件的情形下，依法及时裁定批准，终止重整程序。

通过以上列举可知，除最高人民法院提倡审慎适用“重整计划草案强制批准”制度之外，云贵川地区、江浙地区的法院也发文落实了最高人民法院的意见，其中江苏省直接规定，“原则上不得行使重整计划强制批准权”。另，通过公开渠道查阅及检索，笔者发现，绝大多数地区的法院未另外发文作出规定，但广东省深圳市作为改革开放的排头兵，在相关规定中选择了效率优先，要求“及时”裁定批准。《深圳市中级人民法院关于印发〈关于提升“办理破产”质效优化营商环境的实施意见〉的通知》第十四条规定：“依法强制批准重整计划草案，平衡各方主体利益。严格依照《企业破产法》第87条关于强制批准重整计划草案的规定，对未实际影响或改变债权人权利或已经该债权人所属表决组表决通过的重整计划草案，在符合其他法定条件的情形下，依法及时裁定批准，终止重整程序。”

此外，2022年8月，笔者在威科先行法律信息库中以“表决未通过”“批准重整”等关键词检索了近几年的重整案件（见表6和表7），共发现了372个重整计划草案表决未通过后提请法院“强裁”的案件，其中有7个案件，法院不予批准重整计划草案。而在剩余的365个案件中，法院均行使了“强裁”权，比例高达98.12%。

表6　365个“强裁”案件涉及的省、市、自治区及比例

序号	省、市、自治区	案件数	占比
1	山东	66	18.08%
2	重庆	34	9.31%
3	四川	33	9.04%
4	江苏	32	8.77%
5	河南	30	8.22%
6	贵州	18	4.93%
7	湖北	17	4.66%
8	辽宁	17	4.66%
9	江西	17	4.66%
10	浙江	15	4.11%
11	安徽	11	3.01%
12	河北	11	3.01%
13	湖南	10	2.74%
14	广东	9	2.47%
15	广西	7	1.92%
16	云南	6	1.64%
17	福建	5	1.17%
18	吉林	5	1.17%
19	内蒙古	5	1.17%
20	上海	3	0.82%
21	北京	3	0.82%
22	山西	3	0.82%
23	新疆	3	0.82%
24	甘肃	2	0.55%
25	陕西	1	0.27%
26	黑龙江	1	0.27%
合计		365	100%

表7　7个申请“强裁”但未予批准的案件情况

序号	法院	案号	不批准理由
1	山东省利津县人民法院	（2020）鲁0522破1-3号	（1）五个表决组对重整计划草案均未表决通过。 （2）没有投资人保障重整计划草案的执行，如果法院裁定批准本案重整计划草案，能否得到执行具有极大的不确定性。 （3）公司已长期处于停止经营状态，其主要生产设备属于淘汰落后产能之列，经营状况和财产状况继续恶化，已经不具备继续经营的基础条件，缺乏挽救的可能性。
2	四川省乐山市五通桥区人民法院	（2021）川1112破1号	普通债权大额债权组未通过重整计划草案，且没有充足资料说明按照重整计划草案，该组普通债权所获得的清偿比例，不低于其在重整计划草案被提请批准时依照破产清算程序所能获得的清偿比例。
3	河南省新乡市牧野区人民法院	（2020）豫0711破4号	（1）债权人自治原则是破产程序应当遵循的法治原则。债权人会议未表决通过重整计划草案的，人民法院应当审慎适用《破产法》第八十七条第二款规定，不得滥用强制批准权。 （2）虽获得担保债权组、职工债权组、税款债权组、出资人组四个表决组的通过，但是仍旧未获得普通债权组的通过，故对《重整计划草案》的表决最终未获得通过。 （3）本案系债务人自己提出的破产清算申请，在案件审理过程中，股东又提起重整申请，更应从严适用强制批准权。此外，重整计划草案中的股权重构方案不够清晰完善。
4	新疆维吾尔自治区巴音郭楞蒙古自治州中级人民法院	（2019）新28民破1号	（1）债权人自治原则是破产程序应当遵循的法治原则。债权人会议未表决通过重整计划草案的，人民法院应当审慎适用《破产法》第八十七条第二款规定，不得滥用强制批准权。 （2）普通债权人组及出资人组表决均未通过。
5	四川省邻水县人民法院	（2018）川1623破1-2号	除职工债权组、工程债权组外其他表决组均未通过重整计划草案，不满足《破产法》第八十七条第二款第一项规定。

续表

6	江苏省南通市通州区人民法院	(2017) 苏0612破2号	除普通债权组、出资人组通过外，其余建设工程优先权人组、抵押担保优先权人组、职工债权人组、税收债权人组均未通过，不符合《破产法》第八十七条第二款第六项“债务人的经营方案具有可行性”的规定。
7	四川省沐川县人民法院	(2014) 沐川民破字第1-116号	管理人在制作重整计划草案的同时，并未制作破产清算模拟分配方案，无法认定债权人在重整计划中的受偿比例不低于其在破产清算程序中所能获得的清偿比例，且管理人申请批准重整计划草案的申请不符合《破产法》第八十七条第二款第一项、第三项规定的可以批准重整计划草案的条件，本院对其申请不予批准。

通过以上数据可知，虽然最高人民法院、部分地方法院强调慎用“强裁”，但在实践中，出于各方面的原因，重整计划草案表决未通过后进行“强裁”的案件数量并不少。在7个未予批准的案件中，除河南、新疆2个案件是法院行使自由裁量权不予批准重整计划草案外，其他5个案件均在客观上无法达到《破产法》第八十七条规定的法定条件，法院根本无法进行“强裁”。综上可知，除非客观条件不允许，在目前的实践中，法院在主观上还是倾向于“强裁”批准重整计划草案。

第三节　重整计划“强裁”的主要原则

一个重整计划草案要想最终被法院认可批准，其内容必须符合一定的原则。参考各国破产法的规定，在重整计划草案需要遵循的原则中，最重要的有三项，即最大利益原则、绝对优先原则与公平对待原则。此外，常见的说法还有重整计划应符合可行性原则、填满原则。前者指重整计划草案应具备可行性，后者指在为持反对意见的债权人提供的待遇符合法定的最低标准后，法院可强制批准重整计划。笔者认为，此二者本身不属于原则的范畴，而是重整计划草案在制定过程中适用最大利益原则、绝对优先原则和公平对待原则时的应有之义。下面对三大原则作简单介绍。

一、最大利益原则

最大利益原则，又称利益最大化原则，是指任何一个反对重整计划草案的债权人，依照重整计划草案的安排可以得到的清偿或利益，不少于其在破产清算程序中可以得到的清偿或利益。虽然被称为“最大利益”，但设置该原则的目的并非实现相关债权人的利益最大化，而是给债权人的利益保护设置底线，否则重整相较于破产清算对该债权人来讲没有任何好处，反而只剩下损害。以《美国破产法》为例，其第一千一百二十九条（a）第七项规定给予每个债权人不低于清算中所能获得的权益，其不仅只保护反对重整计划者的权益，而且保障每一位债权人的收益底线不低于破产清算所得。据此可知，如重整计划草案不符合利益最大化原则，即使所有债权组均表决通过了重整计划草案，也不能得到法院批准。

二、绝对优先原则

绝对优先原则，是指任何一个反对重整计划草案的债权人，依照重整计划草案的安排，在其获得全额清偿之前，清偿顺位在其后的其他债权人不能获得任何清偿。绝对优先原则适用于不同优先顺位的权利人之间，其设置的目的是保障反对重整计划的利害关系人组别的利益，所以仅适用于法院对重整计划草案的强制批准。仍以美国的破产制度为例，绝对优先原则有两个方面的内容：第一，如果任何一组债权人或股权持有人反对一项重整计划，该重整计划就必须保证只有在这个组的成员获得充分清偿后，在优先顺位上低于这个组的其他组才可以开始获得清偿。第二，重整计划还必须保证在这个组获得充分清偿之前，优先顺位高于这个组的其他组不能获得超过其债权数额百分之百的清偿。[1]

---

① 潘琪著：《美国破产法》，法律出版社1999年版，第225页。

三、公平对待原则

公平对待原则，是指位于同一受偿顺位的利害关系人在重整计划中应当获得相同的清偿利益。无论是对于同意重整计划草案的主体，还是反对重整计划草案的主体，都应一视同仁地保护其利益。设置公平对待原则的目的，是保证同等性质的权利得到同等程度的公平实现。

四、上述原则在我国法规中的体现

《破产法》第八十七条第二款规定："未通过重整计划草案的表决组拒绝再次表决或者再次表决仍未通过重整计划草案，但重整计划草案符合下列条件的，债务人或者管理人可以申请人民法院批准重整计划草案：……（三）按照重整计划草案，普通债权所获得的清偿比例，不低于其在重整计划草案被提请批准时依照破产清算程序所能获得的清偿比例，或者该表决组已经通过重整计划草案……"上述规定的主要目的是保护反对重整计划草案的利害关系人的个体权益。但需要注意的是，其中体现的最大利益原则只是法院强制批准重整计划草案的条件之一，并非制定重整计划草案的根本原则，这意味着如果严格从字面上理解，即使重整计划草案不符合最大利益原则，法院也可以"强裁"批准。例如，某些反对者在重整程序中获得的清偿利益小于破产清算程序所获得的利益，但其所在的表决组却已从整体上通过了重整计划草案，则此时也符合法院"强裁"批准的条件。为使最大利益原则在司法实践中更加明确，最高人民法院于2018年在其印发的《破产审判会议纪要》第十八条中规定，"审慎适用企业破产法第八十七条第二款，不得滥用强制批准权"，并要求"如债权人分多组的，还应当至少有一组已经通过重整计划草案，且各表决组中反对者能够获得的清偿利益不低于依照破产清算程序所能获得的利益"。据此，最大利益原则进一步得到强化和明确，至少保障了对重整计划草案持反对意见的主体的权益，但是同意者主动放弃"最大利益"后，重整计划草案被批准的情况还存在理论上的可能性，这也是我国企业破产制度对"最大利益原则”规定的特别之处。

《破产法》第八十七条第二款第五项的规定同时体现了公平对待原则和绝对优先原则：“重整计划草案公平对待同一表决组的成员，并且所规定的债权清偿顺序不违反本法第一百一十三条的规定。”但是，《破产法》第一百一十三条只规定了不同性质债权人之间的清偿顺位，并没有涉及普通债权组和出资组之间的利益分配顺序问题，可能出现重整计划草案保留出资人的股东权益但未清偿普通债权的情况，这显然是不公平的。实践中，由于重整中通常设有出资人组，其对重整计划草案能否通过具有重要影响，所以制定重整计划草案时既要遵循绝对优先原则，又要考虑实际情况，“重整计划草案是否应当为股东保留股权等权益，一个重要的因素就是企业对股东是否还存在剩余价值。而在对企业价值进行评估时，不能简单地按照清算价值评估，而应当按照企业的营运价值评估，将各种无形的经营因素考虑在内，才能公正地反映出企业的经济与社会价值的真实情况”①。参考我国公司重整相关案例可以发现，绝对优先原则在我国破产重整实践中并未被绝对贯彻。对此，笔者认为，由于重整程序在合意层面具有较高的灵活性，基于我国特殊的国情和经济发展现状，在绝对优先原则的落实上保持一定的张力是有意义的，这也是无限接近公平对待原则应有之义的必要途径。

第四节 对重整计划“强裁”规则的思考

虽然法院系统内部再三要求慎用“强裁”规则，但通过研究司法判例，笔者发现，实践中，法院行使“强裁”的权利仍是绝对的主流。并且从立法及制度设计的层面讲，在某种程度上，也没有完全贯彻重整计划“强裁”的主要原则。

---

① 王欣新：《重整制度理论与实务新论》，载《法律适用》2012年第11期，第10页。

诚然，法院在个案中进行“强裁”，肯定是通盘考虑了案件的具体情况，并在满足法定条件的前提下作出的决策，案外人无法也不应该质疑其合法性与适当性。但无法否认的是，当前，法院在主观上仍在更多地考虑重整程序的社会效益和经济效益，而程序的正当性、对个别债权人的保护问题，并非最优先的考量因素。此情况与我国破产实务所处的发展阶段、政策环境等因素有较大关系，符合现实需求，但当前规定需要进一步完善也是显而易见的。

一、关于重整计划“强裁”的救济

《破产法》及相关法律法规并未明确针对重整计划“强裁”的救济途径。《民事诉讼法》第一百五十七条规定：“裁定适用于下列范围：（一）不予受理；（二）对管辖权有异议的；（三）驳回起诉……对前款第一项至第三项裁定，可以上诉……”据此，只有针对不予受理、存在管辖权异议、驳回起诉的裁定才可以上诉，因此，就重整计划“强裁”裁定提起上诉并无法律依据。

此外，《民事诉讼法司法解释》第二百九十五条规定：“对下列情形提起第三人撤销之诉的，人民法院不予受理：（一）适用特别程序、督促程序、公示催告程序、破产程序等非讼程序处理的案件……”第三百七十八条规定：“适用特别程序、督促程序、公示催告程序、破产程序等非讼程序审理的案件，当事人不得申请再审。”因此，破产程序等非诉讼程序处理的案件，也不能提起撤销之诉或申请再审。但是，该司法解释第四百一十一条规定：“人民检察院依法对损害国家利益、社会公共利益的发生法律效力的判决、裁定、调解书提出抗诉，或者经人民检察院检察委员会讨论决定提出再审检察建议的，人民法院应予受理。”据此，针对批准重整计划草案的裁定，理论上，检察机关可以提起抗诉，但经笔者调查和检索，未发现检察机关对此进行抗诉的案例。试想，即使检察机关抗诉后确实达成了撤销批准重整计划草案裁定的结果，也必将对重整计划的执行造成极大影响，如重整计划已经执行完毕，必将出现很多难以处理的问题。

因此，从实务角度出发，检察机关对批准重整计划草案裁定提起抗诉的可能性微乎其微。

参考域外立法，《美国破产法》《德国破产法》对此都有相应规定。在一定条件下，债权人、债务人或利益相关人可就批准重整计划的裁定提出控告或申请撤销。笔者认为，随着我国破产实务的发展，相关救济制度也会逐步设立。例如，可以改进《破产法》第六十六条的复议制度，允许债权人向上一级法院申请复议。

二、关于重整计划“强裁”条件的完善

《破产法》第八十七条规定的部分“强裁”条件略显笼统。例如，关于“（一）按照重整计划草案，本法第八十二条第一款第一项所列债权就该特定财产将获得全额清偿，其因延期清偿所受的损失将得到公平补偿，并且其担保权未受到实质性损害，或者该表决组已经通过重整计划草案”之规定，并没有对何谓“延期清偿所受的损失将得到公平补偿”以及何谓“未受到实质性损害”进行明确。重整中的有财产担保债权，通常可以留债的方式进行清偿，并约定相应的利息，该等利息的支付一般即理解为对“延期清偿所受的损失将得到公平补偿”。但这种清偿方式并未充分考虑重整期间的利息损失以及担保物价值可能随着时间而降低的风险，无法做到彻底的公平。

再如，重整程序中，对担保财产一般不会进行变现处置，有财产担保债权的清偿结果几乎完全取决于财产的评估价值，因此，对于有财产担保债权的人而言，财产评估在某种程度上比债权确认更加重要，即使管理人全额确认其有财产担保债权，如估值不足，亦无法获得理想的清偿结果。但在实践中，在重整程序的财产评估中，刻意降低担保财产评估价值的情况屡有发生，由于对财产评估结果的异议程序、救济方式不够明确，导致很多有财产担保债权因此受到实质损害。

对此，从法律层面进行完善的难度很大，在《破产法》中规定如此细致的内容也不太适当。因此，可考虑通过司法解释或会议纪要的方式，

对重整计划的“强裁”条件进行进一步细化，使之适应时代及司法实践的迅猛发展。

三、关于重整计划的相关信息披露

目前，《破产法》及其司法解释对于破产案件中的信息披露、信息公开制度相对欠缺，对于上市公司等公众公司而言，基于证监部门监管的要求，信息披露相对及时，但也难称充分。对于非上市公司而言，仅有《最高人民法院印发〈关于企业破产案件信息公开的规定（试行）〉的通知》，且该规定只要求将破产案件的基本信息在全国企业破产重整案件信息网上进行披露，并不适用关于重整计划相关信息的披露。

然而，无论重整计划草案之内容如何丰富，都无法体现出重整过程中全部的关键信息，尤其对于不同的参与主体而言，其关注的关键信息也不尽相同，继而产生了重整参与主体掌握信息的“私有化和碎片化”问题，[①] 加之信息披露、信息公开制度的相对欠缺，导致重整案件中的各方参与主体在作出决策和判断时，必然存在信息片面的情况。对此，笔者认为，由于重整中各参与主体的诉求不同，没有必要主动对所有主体进行全面的信息披露，这是基于两点考虑：一是成本较高；二是不一定对个别主体作出判断有益。但是，目前的既有规定及制度安排，确实也难以保障重整参与主体应有的知情权。

对此，需要在重整程序的推进与对知情权的保护之间寻求一个平衡，鉴于重整案件的时间有限，既不能让管理人、债务人花费过多时间疲于应付信息披露的工作，又不能完全任由其操作，当重整计划草案无法表决通过时，“难题”最终被摆到法院面前。笔者建议，可考虑在不同分组中凭自愿选取债权人代表，积极参与到重整计划草案的制定过程之中，并通过听证、谈话等多种形式，提高对各主体的信息披露程度，同时寻求程序推进与权利保护之平衡。

---

① 高丝敏：《重整计划强裁规则的误读与重释》，载《中外法学》2018 年第 1 期，第 231 页。

管中窥豹，可见一斑。重整计划“强裁”的现状及困境只是我国破产实务面对的诸多难题的一角，但其实践结果，整体上是与我国市场经济所处的发展阶段、司法审判的价值取向相适应的。从长远来看，对于制度设计的改进，既要积极探索，也要避免“揠苗助长”，尽量在“诗和远方”与现实需求中寻求平衡。

第二章 实质合并破产概述及要点解析

实质合并破产，是指将两个或两个以上关联企业视为一个单一企业，合并资产与负债，在统一财产分配与债务清偿的基础上进行破产程序，各企业的法人人格在破产程序中不再独立。[①] 关于实质合并破产，《联合国国际贸易法委员会破产法立法指南》第三部分“破产企业集团对待办法”将其表述为“将企业集团两个或两个以上成员的资产和负债作为单一破产财产的组成部分对待”。[②]

在我国，实质合并破产尚无法律和司法解释予以明确规定，司法实务界一直努力借鉴他国破产司法经验，在审理关联企业破产案件中探索和积累实践经验，并通过审判会议纪要、各地法院系统司法政策指南等形式凝结阶段性的规则与办法。随着关联企业破产案件越来越多，司法实践中，各地法院已普遍尝试将合并破产的审理方式运用到关联企业破产案件中。经过长期的实践积累，2018 年 3 月 4 日的《破产审判会议纪要》以 8 个条文对关联企业实质合并破产进行了规定，这是我国迄今为止关于实质合并破产层级最高、最全面、最明确的司法政策文件。本章节主要依据该政策性文件和破产审判实务，对实质合并的要点进行解析。

---

① 王欣新著：《破产法》，中国人民大学出版社 2019 年版，第 391 页。

② 《联合国国际贸易法委员会破产法立法指南》第三部分“破产企业集团对待办法”，联合国维也纳办事处英文、出版和图书馆科 2012 年版，第 2 页。

由于我国法律和司法解释对此尚无明确规定，以至于实质合并究竟是一项原则、规则，抑或是权宜办法，并无明确定位，本文拟按照《破产审判会议纪要》的表述，在“审理方式”语义下使用实质合并这一术语。

第一节　实质合并的适用对象

实质合并是适用于关联企业破产的审理方式，关于何谓关联企业，主要应从两个或两个以上企业之间的关联关系上进行判断。我国台湾地区著名公司法学家赖英照教授认为，“关系企业之精义，乃在于企业间存在之统一管理关系”。即两个或两个以上企业具有关联关系才能成为关联企业，但关联企业破产并不必然适用实质合并的审理方式。依据《破产审判会议纪要》，当关联企业成员之间存在法人人格高度混同、区分各关联企业成员财产的成本过高、严重损害债权人公平清偿利益的情形时，才可例外适用实质合并破产。从关联关系的角度解读，其核心在于一方能够对另一方进行实质性的管理，即一方能够对另一方产生实质性影响，继而导致被影响方在意志和财产上丧失独立性。关联企业作为一个法律概念，在我国最早出现于1991年的《外商投资企业和外国企业所得税法》及其实施细则中，实施细则第五十二条首次在行政法规层面给出了“关联企业”的定义，[①] 但在不同的法律制度下，关联企业仍具有不同的含义。

《联合国国际贸易法委员会破产法立法指南》第三部分“破产企业集团对待办法”，将关联企业定义为“以控制权或举足轻重的所有权而相互联合的两个或多个企业”。[②] 在破产审判实践中，关联企业一般指通过股

---

① 《外商投资企业和外国企业所得税法实施细则》（现已失效）第五十二条规定：“税法第十三条所说的关联企业，是指与企业有以下之一关系的公司、企业和其他经济组织：（一）在资金、经营、购销等方面，存在直接或者间接的拥有或者控制关系；（二）直接或者间接地同为第三者所拥有或者控制；（三）其他在利益上相关联的关系。”

② 《联合国国际贸易法委员会破产法立法指南》第三部分“破产企业集团对待办法”，联合国维也纳办事处英文、出版和图书馆科2012年版，第2页。

权、合同、人事、财务、决策权等方式，相互之间存在直接或间接控制与被控制关系、重大影响关系或特别密切经济联系的两个或多个企业。

由于《破产法》和相关司法解释，以及《破产审判会议纪要》均未对破产法层面的法人人格混同情形作出明确规定，破产审判实务中亦参考了《破产企业集团对待办法》和《公司法》《税法》及其他部门法，以及《九民纪要》的法人人格混同情形。但随着破产审判实践的探索积累和指导性案例的发布，破产法层面认定的法人人格高度混同情形也在逐步被标准化和类型化。虽有借鉴，但实务中《破产法》层面的法人人格混同与《公司法》层面的法人人格混同之间仍然存在如下明显区别：一是混同的程度要求不同，《破产审判会议纪要》明确指出，须达到法人人格高度混同才可能适用实质合并审理方式，亦可理解为对是否构成混同的认定更为严格。二是判断人格混同时考虑的范围不同，在《公司法》层面对人格混同的要求是点状的，即有一点符合即可认定；在《破产法》层面判断是否构成法人人格高度混同，则一般从多个方面进行综合判断。三是人格混同是否导致相应的法律后果的必然性不同，在《公司法》层面构成法人人格混同必然否定法人人格；但在《破产法》层面，即使构成法人人格高度混同，也并不必然适用实质合并审理方式，还要考虑关联企业之间财产区分的难易程度和成本，以及对债权人清偿利益的影响。

此外，理论上和实务中均存在实质合并是否适用于自然人股东与企业的讨论。2021 年 9 月 2 日，江苏省昆山市人民法院裁定某印刷厂与自然人股东王某合并破产，此为全国首例自然人股东与公司合并破产案。虽然本案中的自然人股东王某与某印刷厂（一人公司）亦存在财产高度混同现象，但笔者认为，本案并非典型意义上的实质合并破产案件。一是因为破产制度本身并未全面适用于自然人，仅在部分地区进行了试点。二是在自然人股东与一人公司财产混同的情形下，债权人可依据《公司法》第六十三条[①]或《最高人民法院关于民事执行中变更、追加当事人若干问题的

① 《公司法》第六十三条规定："一人有限责任公司的股东不能证明公司财产独立于股东自己的财产的，应当对公司债务承担连带责任。"

规定》第二十条[①]继续追究股东的连带责任。反过来讲，该一人公司的股权，以及股权对应的财产性权利均为个人财产，股东的债权人亦可申请执行该自然人股权所对应的公司财产，故该种情形在诉讼和执行程序中即可实现“自然人债权人对自然人在企业中的责任财产”和“企业的债权人对股东责任”的双向并行追索，不存在矛盾与障碍。

第二节　实质合并的适用标准

《破产审判会议纪要》发布后，各地法院在实践中对实质合并作了进一步的深化细化，如《确山县人民法院关于关联企业实质合并破产工作指引（试行）》(2020 年 3 月 25 日发布实施)、《安阳市中级人民法院关于关联公司实质性合并破产操作指引（试行）》(2020 年 8 月 10 日发布实施)、《周口市中级人民法院关于关联企业实质合并破产工作指引（试行）》(2021 年 3 月 16 日发布实施)、《青岛市中级人民法院关联企业实质合并破产工作操作指引（试行）》(2021 年 10 月 29 日发布实施)、《北京市第一中级人民法院关联企业实质合并重整工作办法（试行）》(2022 年 4 月 28 日发布实施)。至于实质合并适用的标准，法律、司法解释、《破产审判会议纪要》及上述地方法院的文件都未予以详述。故实质合并适用的标准尚未形成，当前仍处于理论上持续探讨、实践上不断积累的过程中，呈现出发散和整合的状态，带有明显的开放性，也导致实践中的适用并不统一。以下结合破产实务，对实质合并的适用标准进行解析。

《破产审判会议纪要》第三十二条规定：“关联企业实质合并破产的审慎适用。人民法院在审理企业破产案件时，应当尊重企业法人人格的独立性，以对关联企业成员的破产原因进行单独判断并适用单个破产程序为

---

① 《最高人民法院关于民事执行中变更、追加当事人若干问题的规定》第二十条规定：“作为被执行人的一人有限责任公司，财产不足以清偿生效法律文书确定的债务，股东不能证明公司财产独立于自己的财产，申请执行人申请变更、追加该股东为被执行人，对公司债务承担连带责任的，人民法院应予支持。”

基本原则。当关联企业成员之间存在法人人格高度混同、区分各关联企业成员财产的成本过高、严重损害债权人公平清偿利益时，可例外适用关联企业实质合并破产方式进行审理。”可见，法院在审理关联企业破产案件时，应审慎适用实质合并方式，适用实质合并审理方式，须符合三个标准，即仅在关联企业符合成员之间存在法人人格高度混同、区分各关联企业成员财产的成本过高、严重损害债权人公平清偿利益时，才可例外适用关联企业实质合并破产的方式进行审理。早期的实质合并案例主要依据的是法人人格高度混同标准，但在司法实践的持续创新中，逐渐发展出“财产区分成本过高”“债权人受偿利益”“债权人期待利益”“欺诈防范”“重整需要”等新的标准。

一、法人人格混同标准

该标准是司法实践中最常用的标准，有学者认为，该标准是实质合并的首要标准。但笔者认为，其只是为关联企业实质合并的适用提供了可能，并不必然导致合并破产，也非实质合并破产的必要条件，如下文述及的“欺诈防范”标准作为可以单独适用的标准，则无须叠加法人人格高度混同这一要件，亦有地方法院的文件规定，出于重整需要，无须关联企业之间法人人格高度混同，亦可适用实质合并破产审理方式。关于法人人格混同标准在实务中的具体判决，下文将单独解析。

二、区分关联企业财产成本过高标准

实务中，关于区分关联企业财产成本过高与法人人格高度混同是何关系，如前者是否为后者的原因、表现，抑或后果，存在不同认识。客观上，二者确实存在因果关系，如关联企业高度混同，则必将造成区分成本过高，如区分成本过高，也可能说明关联企业之间高度混同。但在实践中，法人人格高度混同的判断标准更为复杂，要从管理、人员、业务、资金、财产等多个方面进行综合判断。区分成本过高作为一项独立的标准，有其适用的空间，如关联企业之间虽未达到法人人格高度混同的程度，但在其财务账册缺失的情形下，区分关联企业的财产成为不可能，此种情形，无论是否考虑法人人格高度混同、债权人公平受偿利益等因素，实质合并都往往成为不可避免的选择。因此，有观点主张该标准才是适用实质合并的关键，认为只要资产与负债存在严重混同，就足以构成适用实质合并破产的充分条件。[①] 关于何谓区分关联企业财产成本过高，《联合国国际贸易法委员会破产法立法指南》第三部分"破产企业集团对待办法"给出的界定标准是区分关联企业的财产和债务是否会发生过度的费用或延迟。此外，因区分成本属于破产费用，破产费用的增加则意味着债务人偿债资源的减少，因此，该标准也与债权人利益保护标准相关联。

三、债权人利益保护标准

实践中，如关联企业之间存在利益的不当输送和转移，或因不当操控造成关联企业成员的资产与负债畸轻畸重，单一破产将造成企业成员偿债资源的不公平，严重损害债权人利益。如采取实质合并破产将使债权人整体受益，法院会考虑适用该种审理方式。需要说明的是，在考虑这一情形时，法院是从整体上考虑实质合并破产是否可以保护所有债权人整体利益，因此，即使实质合并从表面上看会损害那些资产信用较好的债权人的利益，法院也仍会考虑适用实质合并破产。鉴于关联企业成员资产状况和债权结构不同，实质合并破产可能会拉低资产状况相对较好、负债比率相对较低的债权人的清偿率，故此时该部分债权人可能基于自己对资产信用相对较好的单一企业的信赖，而对实质合并审理提出异议。

实务中，法院在收到实质合并破产的申请后，亦会向利害关系人发出通知利害关系人提出合并破产异议的通知书，并根据利害关系人提出意见的情况，组织召开听证会。例如，2018 年 12 月 17 日，河南省新乡市中级人民法院在接到河南开元纺织股份有限公司、新乡市纺织厂、新乡顺兴纺织有限公司、新乡市隆盛纺织有限公司、新乡开元三合制衣有限公司、新

① 王欣新：《关联企业实质合并破产标准研究》，载《法律适用·司法案例》2017 年第 8 期，第 6 页。

乡开元纺织进出口有限公司、新乡市新纺毛巾厂七家公司管理人的实质合并破产申请后，即对该七家公司及各相关利害关系人发出通知利害关系人提出合并破产异议的通知书。[①] 实务中，亦有利害关系人因认为实质合并侵害其利益而申请复议，并提起管理人责任纠纷诉讼的案例。例如，河南金欧公司、金耀公司等四家公司合并破产重整一案，因认为管理人在法院裁定实质合并重整前即按照实质合并的方式推进破产重整程序，利害关系人张某在向河南高院申请复议期间，又向开封中院提起了管理人责任纠纷诉讼（因需依据复议申请结果，该案中止审理），诉请法院确认管理人部分履职行为违法，判决管理人向其赔偿实际损失。其间，利害关系人张某、陈某、崔某又向河南高院申请复议。2019 年 3 月 20 日，河南省高级人民法院作出（2018）豫破申 1 号民事裁定书，驳回了上述利害关系人的复议申请。责任纠纷诉讼恢复审理后，开封市中级人民法院作出（2018）豫 02 民初 196 号民事判决书，判决驳回了张某的诉讼请求，后以张某撤回上诉终结，该案为全国“管理人被诉第一案”。

四、欺诈防范标准

《联合国国际贸易法委员会破产法立法指南》第三部分“破产企业集团对待办法”中明确规定：“如果法院确信企业集团成员从事欺诈图谋或毫无正当商业目的的活动，则必须进行实质性合并。”[②] 而《联合国国际贸易法委员会破产法立法指南》在立法建议部分则明确将此种情形作为单独适用实质合并的理由。由此可见，欺诈防范标准无须叠加其他条件，即可单独作为适用实质合并的理由。欺诈在实务中往往表现为通过关联关系操控关联企业进行资产、利益的不当输送和转移，以实现脱壳，进而达到逃废债务的目的。近年来，多地法院加大了打击破产程序中逃废债务的力度，如河北省高级人民法院发布了《关于在审理破产案件中防范逃废债行

---

① 详见河南省新乡市中级人民法院（2018）豫 07 破 4 号通知利害关系人提出合并破产异议通知书。

② 《联合国国际贸易法委员会破产法立法指南》第三部分“破产企业集团对待办法”，联合国维也纳办事处英文、出版和图书馆科 2012 年版，第 71—72 页。

为的意见（试行）》，重庆市第五中级人民法院发布了《关于在审理企业破产案件中防范和打击逃废债务行为的工作指引（试行）》。而实质合并将成为矫正欺诈行为的有效手段。

五、重整需要标准

随着司法实践的发展，重整需要逐渐成为重整程序中实质合并的一项独立标准。目前，重整需要标准还不被一些学者和实务人士认可，主要是他们认为重整需要不足以成为单独的标准，因为重整能够带来债务人财产价值的增加，提高债权人的受偿比例，促进债权人利益的实现，故他们认为可以被债权人利益保护标准所吸收。但笔者认为，该标准不仅在实务中有适用的空间，在理论上亦有独立存在的基础。《破产审判会议纪要》明确指出，人民法院在审查实质合并申请过程中，可以综合考虑的因素列明了“增加企业重整的可能性”。另外，2022 年 4 月 28 日北京市第一中级人民法院发布的《关联企业实质合并重整工作办法（试行）》第七条第二款规定：“关联企业部分或全部成员存在法人人格混同，虽不符合前款规定的高度混同标准，但其已经分别符合企业破产法第二条规定的情形，且关联企业符合下列情形之一的，也可以适用实质合并重整程序：（一）由于企业运营、资产配置等客观原因，上述成员的加入为整体重整所确实必需，且实质合并重整预计将不损害个别债权人的清偿利益……”从上述规定可以看出，重整需要标准日渐显现，且从北京市的破产审判实践上看，截至目前，北京破产法庭仅受理实质合并重整案件，不受理实质合并清算案件，也即实质合并审理方式仅适用于重整程序，而不适用于清算程序。据此，也可解读出因重整需要而适用实质合并的审判逻辑。

此外，《破产法》最初产生的社会原因是为保护债权人的利益，解决在债务人丧失清偿能力时其对全体债权人的公平清偿问题。但随着社会的发展与进步，《破产法》的立法宗旨经历了从债权人本位到债权人与债务人的利益平衡本位，再到当事人利益与社会利益平衡本位的逐步变化过程。[①] 重整是对债务人财产的就地再利用，可以有效避免单一破产程序下财产流转过程中的价值减损，对确保员工就业、保留税源亦有重要意义，是重整的经济功能和社会功能的体现。尤其在经济下行的趋势下，重整需要标准体现了破产司法更宏观的视野及更高的价值追求。因此，不排除重整需要标准脱胎独立，成为理论、立法和实务中适用实质合并的一项标准之可能。

需要补充的是，由于缺乏必要的立法供给，对实质合并适用标准本身的把握也缺乏统一的标准。故实务中，以上标准既有单独适用，也有叠加适用的现象，且作为考量因素，在不同案件中，每个标准所占的比重亦有所不同。故当前还无法依据固定的模式进行标准化判断，仍需结合个案情况进行综合衡量。

第三节　法人人格混同标准的实务判断

法人人格独立和股东有限责任是公司制度的基石，是《公司法》的基本原则。但法人人格独立和股东有限责任也很容易被滥用，成为股东、实际控制人、高级管理人员等规避法律、逃废债务的工具。如果公司失去独立意志和独立财产，构成法人人格混同，势必会损害债权人的利益。为实现公平正义和权责平衡，便需要“刺破公司面纱”，使债权人可以对“面纱”背后的股东进行追索，使滥用公司法人独立地位和股东有限责任的股东失去股东有限责任这一“盔甲”的保护，对公司债务承担连带责任。

一、“刺破公司面纱”与实质合并

“刺破公司面纱”与实质合并分属于《公司法》和《破产法》两个部

① 王欣新著：《破产法》，中国人民大学出版社2019年版，第9页。

门法，从程序的角度看，“刺破公司面纱”适用于诉讼和执行程序，实质合并则适用于破产程序。关于二者的关系，实质上体现的是《公司法》和《破产法》分别如何对待公司法人人格混同的问题。虽然二者都可能产生股东对公司债务承担责任的结果，但二者在适用、功能和效力上都存在明显区别。从适用上，只要存在公司法上的法人人格混同，就可以且应该适用“刺破公司面纱”，否定法人独立人格，刺破股东有限责任的“隔离层”，也即法人人格混同是“刺破公司面纱”的充分必要条件。但若存在破产法上的法人人格高度混同，则并不必然适用实质合并，正如《破产审判会议纪要》规定的“人民法院在审查实质合并申请过程中，可以综合考虑关联企业之间资产的混同程序及其持续时间、各企业之间的利益关系、债权人整体清偿利益、增加企业重整的可能性等因素，在收到申请之日起三十日内作出是否实质合并审理的裁定”，这源于《破产法》的价值追求，法人人格高度混同并非适用实质合并的唯一标准。反之，如前述“重整需要标准”，适用实质合并审理也并不必然要求关联企业之间构成法人人格高度混同。从功能上看，“刺破公司面纱”具有单向性，其目的在于使公司债权人得以穿透公司向其股东进行追索，但股东的债权人并不同时“刺破股东的面纱”向公司追索；而债务人企业与股东企业作为关联企业实施实质合并破产，将合并公司和股东的财产作为对公司的债权人和股东的债权人偿债的资源。公司的债权人和股东的债权人都需向管理人申报债权，他们共同以合并后的财产为限，按照相同的顺位和比例实现（部分）受偿。

从效力上看，《九民纪要》第二部分“关于公司纠纷案件的审理”之“（四）关于公司人格否认”指出，“公司人格否认不是全面、彻底、永久地否定公司的法人资格，而只是在具体案件中依据特定的法律事实、法律关系，突破股东对公司债务不承担责任的一般规则，例外地判令其承担连带责任。人民法院在个案中否认公司人格的判决的既判力仅仅约束该诉讼的各方当事人，不当然适用于涉及该公司的其他诉讼，不影响公司独立法人资格的存续……”可以看出，在案件审理中，“刺破公司面纱”仅具个案约束力，目的在于在个案中矫正有限责任制度在特定法律事实发生时对债权人保护的失衡现象。但实质合并较之于破产案件则明显不同，鉴于破产程序的终局性，将实质合并适用于关联企业破产案件审理，势必产生完全、彻底、终局性地否定关联企业成员法人人格独立和股东有限责任的效力。

综上，可以看出，“刺破公司面纱”追求的是在个案中穿透公司追索股东的效力。而实质合并则意味着股东与公司之间财产关系、债务关系的完全、彻底、终局性的双向穿透。

二、法人人格混同在实务中的认定

由于实质合并破产尚处于实践探索阶段，《破产审判会议纪要》虽然将“法人人格高度混同”作为实质合并破产的适用条件，但对何谓“法人人格高度混同”却未作界定。各地在积累司法实践经验的过程中，力求对法人人格高度混同的认定标准作出明文规范。

1. 有关“法人人格高度混同”的文件规定

笔者检索各地有关破产的规范性、指导性文件，发现各地关于审理破产案件的条例、指引等文件多将法人人格高度混同作为实质合并破产的条件，如《北京市高级人民法院企业破产案件审理规程》《重整指引》《海南自由贸易港企业破产程序条例》等。但这些文件对“法人人格高度混同”情形的表述也同样较少。经公开检索，部分地方法院对“法人人格高度混同”作了相对具体的描述。

例如，《安阳市中级人民法院关于关联公司实质性合并破产操作指引（试行）》第七条规定：“下列情形持续、广泛存在的，可以综合认定关联公司之间高度混同：（一）存在关联公司之间资金混同、财务管理不作清晰区分等财产混同情形的；（二）存在关联公司之间法定代表人、董事、监事或其他高管人员相互兼任，员工大量重合等人员混同情形的；（三）存在关联公司使用同一营业场所等情形的；（四）存在其他混同的情形。控制股东或实际控制人控制多个关联公司，滥用控制权使多个关联公司财产边界不清、财务混同，利益相互输送，丧失人格独立性，可以综合案件事实，否认关联公司法人人格，对关联公司进行实质性破产。”

确山县人民法院对“法人人格高度混同”提出了更为详细的标准，《确山县人民法院关于关联企业实质合并破产工作指引（试行）》第十六条规定，“关联企业成员持续、普遍存在下列情形的，可以认定法人人格高度混同：（一）主要经营性财产难以区分；（二）财务凭证难以区分或者账户混同使用；（三）生产经营场所未明确区分；（四）主营业务相同，交易行为、交易方式、交易价格等受控制企业支配；（五）相互担保或交叉持股；（六）董事、监事或高级管理人员交叉兼职；（七）受同一实际控制人控制，关联企业成员对人事任免、经营管理等重大决策事项不履行必要程序；（八）其他导致关联企业成员丧失财产独立性且无法体现独立意志的情形”。

2022 年 4 月 28 日出台的《北京市第一中级人民法院关联企业实质合并重整工作办法（试行）》第七条也对“法人人格高度混同”作了概括性规定。

2. 破产审判实务对“法人人格高度混同”的认定

关于实质合并破产，虽然在法律、司法解释的层面没有规定，但在司法实践中，在《破产审判会议纪要》出台之前，已经有法院裁定关联企业合并的先例。最高人民法院也公布了指导案例，如（2017）苏 01 破 1 号、6 号、7 号、8 号、9 号、10 号民事裁定，（2015）津法民破字第 00001 号之四民事裁定，以及经典案例（2020）京 01 破 30 号、31 号，（2020）京 01 破 13 号之五，（2021）琼破 1 号案例。通过这些案例，可以探究破产审判实务中对“法人人格高度混同”的裁判观点和裁判思路，由判例上看，法院主要从以下几个方面判断关联企业法人人格是否高度混同。

（1）管理高度混同

管理混同在关联企业之间，尤其是集团公司这种组织模式的企业之间比较常见。表现为在集团公司的运营中，母公司利用集团—事业部（平台公司）—子公司的模式实施管理。子公司的主要商业活动需要报请集团公司事业部审批，其高管和股东无法正常行使权利，公司内部管理架构被架空，缺乏实质经营权，丧失独立意志。还有的小型集团公司，其成立了多个项目公司，总部可能不设或仅设财务等少量事业部门，集团和项目公司的决策权都由集团实际控制人把控。例如，在（2021）琼破1号案例中，除海航集团外的324家公司均没有制定本公司基本管理制度的权利，没有使用本公司印章的自由。因为管理混同将造成单一企业丧失法人意志独立性，故成为判断法人人格高度混同的重要因素之一。

（2）财务高度混同

财务高度混同主要体现为集团公司中的部分或全部子公司没有自己的财务管理制度，没有财务事项决策权，甚至没有独立的财务部门和财务人员，财务事项由母公司/控股股东/实际控制人包揽。例如，海航集团设计了自上而下的“海航集团董事局—集团经营团队—集团计划财务部”三层财务管理体制，对海航集团等324家公司的财务事项实行垂直化控制与管理。其计划财务部还同时组建各类派出机构，派驻到各事业部/产业集团，负责统筹事业部/产业集团的财务工作，全方位组织和领导集团及子公司的日常财务工作。实务中，财务混同往往是判断财产混同的切入点。

（3）资金、财产高度混同

主要体现为关联公司之间交叉持股、股权结构复杂，代收代偿代付多发，关联担保普遍，缺乏商业交易基础的资金往来频繁且金额巨大，融资主体与用资主体相分离、管理运营成本难以分摊等。实践中，有的母公司通过行政手段，将母公司的大额资金交由子公司无偿使用，且不作财务记账；有的集团公司中的母公司对现金流实行一体化管理，资金使用经子公司申请报批后，由母公司统一调拨。例如，在指导性案例（2017）苏01破1号案例中，根据审计机构《专项审计报告》，江苏省纺织工业（集团）进出口有限公司与五家子公司存在共用财务人员、付款及报销审批人员混同的情形。江苏省纺织工业（集团）进出口有限公司与五家子公司之间存在大量资金往来，但缺乏正常的资金借贷基础关系。

尤其需要提示的是，依据《公司法》第六十三条“一人有限责任公司的股东不能证明公司财产独立于股东自己的财产的，应当对公司债务承担连带责任”之规定，对一人公司股东与公司财产是否混同，实行的是举证责任倒置的原则，如果一人公司的股东不能证明公司财产独立于股东自己的财产，那么在破产程序中，就可能会因法人人格高度混同，一人公司与其股东被申请实质合并破产。

（4）业务高度混同

实践中，有的关联企业之间业务高度交叉混同，形成高度混同的经营体。较为常见的业务混同现象为先利用集团公司之资质获得业务，然后通过非商业化的方式将其交由子公司承接；或者业务运作不依托作为独立法人的公司，子公司没有独立开展业务的自由。有的集团公司在部分业务开展时，往往采取项目制工作模式，即临时抽调各公司的人员、资金、资产组建临时的项目组（项目公司）。

（5）人员高度混同

通常表现为关联企业内部人员，如高管、职工在各关联方中交叉任职、兼职，部分关联企业的高管、职工的人事关系在母公司企业名下，或由母公司统一任命。在（2020）京01破30号案例中，中航工程公司、中航股份公司之间存在员工批量划转现象，两家公司的职工根据业务需要，适时进行内部调转，暂无固定流程和频率。两家公司的职工均认为自己是中航世新的职工，不区分中航工程公司还是中航股份公司。人员高度混同的典型情形是“一套人马，多块牌子”。

（6）经营场所高度混同

表现为关联企业的实际办公场所、经营地址距离较近，如在同一栋楼的不同楼层，同一楼层的不同房间，有时还存在部分关联企业的经营地址完全相同的情形。虽然经营场所混同并不必然构成法人人格混同，但此种情形很可能因共用办公场地、办公设施、办公用品、车辆等，造成租金、折旧等费用的非据实分担，进而构成财产方面的混同。

（7）过度支配与控制

按照《九民纪要》所述，过度支配与控制和法人人格混同是并列的情形。所谓过度支配与控制，即股东操纵公司的决策过程，使公司完全丧失独立性，沦为控制股东的工具或躯壳。实践中，过度支配与控制往往会带来关联企业之间、股东与企业之间的利益输送，造成单一企业资产或负债的不当增加或减少。但在破产案件中，这一情形也应被认定为法人人格高度混同。原因在于，这一情况同样会带来人格高度混同的后果，在《破产法》及其司法解释都没有具体规定的情况下，如不参照《破产审判会议纪要》“法人人格高度混同”进行实质合并破产，将严重损害债权人的利益，并放纵股东滥用权利，动摇公司制度基石。笔者认为，过度支配与控制实际上是对法人人格的掠夺或吸收，本质上仍然和过度支配与控制者构成人格高度混同。此外，对过度支配与控制的企业进行实质合并破产，也符合联合国“破产企业集团对待办法”“破产法立法指南”的本意。前者指出：“如果法院确信企业集团成员从事欺诈图谋或毫无正当商业目的的活动，则必须进行实质性合并。”后者在立法建议中，则明确将此种情形作为单独适用实质合并的理由。在当前的破产审判实务中，单纯以过度支配与控制裁定适用实质合并的判例较少，江苏省南京市中级人民法院（2021）苏 01 破 20 号之一至 44 号之一南京建工产业集团有限公司等 25 家公司实质合并重整案、上海市第三中级人民法院（2020）沪 03 破 9 号之二十四中国华信能源有限公司等 68 家关联企业实质合并清算案中的相关企业均涉及过度支配与控制。

（8）资本显著不足

资本显著不足是《九民纪要》述及的否定法人人格的情形，但在《九民纪要》发布之前，就有破产案件对资本显著不足的情形予以考虑，如江苏省启东市人民法院（2014）启商破字第 00006-10 号裁定书，裁定对南通王广置业发展有限公司、启东市港泰建筑安装工程有限公司两家公司进行实质合并重整。本案中，资本显著不足虽不是裁判的主要依据，法院在对事实的认定中亦作了表述。通过公开检索，破产案件中提及资本显著不足的情形较少，仅有（2014）启商破字第00006-10号、（2019）鄂28破9-3号两例。

从司法案例来看，法人人格高度混同的情形主要有以上情形，但由于缺少完善的立法规范，破产实务操作中，各地法院在认定关联企业是否构成混同时，在认定的标准和方式上还不尽相同，关联企业是否构成“高度混同”仍然具有个案特征，需要根据企业的具体情形进行判断。总体上，人格混同、关联企业实质合并的司法处理是从反面在私法上重申与强调了独立人格的要素与特征：独立的意思表示能力（规范的公司治理、印章管理、人员组织、法人的意思表示收发场所等）、独立清晰的财产与责任能力（责任财产），这些要素的缺乏或者名存实亡会成为破产法院权衡其是否适用实质合并破产的关键因素。

第四节　实质合并审理的效力及与协调审理的关系

一、实质合并审理的效力

《联合国国际贸易法委员会破产法立法指南》第三部分“破产企业集团对待办法”建议在破产法中具体规定，实质合并破产的裁定具有下列效力：关联企业成员的资产负债作为单一破产财产的组成部分处理；消灭各成员企业之间的债权债务；对成员企业的债权如同对单一破产财产的债权处理。[①] 对此，《破产审判会议纪要》第三十六条表述为：“……人民法院裁定采用实质合并方式审理破产案件的，各关联企业成员之间的债权债务归于消灭，各成员的财产作为合并后统一的破产财产，由各成员的债权人在同一程序中按照法定顺序公平受偿。采用实质合并方式进行重整的，重整计划草案中应当制订统一的债权分类、债权调整和债权受偿方案。”此

① 《联合国国际贸易法委员会破产法立法指南》第三部分“破产企业集团对待办法”，联合国维也纳办事处英文、出版和图书馆科2012年版，第72—73页。

外，《重整指引》第五十三条①、《重庆市第五中级人民法院关于印发〈重整案件审理指引（试行）〉的通知》第四十一条②、《北京市第一中级人民法院关联企业实质合并重整工作办法（试行）》第五条③、《确山县人民法院关于关联企业实质合并破产工作指引（试行）》第二十条④等地方性文件也相继对此予以明确。

上述文件对实质合并的效力作出了虽有差异但大致相同的表述，其核心在于，适用实质合并将完全否定关联企业成员的法人人格独立，将关联企业视为一个单一企业实施破产审理。实务中，关联企业实质合并将带来以下效力：否认关联企业人格独立；合并关联企业资产负债；消灭关联企业间的债权债务；因互相担保形成的债权以及共同为第三方担保形成的债权不重复计算。

正是源于实质合并是对公司法人人格完全、彻底、终局性的否定，《破产审判会议纪要》明确对关联企业实行以单一企业单独破产为原则，仅可例外适用实质合并。实务中，法院对以上标准的认定采取的是比较审慎的态度，在人格高度混同的证明标准上把关较严，通常要求有会计师事务所、审计机构出具的审计报告或财务混同情况调查报告，并会及时通知相关利害关系人且组织听证。

二、实质合并与协调审理的关系

对于关联企业破产，与实质合并相对应的是协调审理。如果关联企业虽有内部关联关系，但没有达到实质合并标准，通过行使撤销权、取回

① 采用实质合并方式审理重整案件的，各关联企业成员之间的债权债务归于消灭，各成员的财产作为统一的破产财产，各成员的债权人按照法定顺序一并受偿。重整计划草案应当制订统一的债权调整和债权受偿方案。

② 采用实质合并方式进行重整的，各关联企业成员之间的债权债务归于消灭，各成员的财产作为合并后统一的财产，重整计划草案中应当制订统一的债权分类、债权调整和债权受偿方案。

③ 关联企业实质合并重整，系指在重整程序中不再考虑关联企业成员的独立法人地位，消灭其互负债权债务，合并其资产和负债，对其同类债权人统一清偿，将关联企业视为一个单一企业实施重整。

④ 采用实质合并方式审理破产案件的，各关联企业成员之间的债权债务归于消灭，各成员的财产作为统一的破产财产，各成员的债权人在同一程序中按照法定顺序公平受偿。采用实质合并方式进行重整的，重整计划草案中应当制订统一的债权分类、债权调整和债权受偿方案。

权、衡平居次等个别的法技术可以实现债权公平受偿，法院往往会采用协调审理的模式推进破产程序。即多个关联企业成员均存在破产原因但不符合实质合并条件的，法院可根据相关主体的申请，对多个破产程序进行协调审理。协调审理不对关联企业成员的财产进行合并，各个程序保持独立，但对各关联方之间以不当利用关联关系形成的债权通常采用衡平居次原则，使其劣后于普通债权。例如，在2018年最高人民法院发布的全国法院十大破产典型案例之五——云南煤化工集团有限公司等五家公司破产重整案中，昆明市中级人民法院认为，虽然其内部股权关系、债权结构复杂，但无须进行实质性合并破产，最后采用了“自下而上”的重整方案，先完成子公司的重整，由下向上输送偿债资源，以此偿还上层公司的内部借款，解决债务和偿债资源不匹配的问题，最终成功实现了五家公司的重整再生。

多年的破产司法实践证明，实质合并审理的方式在维护债权人的利益、提高破产效率、增加重整成功率上具有重要意义。但基于实质合并的效力对《公司法》两大基石——法人人格独立和股东有限责任原则带来的挑战，当前，实质合并在个案中处于审慎适用的状态。

第五节 实质合并的相关程序

一、实质合并的程序适用范围

对于实质合并破产是否适用于破产重整、破产清算和破产和解程序，业内权威人士认为，实质合并仅适用于破产清算和破产重整。对此，笔者持不同观点。笔者认为，实质合并亦适用于破产和解，理由如下：一是《破产审判会议纪要》第三十七条规定：“……适用实质合并规则进行和解或重整的，各关联企业原则上应当合并为一个企业……”从中可以明确看出，实质合并适用于破产和解。二是《北京市第一中级人民法院关联企业实质合并重整工作办法（试行）》第五十八条规定："实质合并破产清算、和解案件，可以参照适用本办法的有关规定。"三是实务中亦存在适用实质合并方式审理的破产和解案件，如山东省莒县人民法院（2022）鲁1122破2号民事裁定书，即裁定受理海汇集团有限公司等33家公司合并和解。

二、实质合并破产案件的申请

实质合并破产案件的申请主体与普通破产清算、和解和重整案件的申请主体既有相同之处，也存在一定区别。相同的是，债权人和债务人（关联企业成员）均具有申请实质合并破产的资格。区别主要在于两点：一是管理人可以提起实质合并申请。管理人具有申请资格与实质合并案件的启动方式相关，实务中，实质合并破产常见的是关联企业中的一个或部分企业先进入破产程序，法院指定管理人后，管理人在破产程序的推进过程中，发现当前的破产企业与其他关联企业成员之间存在混同现象，再依据掌握的情况向法院申请关联企业实质合并破产；或者关联企业分别单独进入破产程序，在审理过程中发现关联企业之间存在混同现象，经管理人申请，法院裁定适用实质合并审理方式。二是债务人企业股东在大部分破产案件中失去申请实质合并的机会。正如前述，实质合并往往是关联企业个别成员先进入破产程序，个别关联企业成员破产后，法院便会指定管理人，债务人企业股东在破产程序中原则上代表公司权限受限，故除非一开始便代表债务人企业直接申请实质合并破产，否则后续债务人企业股东及其管理层将没有机会提出申请。

三、实质合并案件的管辖

当前，《破产法》及其司法解释并未对实质合并破产案件的管辖作出明确规定，对实质合并审理的管辖原则与冲突解决主要依据《破产审判会议纪要》第三十五条的规定："……采用实质合并方式审理关联企业破产案件的，应由关联企业中的核心控制企业住所地人民法院管辖。核心控制企业不明确的，由关联企业主要财产所在地人民法院管辖。多个法院之间对管辖权发生争议的，应当报请共同的上级人民法院指定管辖。”该条规定与《民事诉讼法》第三十八条第二款“人民法院之间因管辖权发生争议，由争议双方协商解决；协商解决不了的，报请它们的共同上级人民法院指定管辖”的规定保持一致。需要说明的是，实质合并过程中，并不因关联企业分属不同管辖法院而必然产生管辖争议，仅在其他法院对某一管辖法院提出异议时，才构成管辖权争议。

四、利害关系人对实质合并的异议权

由于关联企业成员之间偿债资源不均衡，实质合并可能对某一（部分）关联企业成员的债权人产生不利影响，故有必要对利害关系人进行权利救济。对此，《破产审判会议纪要》第三十四条规定：“……相关利害关系人对受理法院作出的实质合并审理裁定不服的，可以自裁定书送达之日起十五日内向受理法院的上一级人民法院申请复议。”《北京市第一中级人民法院关联企业实质合并重整工作办法（试行）》作了更为细致的规定，其第二十五条规定：“复议期间破产案件不停止审理。”第二十六条规定：“北京市高级人民法院经复议决定改变原裁定，认为部分或全部企业不应当实质合并重整的，本院应当按照复议结果重新制作受理、驳回对部分或全部企业的重整申请的裁定。分别受理关联企业破产案件的，可依照本办法第八条的规定对多个破产程序协调审理。”实务中，法院收到实质合并申请后，亦应及时通知相关利害关系人并组织听证，故利害关系人享有两次权利救济的机会，即在听证会上提出异议，或在法院裁定受理实质合并后，向上一级法院申请复议。至于为何未在此事项上赋予利害关系人诉权，笔者认为，诉讼程序将明显拖延破产案件的审理，与实质合并审理方式蕴含的效率价值相冲突。

第三章　重整失败成因的司法判断

第一节　重整失败成因概览

一、重整失败成因的本文定义

破产重整的目的在于挽救企业及其经营的事业，如重整成功，企业将重新焕发生命力，债权人也将就自身享有的债权获得清偿。但是在实践中，也不乏企业破产重整失败的实例。如在重整过程中发生特定情形，导致重整程序或重整计划之执行无法继续进行，则只能宣告破产重整失败。对此，《破产法》对破产重整失败的情形从不同阶段分别进行了规定：第十二条规定了人民法院裁定不受理破产申请导致的破产重整失败；第七十八条、第七十九条、第八十八条规定了重整期间发生特定情形时，法院裁定终止重整程序并宣告债务人破产；第九十三条规定了重整计划执行期间发生特定情形时，法院裁定终止重整计划执行并宣告债务人破产。

结合本文的行文范围，上述各条款中，第十二条系在申请破产重整阶段即未被法院受理，实际上并未进入重整程序，故不对该条款进行展开分析。因此，本文所述之重整失败成因主要集中于司法实践中通过引用第七十八条、第七十九条、第八十八条及第九十三条，终止重整程序或重整计划执行并宣告债务人破产。

二、司法实践中重整失败成因情况

2022 年 8 月，笔者通过威科先行法律信息库，检索到法院引用《破产法》第七十八条、第七十九条、第八十八条及第九十三条的全部裁判文书，共得到1492个案例。对前述裁判文书进行逐一筛选后发现，88例裁判文书引用了第七十八条、148例裁判文书引用了第七十九条、91例裁判文书引用了第八十八条、34例裁判文书引用了第九十三条，共计361个案例。

第二节 重整失败成因的司法判断

一、关于《破产法》第七十八条的适用

《破产法》第七十八条明确规定了重整期间人民法院应当裁定终止重整程序，并宣告债务人破产的三种情形，分别为：债务人的经营状况和财产状况持续恶化，缺乏挽救的可能性；债务人有欺诈、恶意减少债务人财产或者其他显著不利于债权人的行为；由于债务人的行为致使管理人无法执行职务。发生如上情形时，经管理人或者利害关系人请求，人民法院经审查确认，依法裁定终止重整程序。

在本条中，所谓重整期间，是指从法院受理重整申请到重整草案经债权人会议表决通过进入执行前的阶段。在本阶段内，债权人、债务人、管理人三方应进行充分沟通协商，引入投资者，制作重整计划，挽救债务人。需要注意的是，重整期间，虽以挽救债务人为直接表现，其本质目的还是保障债权人的利益。重整是一种增强债务人偿债能力的积极尝试，但如若债务人本身不存在经营财产状况好转的可能，或其在重整期间存在不利于债权人的行为，抑或阻碍管理人履职，那么重整的继续将会严重损害债权人的现有利益，与重整的期待相悖。故在此情境下，《破产法》赋予管理人或者利害关系人终止重整、宣告破产的请求权是十分必要的。

从司法实践上看，在本次检索的88起法院适用《破产法》第七十八条之规定裁定终止重整程序宣告债务人破产的案例中，超过九成的案件均

为因出现以下情况，最终被法院宣告破产，分别为：经营状况恶化，无法创造收益，且无法挽救；财产持续贬损，缺乏偿债能力；未能引入投资者；未在规定时间内提出重整草案或重整草案未通过。

其中，经营状况与财产情况属于债务人企业内因，二者往往相互交织。生产经营目的即为增强企业财务能力，增强企业偿债能力。经营状况恶化往往是由企业自身生产经营缺陷原因引起的，如（2017）渝0109破1号之三民事裁定书中，债务人公司经营范围不符合当地产业政策及产业规划要求，或（2021）湘0724破3号民事裁定书中，因未取得管道燃气经营的特许资格，存在生产经营缺陷，导致债务人公司无法继续生产经营，进而导致公司财产状况继续恶化。当然，部分债务人公司的情况则更为直接。以（2021）苏0311破35号民事裁定书为例，法院认为，债务人公司不能清偿到期债务，管理人未能接收财务账册，无法进行清算，公司现有资产不足以支付破产费用。在此种情况下，法院通过对已有财产及债务情况进行分析，确认其是否已达到资不抵债的情况，如法院认定公司已严重亏损，资产明显不足以清偿全部债务，将依法裁定破产。

未能引入投资者及未在规定时间内提出重整草案或重整草案未通过则属于企业外因，本部分的决定力量为管理人及债权人，企业相对处于被动状态。在重整期间，外部投资人将综合考虑债务人企业的价值及重整可能性，决定是否进行投资。同时，引入投资也直接与重整草案息息相关，无法引入投资便可能无法出具重整草案，进而导致重整失败。例如，在（2018）苏02破9号之二民事裁定书中，法院认为，根据债务人公司的审计报告和资产评估报告，债务人公司的资产不足以清偿全部债务，在招募不到重整投资人的情况下，无法按期提出重整计划草案。因此，债务人公司的经营状况和财产状况无法得到改善，缺乏挽救的可能性。

二、关于《破产法》第七十九条规定的适用

《破产法》第七十九条规定：“债务人或者管理人应当自人民法院裁定债务人重整之日起六个月内，同时向人民法院和债权人会议提交重整计

划草案。前款规定的期限届满，经债务人或者管理人请求，有正当理由的，人民法院可以裁定延期三个月。债务人或者管理人未按期提出重整计划草案的，人民法院应当裁定终止重整程序，并宣告债务人破产。”根据上述规定，《破产法》对提交重整计划草案的期限进行了“6+3”的限制，如经过此期限后，债务人或管理人仍未能按期提交重整计划草案，则人民法院应当裁定终止重整程序，并宣告债务人破产。

关于未能按期提交重整计划草案，其在实践中的成因比较复杂，通过对前述案例的归纳、分析，本文提炼出以下原因。

1. 重整投资人方面

作为债务人企业，在法院裁定受理破产重整申请后，其状况多为负债沉重，缺乏偿债资金，无法维持正常经营。因此，若要推动和保障重整的正常进行，便需引入重整投资人，筹措偿债资金。债务人企业管理人一般会公开发布重整投资人招募公告，主要载明招募须知、企业概况、招募方案、评审规则等内容，如有意向投资人，则该投资人应当根据公告内容准备相关文件（如重整投资文件）。若没有意向重整投资人或未能和重整投资人就投资方案达成一致，则无法继续推进重整，管理人或债务人因此不能按期将重整计划草案提交法院。

（1）未能招募到重整投资人

如（2021）苏1003破1号民事裁定书载明的“新亚公司长期无法清偿到期债务，通过公开招募未有意向重整投资人，新亚公司管理人未能按期提出重整计划草案……”因此，未能招募到重整投资人将导致债务人或管理人不能按期提交重整计划草案，最终导致破产重整的失败。

（2）重整投资人放弃参与重整、退出投资

如（2020）鲁0404破1号民事裁定书载明的“因意向战略投资人放弃参与重整，管理人无法在6个月内提出重整计划草案……”

（3）各方未能就重整投资方案达成一致

如（2019）苏1302破1号之二民事裁定书载明的“后经管理人多次与意向投资人洽谈，意向投资人未能确定最终重整报价方案……本院认为，管理人虽在法定期限内提交重整计划草案（初稿），但其中的重整报价方案未能最终确定，导致该重整计划草案（初稿）不具备执行条件”。

综上所述，未能招募到重整投资人、重整投资人放弃参与重整并退出投资及各方未能就重整投资方案达成一致均可能导致重整投资方案无法落地，进而影响重整计划草案的按期提交。

2. 其他方面

在成果案例中，除明确系重整投资人方面之原因导致无法按期提交重整计划草案之外，暂未见其他导致无法按期提交重整计划草案的原因，更多的案例表现为以下形式：六个月期限届满，如相关主体未向法院申请延期三个月，法院将会裁定债务人企业破产；[①] 如相关主体向法院申请延期，法院则会根据《破产法》第七十九条的规定考量该延期是否有正当理由；对于有正当理由的，法院可裁定延期；如九个月期限届满后仍不能提交重整计划草案，法院将会宣告债务人企业破产。[②]

关于《破产法》第七十九条规定的对提交重整计划草案的期限进行的“6+3”限制，也并非每起破产重整案件均能延长至九个月再向法院提交重整计划草案。《破产法》第七十九条同时规定了延长期限的“正当理由”，但是法律并没有进行细化规定。通过梳理现有成果案例，仅能收集法院认为成立的“正当理由”。如（2021）桂 0324 破 1 号之三民事裁定书载明的“经债务人和意向投资人申请，管理人以需时间协调事项等因素为由向本院两次申请延长重整期间，本院分别准许延长 2 个月和 1 个月，共计延长 3 个月……”六个月期限是否能延长至九个月，对正当理由是否成立的判断由法官作出。

另外，在实践中，如债务人或管理人未按期提出重整计划草案，法院往往不会仅凭借该理由宣告债务人企业破产。如在（2021）桂 0324 破 1

---

① （2020）浙 0411 民破 11 号之三民事裁定书：“因债务人浙江恒瑞能源科技有限公司、管理人浙江天宇会计师事务所有限公司均未在六个月内提出重整计划草案……”

② （2019）粤 0511 破 1-1 号民事裁定书：“管理人于 2019 年 9 月 30 日向本院提出延期提交重整计划草案的申请，本院同意管理人的申请于 2019 年 10 月 8 日裁定重整计划草案提交期限延长至 2020 年 1 月 10 日，但截至重整计划草案提交延长期限，债务人或管理人均未向本院和债权人会议提出重整计划草案。”

号之三民事裁定书中，经债务人和意向投资人申请延长重整期间后，在九个月的期限内，债务人及管理人仍未能提交重整计划草案，法院根据资产评估报告，仅作出了“已严重资不抵债，明显缺乏清偿能力，资产不足以清偿全部债务，现重整无望”的判断。

综上所述，关于《破产法》第七十九条规定的适用，首先，未能按期提交重整计划草案仅为重整失败之表面原因，根据对成果案例的梳理，若更深入探索未能按期提交重整计划草案的原因，目前法院裁定仅体现了重整投资人方面的原因。其次，若债务人或管理人未在六个月期限届满前申请延期，法院将径行裁定企业破产；对于申请延期的，法院将审查其是否具备延期的正当理由；若债务人或管理人在九个月期限届满后仍未向法院提交重整计划草案，则法院将会直接裁定债务人企业破产。最后，在部分案例中，法院往往会将债务人企业资不抵债与管理人未能按期提交重整计划草案结合起来，作为更充分的原因以裁定债务人企业破产。

三、关于《破产法》第八十八条规定的适用

《破产法》第八十八条规定：“重整计划草案未获得通过且未依照本法第八十七条的规定获得批准，或者已通过的重整计划未获得批准的，人民法院应当裁定终止重整程序，并宣告债务人破产。”根据上述规定，重整计划草案首先应获得各表决组通过，其次由法院裁定批准；如重整计划未获得表决组通过，法院可在重整计划草案符合一定条件[①]的情况下裁定批准。但若重整计划草案未符合前述两种情况之一，重整即告失败。

从案例来看，对于未获通过的重整计划草案，即使债务人或管理人未申请法院批准重整计划草案，部分法院也会审查草案是否符合《破产法》第八十七条规定的条件。如（2020）云 0902 破 1 号之三民事裁定书载明：“本院认为，云南天鸿高岭矿业有限公司重整计划草案未获得通过，且不符合《破产法》第八十七条规定的可以获得批准的条件。现管理人请求

① 参见《破产法》第八十七条。

本院终止重整程序，宣告债务人破产，符合法律规定。”笔者理解，法院出于拯救债务人企业的考量，希望尽力挽救破产企业，故进行审查，但是债权人自治原则是破产程序应当遵循的原则，重整计划草案表决如未获通过，法院应该审慎行使强制批准权。

四、关于《破产法》第九十三条规定的适用

《破产法》第九十三条第一款规定：“债务人不能执行或者不执行重整计划的，人民法院经管理人或者利害关系人请求，应当裁定终止重整计划的执行，并宣告债务人破产。”在本条的适用中，法院审查的情形与《破产法》第七十八条相似，均从重整草案出发，但两条款适用的重整阶段不同，第九十三条规定的适用阶段为重整草案已经过人民法院批准，进入执行阶段后，如发生债务人不能执行或者不执行重整计划，为保障债权人利益，经管理人或者利害关系人请求，人民法院经审查，裁定终止重整计划的执行，并宣告债务人破产。

从司法实践的角度分析，在本次检索的34起适用《破产法》第九十三条规定的案件中，法院将从以下三个角度审查涉案情况是否属于债务人不能执行或者不执行重整计划。一是基于公司内部管理原因导致无法继续执行重整计划；二是重整计划执行后未取得实际收益，不能按重整计划在规定的时间内偿还债务，各债权人的利益也无法通过重整计划实现；三是重整投资人未履行投资款的交付义务，导致重整计划执行不能。

公司内部管理原因和重整计划执行后未取得实际收益可归结为债务人公司重整执行后的操作原因。其中，内部管理方面可能涉及多种因素，如财产难以变现、企业管理层怠于行使职责、丧失经营许可证等。例如，在（2015）鄂东西湖破字第00004-10号民事裁定书中，法院认为，债务人公司的资产难以处置变现，公司实际控制人因涉嫌刑事犯罪被羁押，人身自由受到限制，其委托的公司员工怠于行使职责，导致重整计划不能执行。同时，因债务人公司拖欠大量农户的种子款，使其商誉严重受到毁损，加之其没有及时续缴品种权年费，经营许可证已过期，公司已经完全丧失经

营基础，故公司不能执行重整计划。上述案例中，债务人公司暴露出了较多的内部管理缺陷，法院在综合认定后，认为其经营基础已难以修复，故宣告其破产。除此种情形外，部分案例中还存在债务人公司努力经营，但未能取得实际收益的情况，在此种情况下，如已无法实现重整计划，则法院仍会按申请宣告破产。例如，在（2015）鄂英山民破字第 00001-4 号民事裁定书中，法院认为，自重整计划批准以来，债务人公司虽按重整计划作出多种努力，但公司一直未取得实际收益，不能按重整计划在规定的时间内偿还债务，各债权人的利益也无法通过重整计划得以实现，为保障各债权人的合法权益，宣告其破产。

除债务人内因外，投资人也是重整计划执行成功与否的重要环节，故重整投资人能否按约履行投资款的交付义务，也是重整计划能否顺利执行的重要因素。以（2014）杭建商破字第 5-1 号民事裁定书为例，债务人公司因重整投资人未履行投资款的交付义务，致使公司不能执行重整计划，法院认为应当终止重整计划的执行并宣告公司破产。投资人的投资款往往是决定债务人企业能否“起死回生”的关键因素，如投资款未能如约到位，债务人企业往往无法执行进一步重整计划，最终导致破产。

第三节　如何提高重整成功的可能性

一、灵活适用预重整方式，提高重整计划通过率

从当前我国的司法实践来看，未能提出重整草案或重整草案未能通过是重整失败的重要原因之一。而之所以未能提出重整草案或重整草案未能通过，通常是因为投资人、债权人、债务人无法达成统一意见。破产案件往往较为复杂，其中涉及的纠纷众多，想要一次性解决所有债务纠纷是难以操作的。因重整过程在时间和程序上受《破产法》规定的严格限制，故整体程序处于十分紧张的状态，多方经常出现无法达成一致意见的情

况，严重阻碍了债务人企业重整。因此，在重整过程中，或可尝试将部分工作前移，灵活适用预重整方式，待投资人、债权人、债务人基本达成共识后，再推动进入重整程序，增强重整的成功概率。

当前，《破产法》虽未对预重整进行明确规定，但 2019 年 6 月 22 日最高人民法院与十二部委发布的《加快完善市场主体退出制度改革方案》(发改财金〔2019〕1104 号）第四条第一款规定："……研究建立预重整和庭外重组制度……研究建立预重整制度，实现庭外重组制度、预重整制度与破产重整制度的有效衔接，强化庭外重组的公信力和约束力，明确预重整的法律地位和制度内容。"预重整制度已经获得国家层面的认可，故在实践中，或可灵活适用预重整方式，协调重整各方，提高重整计划的通过率。

总之，通过预重整，债务人公司既有可能充分发挥破产重整的债务解决优势，又能扩大投资人、债权人、债务人的多方沟通效果，推动重整计划的顺利出台，亦为重整计划的后续执行奠定共识基础。

二、增强投资人违约责任，设置备选投资人

在重整实践中，重整投资人在整体程序中起着十分关键的作用。投资款项的注入可以直接增强债权人信心，进而保障重整草案的顺利通过，重整草案通过后，重整计划的开展执行亦离不开投资人的资金支持，因此，投资人在整个重整过程中始终有着举足轻重的地位。但这种重要地位实质上是一把"双刃剑"，在司法实践中，不乏因重整投资人未按约定履行投资义务，最终导致重整失败的案例。因此，在重整过程中，应当审慎考察投资人，设置必要的违约责任及备选项，未雨绸缪，防止投资款不到位的意外发生。

一方面，在选取重整投资人时，应当在招募、筛选的过程中进行全方位的接触与考察，从重整投资人的资金状况、经营状况、内部管理情况、融资能力等多方面进行尽职调查，并综合考察其实际意愿与履约能力。另一方面，在确认重整投资人时可适当加强其违约责任，如重整投资人未按

约履行义务，则应当承担违约责任，加重其违约成本。此外，还可根据实际情况设置备选投资人，在第一投资人无法履约的情况下对其进行更换，推动重整的顺利进行。

三、合理设置重整计划，注重债务人企业内部管理

在重整失败的案例中，经营持续恶化导致资不抵债一直是一个严重的问题，多数债务人企业均面临这一问题。从已有的案例来看，债务人企业内部管理的混乱与缺失是导致这一问题的直接原因。部分债务人企业存在管理层怠于履职，甚至无管理层的现象，进而引起了一系列企业管理纠纷，直接导致债务人企业经营恶化。面对此种情况，管理人应当积极作为，做好债务人、债权人的沟通者，减少双方的矛盾。同时，亦应当合理设置重整计划，将企业管理设为重要章节，依照现实情况，合理设置内部管理责任和激励措施，增强管理层信心，积极作为，推动重整计划的进行。

一个企业若想重整成功，重新焕发生机，必然离不开多方的共同努力。在内因方面，企业需要加强自身的内部管理，厘清管理层职责，作出合理、正确的战略决策，改善经营状况，增强财务信心。在外因方面，应当利用好重整投资人这把“双刃剑”，增强防范意识，设置合理的违约责任及备选方案，及时弥补投资款项的漏洞。此外，还应当灵活运用预重整等多种手段，增强重整的韧性，降低重整失败的风险。重整并非某一方的单独事项，而是在各利益主体的角力中寻找平衡点，故应充分考虑其价值和可行性，尽量在法律框架内最大限度地保护各方的合法权益，如此，方可实现重整之本意。

第四章 上市公司重整中出资人权益调整方案及救济

企业重整在本质上是一种商业运作。法律对上市公司的重整模式没有具体的规定或限制。实践中，存在存续型重整、出售型重整等典型模式，并在此基础上延伸出其他模式，其基础都是缩减债权人和出资人的权益。而对于其中的问题，尤其是出资人如何救济，最具有法律特征。对这一问题的讨论，也可以为出资人权益调整及重整计划确立适当的边界。

第一节 上市公司重整模式与出资人权益调整方案

一、典型重整模式

根据上市公司的行业情况、经营情况，实践中存在存续型重整、出售型重整等典型模式。从法院介入的角度看，有观点把预重整、关联公司合并重整也列为重整模式。本书探讨的重整模式，是对债务人资产或营业的处置进行的分类。

存续型重整是指保持原企业的法人资格，主要通过债务减免、延期清偿等方式解决其债务负担。出售型重整是指将债务人比较优质的营业事业出售让与，使其在新的法人主体下继续经营。从制度目标上看，重整所要拯救的并非企业的外壳，而是有价值的经营事业。即便企业本身消灭，但如果其营业经转让而在其他主体名下得以继续，仍属于重整。

以前述基本模式为核心，又变化出多种具体的模式，但其根源都在于对债权人和出资人权益的调整。重整计划作为重整程序中的核心法律文件，其主要内容通常包括债务人的经营方案、债权调整与受偿方案、出资人权益调整方案。在实践中，由于重整计划由债权人及出资人组分组表决，管理人或债务人在制订重整计划时，往往也更关注债权调整或股权调整的内容。

二、出资人权益调整的一般方案

在重整实践中，上市公司出资人的权益调整方式主要包括资本公积金转增股票、股权让渡和减资缩股。资本公积金转增股票是扩大现有股份数量的模式，股权让渡是在维持现有股份数量情形下进行操作的模式，减资缩股是减小现有股份规模的模式。这三种模式是出资人权益调整的基本模式，其各自又有很多具体的方式，并且通常混合使用。

1. 资本公积金转增股票

这是实践中被使用较多的方式，但其具体操作根据具体情况有所差别。资本公积金转增股票方案，一般需要明确转增的股数、转增股票的分配及受让价格。需要注意的是，转增股票的分配如过于复杂，可能会引起监管问询。

（1）转增股票的来源

部分公司根据审计情况，其资本公积金中的股本溢价可以支撑转股。在有些情况下，资本公积金转增股票需要豁免债务。例如，在宁夏中银绒业股份有限公司出资人权益调整方案中，[①] 宁夏恒天思路贸易公司与债务人、管理人共同签署了债务豁免协议，豁免了5亿元债权。根据会计准则相关规定，债务人相应获利计入资本公积金。加上账面原有的资本公积金，一并用于转增股票。

根据具体情况，也可以由投资人购买债权后进行豁免。例如，在深圳市飞马国际供应链股份有限公司出资人权益调整方案中，即由重整投资人进行债务豁免形成资本公积金。根据其方案，控股股东及实际控制人向投资人

---

① 出资人权益调整方案除非特别说明，均来自深圳证券交易所、上海证券交易所网站。

有条件转让股票 508555997 股，“重整投资人从债权人处购买 558352388.59 元债权，并向深圳市飞马国际供应链股份有限公司发出《债务豁免通知书》，无条件地豁免了深圳市飞马国际供应链股份有限公司 558352388.59 元债务”。其豁免的债务作为权益性交易计入资本公积金，加上账面原有的资本公积金，用于转增股票。

（2）转增股票的分配

根据实际情况，转增股票在股东、债权人、投资人之间进行分配。在少数情况下，也可以预留一部分由管理人处理，一般用于可能发生的业绩补偿、破产费用等。分配的具体比例，根据实际情况确定。在特殊情况下，可以全部给投资人，或者全部给债权人。

全部给予投资人的情形，由于比较特殊，需要在方案中说明其合理性，一般需要考虑变现所得能否覆盖债权，或者至少能满足需要一次性现金清偿的债权并预留偿债资金。如在川化股份有限公司出资人权益调整方案中，“资本公积金转增的股份，在重整计划批准后按照川化股份有限公司重整计划规定由重整投资人有条件受让。转增股份变现所得用于支付重整费用、公益债务、清偿债权人的债权，剩余部分由川化股份有限公司作为后续经营发展资金使用”。

转增股份在出资人中分配的情况相对复杂。根据具体情况，可以不向出资人分配，或者不向大股东分配，也可以在不同股东之间设置不同的分配比例。

2. 股权让渡

股权让渡也是出资人权益调整的主要方式之一。有观点将股权转让、存量股份调减（让渡）并列为主要方式之一，但两者实质上都是股权让渡，是维持现有股权数量的操作。

根据实际情况，一般是部分出资人，如控股股东及其关联人让渡股份，也可以是全体出资人让渡股份，但此种情形一般要根据持股比例区别对待。如在创智信息科技股份有限公司出资人权益调整方案中，第一大股东及其关联人让渡所持股份数量的 35%；其他持股数量超过 1 万股的股东让渡 1 万股以上部分的 30%，让渡 1 万股以内部分的 25%；持股 1 万股以下的股东让渡所持股份数量的 25%。

3. 减资缩股

上市公司在股改及重整中都采用过缩股的措施，前者是为了使非流通股股东获得流通权，后者是为了降低投资人的成本。但在重组实践中，减资缩股是比较特殊的操作方式，一般不单独采用。

在具体方式上，减资缩股又可细分出注销股份、股份回购、减少票面价值和减少股份数额等。我国立法对以减资为重整措施没有限制，但《公司法》规定的减资程序为：召开股东大会作出决议，必须经过出席会议的股东所持表决权的三分之二以上通过；编制资产负债表及财产清单，自作出决议之日起 10 日内通知债权人，并于 30 日内公告；办理减资手续。这一套流程在破产中明显不适用，但《破产法》对此又无明确的规定，导致实践中的具体操作存在一定问题。

第二节 权益受调整的出资人救济

上市公司在破产重整中遇到的很多问题无法在《破产法》中找到依据，如前面提到的减资缩股的程序问题，业界比较一致的看法是，《公司法》的规定显然不能适用。至于为何不适用，大多是从现象角度分析的。

不管是重整的模式，还是出资人调整的具体方式，都存在多种情形，而且随着时间的发展，还会出现更多新的方式方法，但其基础还是缩减出资人的权益。对于其中的问题，尤其是如何救济出资人，最具有法律特征。对这一问题的讨论，也可以为出资人权益调整及重整计划确立适当的边界。

当然，权益受到调整的出资人也可能基于对经营方案的信赖、对未来盈利的预期，而认可整个重整计划。实践中，宣布重整成功的标志一般是重整计划获得批准，直接效果是债权危机得以化解，但对于重整后债务人的后续经营情况往往缺乏关注。事实上，这也不是司法重整能解决的问题，而且出资人权益调整方案又包含在重整计划之中。因此，下文在讨论对出资人的救济问题时，将出资人权益方案和重整计划视为一体。

一、出资人权益调整的主要依据

上市公司重整计划的出资人权益调整方案一般会列明调整的必要性、调整的范围、调整的内容等事项。对于必要性，一般均会指出，如进行破产清算，现有资产在清偿各类债权后将无剩余财产向出资人分配，出资人权益为零；为了挽救债务人，需要出资人和债权人共同努力，共同分担因此实现重整再生的成本。

《破产法》第八十五条第二款规定："重整计划草案涉及出资人权益调整事项的，应当设出资人组，对该事项进行表决。"缩减是调整的一种方式，该条可以作为法律依据。重整计划包括出资人权益调整方案，经过相应程序后，由法院出具裁定批准。对于其中涉及股份登记事项的，法院也会出具协助执行书。由此，在法院文书的"加持"下，出资人权益调整具备了合法性，但仍不能解决出资人权益调整的合理性。

在实践和理论研究中，对于应否调整出资人权益，一直存在争议。支持的观点一般将"出资人权益为零"作为调整出资人权益的合理性基础。"普遍认为，重整计划草案并不必然要求对出资人权益进行调整，但在上市公司资不抵债的情况下，出资人的股权为负值，并不具有实质权益，同时上市公司通过重整豁免巨额债务获得重生，最大受益人即为上市公司的股东，因为如果破产清算，股东的权益将彻底消灭。因此，重整计划草案必须包括对出资人权益调整的内容。"①

前述"出资人权益为零"只是账面价值，而在破产重整这一综合性事务中，仅从账面价值角度来认识出资人权益是不够的。《破产审判会议纪要》第十四条规定："……破产重整的对象应当是具有挽救价值和可能

① 最高人民法院民事审判第二庭编：《企业改制、破产与重整案件审判指导（增订版）》，法律出版社 2018 年版，第 293 页。

的困境企业……”事实上，具有挽救价值的上市公司，其出资人权益不应当为零。一方面认为出资人权益为零；另一方面又招揽投资人，显然违背正常的商业逻辑。在重整条件下，出资人权益的价值，实际是出资人、债权人及投资人等各方利益博弈后的结果。在这一过程中，壳资源、主营业务的发展前景、未来获利能力等都是重要的衡量因素。

二、出资人可以利用的主要手段

出资人往往会同意权益调整方案，出资人组表决通过重整方案属于绝大多数情况。由于出资人通常会接受重整方案，所以调整的法律依据及合理性，在此往往并不会成为问题。出资人之所以同意，可能是基于与投资人等各方协商妥协的结果，也可能是考虑到即使不同意也无适当的救济渠道。因此，我们从调整出资人权益的现实出发，考虑救济出资人的手段。

1. 出资人组对重整计划的表决程序

《破产法》规定重整计划草案涉及出资人权益调整事项的，应当设出资人组对该事项进行表决，但未规定具体的表决程序。实践中，一般参照《公司法》，将其视为特别事项，即需经参与表决的出资人所持有表决权三分之二以上通过。2012 年《最高人民法院印发〈关于审理上市公司破产重整案件工作座谈会纪要〉的通知》第七条第一款规定：“……出资人组对重整计划草案中涉及出资人权益调整事项的表决，经参与表决的出资人所持表决权三分之二以上通过的，即为该组通过重整计划草案。”这一规定对实践中惯常采用的表决机制予以肯定。在通知程序方面，一般参照《上市公司章程指引》第五十五条规定：“召集人将在年度股东大会召开二十日前以公告方式通知各股东，临时股东大会将于会议召开十五日前以公告方式通知各股东。”

从现状来看，由于参照了《公司法》的表决程序，尽管将其视为特别事项，其仍具有一般经营事项的特征，即少数股东能控制或者影响表决结果。分析历年的出资人组会议召开情况，参会股东的持股比例通常不超过公司股本总额的 50%。一般情况下，控股股东或实际控制人如认可方案，则出资人组即可通过表决。一个典型的例子是锦化化工集团氯碱股份有限公司，根据其关于出资人组会议召开情况的公告，出席会议的股东共两家，所持股占公司总股本的56%。“其中表决同意《出资人权益调整方案》的股东为一家，其代表股份数量为190126969股，占与会股东所代表股份总数的99.84%。”

出资人组会议决议公告一般要说明股东出席的总体情况，包括持股情况、占公司总股本情况。在推行网络投票后，公告会进一步说明现场出席的股东情况和通过网络投票的股东情况。但是，考虑到现场投票和网络投票具有同样的法律效果，监管部门也没有更进一步的信息披露要求，因此，现场出席的股东、网络投票的股东，各自的赞成票、反对票情况，一般不予公告。

实践中，只有极个别重整案件会公布不同参会方式的表决情况。例如，深圳市索菱实业股份有限公司关于出资人组会议召开情况的公告表明，参会股东共171家，代表有表决权的股份数量占有表决权股份总数的19.2376%。“（一）现场参会的股东4家，代表有表决权的股份数量58749010股，占公司有表决权股份总数的13.9297%。（二）网络投票的股东167家，代表有表决权的股份数量22386320股，占公司有表决权股份总数的5.3079%。”“现场表决情况：同意58749010股；反对0股；弃权0股。网络表决情况：同意22086220股；反对300100股；弃权0股。”

从这个实例来看，第一，一般出资人影响表决的最重要的途径就是尽可能参与表决。从现有机制上看，出资人组表决要求三分之二以上通过，但对于参会人数或者说表决权的计算基数没有规定。第二，对于参会方式是否影响表决结果，还没有定量的数据规定。就一般心理而言，尤其是中小股东，在现场容易受各自情绪、现场情况的影响。近年来，线上参会的情况急剧增多，这是值得重视的现象。

2. 中小股东利益的特殊保护

在重整计划的制订、出资人组表决等方面，都对中小股东有一定的特殊保护。

在出资人权益调整方案中，一般会避免或减少对中小股东的调整。比如，在股权让渡时，通常由大股东或持股数量排名靠前的少数股东让渡。

目前，深圳证券交易所的出资人组会议召开情况公告，一般会说明中小股东的表决情况。通过对这些会议的情况进行分析，对重整计划的意见分歧在中小股东中更加明显。比如，深圳市飞马国际供应链股份有限公司出资人组会议中小股东表决情况如下，"同意 65290310 股，占出席会议中小股东所持股份的 40. 3054%；反对 96669925 股，占出席会议中小股东所持股份的 59. 6768%"。而总的表决情况为，"同意 773224628 股，占出席会议所有股东所持股份的 65. 4884%；反对 407451175 股，占出席会议所有股东所持股份的 34. 5092%"。

《最高人民法院印发〈关于审理上市公司破产重整案件工作座谈会纪要〉的通知》第七条第二款规定："考虑到出席表决会议需要耗费一定的人力物力，一些中小投资者可能放弃参加表决会议的权利。为最大限度地保护中小投资者的合法权益，上市公司或者管理人应当提供网络表决的方式，为出资人行使表决权提供便利。关于网络表决权行使的具体方式，可以参照适用中国证券监督管理委员会发布的有关规定。"行政部门将中小股东权益的保护作为破产重整中的一个重要事项。2022 年 3 月，深圳证券交易所、上海证券交易所发布破产重整信息披露指引，通过明确重整投资人的引入方式和受让价格及规范权益调整事项安排来保证中小股东及债权人的利益。

但是，中小股东参与的积极性仍然较低。根据现有制度，中小股东可以通过积极参与，积极向监管机构、行政部门等反馈利益诉求，争取在重整方案中最大限度地实现自身利益。

3. 重整计划公平公正的考虑因素

根据《破产法》第八十七条第二款之规定，未通过重整计划草案的表决组拒绝再次表决或者再次表决仍未通过的，重整计划符合一定条件可以由法院裁定批准。其中一个重要条件是，"重整计划草案对出资人权益的调整公平、公正，或者出资人组已经通过重整计划草案"。《破产审判会议纪要》第十八条进一步规定："……人民法院应当审慎适用企业破产法第八十七条第二款，不得滥用强制批准权。确需强制批准重整计划草案的，重整计划草案除应当符合企业破产法第八十七条第二款规定外，如债权人分多组的，还应当至少有一组已经通过重整计划草案，且各表决组中反对者能够获得的清偿利益不低于依照破产清算程序所能获得的利益。"但对于出资人权益的调整公平、公正，如何衡量，并没有确切的标准。法院"强裁"时通常不会详细阐述其认为公平、公正的具体原因，出资人权益调整方案内容一般也不包括方案的公平、公正等方面。

在安通控股股份有限公司（以下简称安通控股）重整案件中，根据其出资人调整方案，向除控股股东以外的全体股东分配的转增股票主要用于引进重整投资人以及清偿负债，但其中接近 1 亿股将向公司前 100 名股东之外的全体股东进行分配。上海证券交易所发函问询"上述分配方式的主要考虑，是否公平合理，是否有利于保障全体股东利益"。该公司对此解释称，由于公司账面净资产为负，如破产清算，出资人权益为零，为挽救公司，避免退市和破产清算的风险，出资人应和全体债权人共同努力，共同分担实现安通控股重整的成本，共享重整成功的收益。因此，可以对出资人权益进行调整。"在破产程序中债权人利益优先的原则以及充分引入重整投资人以保证企业将来有足够发展资源的前提下，根据资产评估、债权审核等客观情况，经过与包括债权人、候任重整投资人、股东等在内的各主要利益相关方进行深入沟通、谈判，重整程序中转增股票所形成的增量资源，优先用于清偿负债以维护债权人利益。充分引进重整投资人以保障重整成功并为企业将来发展预留资源，在此之后，剩余有限的转增股票用于专项向广大中小股东分配。在有限资源的基础上尽可能多地满足前述多重目标，最大限度地促成各方达成一致，推动安通控股重整成功，挽救安通控股、化解上市公司经营和债务危机、恢复持续经营能力和盈利能力，从而保护包括中小股东在内的全体股东和各利益主体的合法权益。"

这是目前极少数回应出资人权益调整方案公平、公正的实例。其阐述的理由主要是，因"出资人权益为零"，故可以调整，而调整方案是"经过与包括债权人、候任重整投资人、股东在内的各主要利益相关方进行深入沟通、谈判”的结果。实际上是认为，既然投资人、大股东以及多数债权人均认可方案，所以方案是公平、公正的。

《破产法》第八十七条规定，“强裁”条件还包括“债务人的经营方案具有可行性”。《破产审判会议纪要》进一步规定：“重整计划中关于企业重新获得盈利能力的经营方案具有可行性……”这也是需要主观判断的因素。实践中，鲜有对经营方案可行性提出挑战的。一般来说，只要得到潜在投资人的认可，方案就默认具有可行性。

由此可见，按照对出资人权益调整方案是否公平、公正的论证逻辑，凡是不认可方案的股东，均有指责方案不公平、不公正的理由。而经营方案的可行性，本身是一个商业问题，由法院来裁判、衡量存在一定障碍。可以考虑从落选投资人的角度，分析、判断经营方案的可行性。

4. 行政部门在破产重整中的职能

从行政部门在上市公司破产重整中发挥作用的角度，也可以为出资人权益救济提供实用路径，主要有以下两个方面。

（1）行政对于破产重整的主导作用

首先，地方政府在上市公司破产重整中往往起着主导作用。在多数上市公司破产重整案件中，地方政府均会设立专门的协调机构，负责重整事务的协调和推进。政府积极参与重整的各项环节。

其次，上市公司重整计划的会商制度。《最高人民法院印发〈关于审理上市公司破产重整案件工作座谈会纪要〉的通知》最终形成了当重整计划草案涉及证券监管机构行政许可事项时，启动最高人民法院和中国证券监督管理委员会会商机制的思路。按照这一思路，“……受理案件的人民法院应当通过最高人民法院，启动与中国证券监督管理委员会的会商机制。即由最高人民法院将有关材料函送中国证券监督管理委员会，中国证券监督管理委员会安排并购重组专家咨询委员会对会商案件进行研究。并购重组专家咨询委员会应当按照与并购重组审核委员会相同的审核标准，对提起会商的行政许可事项进行研究并出具专家咨询意见。人民法院应当参考专家咨询意见，作出是否批准重整计划草案的裁定”[①]。

政府部门介入后，其在考虑破产重整事项时，并不单纯地将其视为一个法律事件，更多的是将其作为一个行政管理事项。因此，政府部门在判断、决策时，就具有行政权力行使的一般特点。

（2）重整信息披露

2022 年 3 月，上海证券交易所发布《上海证券交易所上市公司自律监管指引第 13 号——破产重整等事项》、深圳证券交易所发布《深圳证券交易所上市公司自律监管指引第 14 号——破产重整等事项》，从制度层面进一步规范了破产重整的运作。

在安通控股股份有限公司的重整中，上海证券交易所发出了《关于对 * ST 安通重整计划出资人权益调整方案有关事项的问询函》，提出六大问题，要求其在收到问询函后立即对外披露，并在 5 个交易日内以书面形式回复并披露。问题包括，“转增股票中，应向除控股股东以外的全体股东分配的股票主要用于引进重整投资人以及清偿负债，但其中 9749. 57 万股将向公司前 100 名股东之外的全体股东进行分配。请补充披露上述分配方式的主要考虑，是否公平合理，是否有利于保障全体股东利益。请充分提示风险”等。

据此可见，充分利用信息披露制度也是出资人权益保护的重要手段，可以通过披露的方式倒逼方案更加趋向公平、合理。

三、出资人可寻求的其他救济渠道

除以上现有规则框架下的渠道外，对出资人而言，还可以寻求更多的救济手段。

1. 区别出资人的过错

出资人权益调整方案在对待中小股东权益时，事实上也考虑到，中小股东往往不参与，甚至不关注经营，对债务人陷入破产危机并无过错。但

---

① 出自《最高人民法院印发〈关于审理上市公司破产重整案件工作座谈会纪要〉的通知》第八条规定。

是，出资人权益调整的基础是对全体出资人的过错推定。

在权益调整时，有考虑出资人过错的实例。在广夏（银川）实业股份有限公司（以下简称广夏股份）的重整中，管理人公布的关于出资人权益调整事项的说明称，“鉴于第一大股东浙江长金实业有限公司在取得广夏股份的过程中严重违约，且支付对价款不足一半，导致广夏股份债务负担大幅增加；同时，其作为公司第一大股东对公司经营现状负有主要责任，因此，安排其（或其受让方）让渡比例为70%。其余股东持股数量50万股以上的部分让渡18%，50万股以下（含50万股）的部分让渡12%”。这是极其少见的，即在出资人权益调整方案区别对待出资人时，阐明原因的案例，其明确了大股东对公司陷入破产具有过错。

法院在处理相关案件时，也有考虑出资人对破产过错的实例。《破产审判会议纪要》第三十九条规定，将对破产企业具有控制关系的股东通过不当利用关联关系形成的债权确认为劣后债权，劣后于其他普通债权顺序清偿。此外，司法实践中还有将股东出资不实、股东经营不当对公司破产有责任等情形作为股东债权劣后清偿的实例。在成都达江公司与广安达江公司普通破产债权确认纠纷案［（2017）川1603民初1309号］中，法院认为，“由于广安达江公司的股东吴某良已全部投资到位，在经营中被告公司需资金周转，公司股东又为公司的法人吴某良通过成都达江公司转入投资款，该投资款并未转为广安达江公司的公司资本，现广安达江公司已进入破产程序，该投资款应为该公司的破产债权，由于公司股东吴某良参与了公司的生产经营，对公司生产经营起主导作用，公司走到破产程序，其股东吴某良有很大责任，该破产债权应有别于其他普通破产债权，应属劣后债权”。

对于大股东或实际控制人而言，调整权益是很现实的选择。但是，对于因市场环境等客观原因或经营策略失误等难以苛求的主观原因导致陷入资不抵债困境的企业经营者，应予以宽容。

可以考虑在受理审查阶段引入听证制度，对大股东（或持股比例靠前的部分股东）是否存在滥用股东权利、损害公司利益、损害债权人利益等情形予以初步查明。允许申请人、出资人及公司、债权人各方就此辩论、初步举证。法院可不就此作出判决，以区别于诉讼程序，但可据此指导出资人权益调整方案，区别对待无过错的股东。在条件成熟时，也可将此阶段与管理人追究相关股东责任的制度进行衔接。

2. 申请对破产重整的司法监督

前文提到了重整计划“强裁”的条件，如公平、公正、合理性等，但并没有具体的衡量标准，而“强裁”本身又不可诉，这便使出资人及其他相关主体的权益很难得到救济。

上市公司中小股东规模庞大，但其参与表决的比例较低，对个体而言，救济成本过高。在此，检察院完全有介入的正当性——检察院可以通过依职权方式或因有关主体申请，对上市公司之重整实施监督。

具体而言，第一，可以考虑对公布的重整计划草案中包括出资人权益调整方案提出检察建议，要求法院依法予以指导。第二，对于“强裁”，如认为不符合《破产法》条件，也可以对裁定提出抗诉或再审检察建议。

第五章 金融债权与重整阶段之探讨

重整制度以拯救企业为基本目标，在优化营商环境、整合企业及社会资源、提高破产债权清偿率等方面具有显著优势，在近些年的破产案件中，重整制度被越来越多地应用。但是，进行重整的企业通常资产及债务规模较大，涉及的参与主体、利益主体也很多，因此，重整过程中不同利益诉求方的冲突及博弈也相对激烈。

金融机构作为经济活动中的重要枢纽，也越来越多地参与进重整中。除了重整投资、共益债务投资之外，金融机构最常见的还是以债权人身份参与重整程序，且大部分情况下为有财产担保的债权人，并对重整企业的核心资产享有担保物权。在此情况下，金融债权人通常要比其他债权人面对更为复杂的情况，承担更多的决策困境及风险，由此，金融债权妥当地参与重整程序，也变得越发重要和有价值。

第一节 金融债权与重整程序启动

基于穷尽追收措施之目的，以及内部工作履职之需要，金融债权人可能主动以债权人身份向管辖法院申请启动债务人的破产重整程序。另外，由于金融债权通常都有相对完善的担保措施，可优先通过执行担保物及向第三方追偿获得债权清偿，相对更具效率优势。除非担保物价值显著不足或第三方无清偿能力，一般情况下，金融债权人会不愿意主动申请债务人破产。

一、主动启动重整的考量因素

《破产法》第七条第二款规定："债务人不能清偿到期债务，债权人可以向人民法院提出对债务人进行重整或者破产清算的申请。"据此规定，金融债权人作为债权人之一，可以通过申请的方式主动发起债务人破产重整程序。

如前所述，由于个别清偿对金融债权人更具效率，主动申请债务人重整对其而言本就有一定的决策难度。具体来说，金融机构需要根据《破产法》相关规定并结合实际情况，主动考量重整可能对其债权产生影响的因素。实践中，常见的因素包括案件管辖、保全措施解除、执行程序中止、债权申报及诉讼中止、个别清偿撤销及破产财产追回等。相关因素的影响不可一概而论，这既与债权的具体情况有关，又受到管辖法院、管理人的实务影响，还与破产案件信息的披露程度相关。

例如，在破产管辖方面，《破产法司法解释（二）》第四十七条第一款和第二款规定："人民法院受理破产申请后，当事人提起的有关债务人的民事诉讼案件，应当依据企业破产法第二十一条的规定，由受理破产申请的人民法院管辖。受理破产申请的人民法院管辖的有关债务人的第一审民事案件，可以依据民事诉讼法第三十八条的规定，由上级人民法院提审，或者报请上级人民法院批准后交下级人民法院审理。”据此可知，由破产案件中衍生诉讼的管辖问题，主要由破产受理法院或其关联法院处理。实践中，相关衍生诉讼的进程及结果，一定程度上会受到破产案件相关情况的影响，尤其是在各方博弈比较激烈的重整程序中，法院在行使自由裁量权时，必然会综合考量各种因素及对各方利益的平衡。其中，由于金融债权通常数额较大，其相关衍生诉讼的结果对破产案件的影响更大，因此，金融债权人对此要提前有所意识和准备。

再如，关于保全措施解除及执行中止，《破产法》第十九条规定：“人民法院受理破产申请后，有关债务人财产的保全措施应当解除，执行程序应当中止。”对于金融债权人而言，执行程序中止通常是必然的，但解除保全措施却并不尽然，尤其是在企业存在受理后被驳回破产申请可能的情况下，更不应贸然解除保全措施。实践中，有的重整计划会规定解除保全措施的相关时点。例如，海南航空控股股份有限公司及其十家子公司重整计划中即规定：“尚未解除对十一家公司财产保全措施的债权人，应当在本重整计划获得法院裁定批准后协助办理完毕解除财产保全措施的手续。如因债权人原因未能及时解除对十一家公司财产的保全措施而影响公司重整计划执行或对公司生产经营造成影响及损失的，由相关债权人向公司及相关方承担法律责任。”

此外，企业进入破产程序后，债权人应当通过债权申报向债务人主张权利，无须也不应直接提起相关诉讼或仲裁，但对于破产受理前已经开始但尚未终结的诉讼或仲裁，依据《破产法》第二十条之规定，应当先行终止，“在管理人接管债务人的财产后，该诉讼或者仲裁继续进行”。此时，理论上，债权人可以选择撤回诉讼或仲裁，完全由管理人对债权进行审查及确认，节省司法成本。但是，由于金融债权通常包括复利、罚息、违约金等内容，实务中，管理人对此的处理方式存在差异，为避免在债权申报及确认阶段再次发生债权确认诉讼，金融债权人可以考虑继续未完结的诉讼，以实现债权确认金额符合预期。

另外，依据《破产法》第三十一条至第三十四条的规定，针对破产受理前的不当财产处置、个别清偿行为，管理人有权请求法院撤销有关法律行为，并对财产予以追回。该等制度设计对金融债权而言不一定有利。如经分析判断，重整程序的启动整体上有利于金融债权人利益，则金融债权人可以考虑主动提出破产重整申请或者协调其他债权人、债务人提起，不对抗其他主体发起的重整程序。

二、对重整有异议的救济途径

如金融债权人主动申请债务人重整，针对人民法院不接收申请或者不按照《破产法》第七条规定执行的，申请人可以向上一级人民法院提出破产申请，针对人民法院裁定不予受理的，申请人可以自裁定送达之日起十日内向上一级人民法院提起上诉。

如金融债权人被动启动债务人重整，且该重整程序不利于其权益的实现和保护，则可以从程序和实体两个方面进行应对。

程序方面，在法院进行破产审查阶段，金融债权人可善用法庭谈话、听证程序，在重整受理前即针对前述实体问题质疑，并可积极协调其他债权人共同作出妥善应对，尽最大努力争取人民法院的支持。此外，在重整程序受理后，理论上还存在法院裁定驳回破产申请（包括重整申请）的可能。一般情况下，该情况主要通过管理人接管企业后调查发现，并以提交报告的方式向法院汇报，但实务中亦存在债权人主动推动驳回破产申请之情形，尤其是对较为了解债务人情况的金融机构而言，更具便利条件和现实可能。另外，根据破产法司法解释的相关规定，对实质合并破产重整裁定，债权人还有向受理法院的上一级人民法院申请复议的权利。

实体方面，主要是针对债务人是否具备破产或重整条件进行研判及审查。通常情况下，金融债权人基于前期尽调及后续资金监管，对债务人的情况相对更加了解，进而可以研判债务人是否真正具备《破产法》第二条规定的破产条件存在的可能。具体而言，即可以从债务人是否真正资不抵债、是否真正明显缺乏清偿能力、是否有明显丧失清偿能力的可能三个方面对其进行审查。但即使债务人具备破产条件，也不意味着其符合重整条件，根据最高人民法院印发的《破产审判会议纪要》第十四条的规定，法院需综合认定债务人是否具有挽救价值、是否具备重整可能，只有符合相关要求的企业才能被受理破产重整。此外，近些年实质合并重整案件之数量也有所增多，该制度的适用也不一定有利于金融债权人，具体因个案而异。如金融债权人对实质合并重整存在异议，可从关联企业是否切实存在法人人格混同、区分关联财产成本过高、严重侵害债权人公平清偿利益等方面进行研判。本书有专门篇章对实质合并破产问题进行探讨，在此不赘述。

第二节　金融债权人与重整期间

重整程序启动后，金融债权人将依法参与重整程序，在法院裁定终止重整程序前，此阶段被称为重整期间。金融债权人在重整期间的核心工作有两个：一是申报并确认债权；二是研究并表决重整计划草案。在个别案件中，重整阶段可能也涉及紧急资产的处置或其他不可拖延决策的事项，在此不展开论述，以下主要探讨金融债权人在两项核心工作中的注意事项。

一、申报并确认债权

1. 管理人沟通

在重整程序中，法院扮演的是裁判者、监督者的角色，管理人是具体事务的执行者，法院虽然可以在大方向、大是非问题上进行指导，但终究无法深入细节，因此与管理人的沟通就显得尤为重要。对此，首先，要意识到管理人并非个人，而是一个通过内部制度或机制运作的机构，尤其是在某些重大重整案件中，管理人通常会由多个机构联合组成的清算组担任，甚至会有政府相关部门在内，以便更好地落实“府院联动”。因此，金融债权人在与管理人工作人员沟通时，先要知悉联络人在管理人组织中的角色。其次，要判断债权人提出主张的影响范围是否涉及其他成员机构。最后，要注意书面留痕，任何口头沟通及要求最终都要落实到纸面上。

2. 债权申报

为了顺利参加第一次债权人会议并行使表决权，金融债权人应尽量提早申报债权，给管理人充足的时间审查确认，或向法院申请给予暂缓确认的金融债权人临时表决权，避免发生金融债权人无法参会或无法表决的情况。如果基于某些原因，金融债权人没有或不想按时申报债权，也并不会因此丧失实体性权利。《破产法》第九十二条第二款对此有相关规定，即“债权人未依照本法规定申报债权的，在重整计划执行期间不得行使权利；在重整计划执行完毕后，可以按照重整计划规定的同类债权的清偿条件行使权利”。但是，逾期申报的，债权人需要承担程序性不利后果。例如，错失对某些议案行使表决权，或者需要承担因逾期申报导致的额外工作费用等。在申报债权后，债权人有权撤回申报，金融债权人在重整程序中撤回债权申报的情况并不少见，尤其是在债权人可追索担保人的情况下。因“法无禁止即可为”，实务中，管理人通常允许债权人撤回申报，但如果法院已通过裁定确认了债权人的债权，则无法再撤回债权申报。此外，撤回债权申报后要及时通知担保人，以免在债权人向担保人主张权利时，担保人据此抗辩。

3. 债权异议

金融合同通常较为复杂，会在利息、违约、权利实现等方面进行详细约定，正因如此，在申报债权时可能会给管理人审核带来一定的麻烦。因此，除按照管理人发布的债权申报指引准备有关文件外，最好详细地列明申报金额的构成、计算方式、是否附条件及期限等情况，以方便管理人审查。对于金融债权人主张的复利、罚息、加倍履行利息等常见问题，不同管理人可能会作出不同的处理。例如，根据最高人民法院印发的《破产审判会议纪要》的精神，将对被认定为“惩罚性债权”的部分作为劣后债权处理，甚至不予确认。对此，金融债权人要有预案，并根据内部合规、履职需要及时作出应对。

如金融债权人对管理人的债权审查结果存在异议，包括对本户或他户债权的审查结果存在异议，应积极进行救济。救济途径较为明确，即按照《破产法司法解释（三）》第八条、第九条之规定行权。具体而言，金融债权人应在规定期限内向管理人提出书面异议，同时说明理由和法律依据；此中的“规定的期限”，通常由管理人在第一次债权人会议文件中作出，常见为十五日。提出书面异议后，管理人如不接受异议，应作出书面解释，以便金融债权人后续起诉；管理人如接受异议，应对债权审查金额予以调整。如经管理人解释或调整后，债权人仍然不服，或者管理人不予解释或调整，债权人则应当自审查结束后十五日内向人民法院提起债权确认的诉讼。实务中，“审查结束”的时点可能为两个，或是债权人会议核查债权表完毕视为“审查结束”，或是管理人针对书面异议出具书面审查结果视为“审查结束”。对此，金融债权人在个案中应予以关注，不可想当然地理解为后者，以致错过提起债权确认诉讼的时限。此外，实务中，根据有关判例，如债权人在“十五日”起诉时限后提起诉讼，虽然不会导致实体权利的灭失，但可能需要承担程序上的不利后果。

二、重整计划草案的制定与表决

1. 重整计划草案制定过程中应关注的事项

除非金融债权人同时也是重整投资人，否则重整程序中的债权人便不具备提出重整计划草案的资格，其对重整计划草案相关内容的诉求主要通过表决权反映出来。当然，如金融债权人的债权金额较大、占比较高，管理人或债务人在制定重整计划草案的过程中，也会考虑金融债权人的意见，尤其是就与其权益息息相关的债权调整、债权受偿方案的内容，一般会与有关金融债权人充分沟通。另外，在重整计划草案的制定过程中，一般会同步开展重整投资人的招募工作，金融债权人也可以利用自身资源为债务人推荐优秀的投资人，甚至作为资金方为债务人提供共益债融资，或为重整投资人提供再融资，间接影响重整计划草案的制定。

关于重整计划草案的内容，金融债权人应重点关注与债权清偿率相关的部分，主要为债权调整及受偿方案。关于债权调整，对于担保物价值无法覆盖的部分债权，该等有财产担保性质的债权将依法转为普通性质的债权进行清偿。对此，金融债权人如存在异议，应在重整中于债务人财产的评估阶段，或债权异议过程中进行处理。在债权受偿方式上，常见方式及利弊介绍如下。

（1）现金

即通过战略投资人提供资金或变现重整企业非营业所需资产的方式，筹措现金进行清偿债务，是最基础的清偿方式。实践中，职工债权、税款债权、普通债权中的小额债权常可通过现金全额清偿，而其他债权则通过多种清偿方式组合进行清偿。

（2）留债

留债是重整中常见的清偿方式，实际上是协商一致，对原有债权进行延期清偿，从而给予重整企业休养生息的时间和继续发展的空间。但需要注意的是，重整中的留债实际是以“新债”清偿“旧债”，在法律上，原有的“旧债”会被消灭。整体上可以提升对债权人的清偿能力。

（3）以股抵债

以股抵债是重整中运用较多的清偿方式，尤其是上市公司，由于其股票可在二级市场进行交易，以股抵债清偿更是其青睐的债权受偿方式。该清偿方式的优势在于可较大提高债权账面的清偿率。例如，在康美药业重整中，即通过以股抵债100%清偿了全部债务。但需要注意的是，由于股票或股权定价的问题，相关债权虽可在账面上全额清偿，但在实际变现时，实际获偿金额仍存在不确定性。

（4）信托份额抵债

近年来，信托份额清偿在重整案件中越发常见。具体而言，是以打包部分资产为基础成立信托计划，由第三方专业机构管理、运营和处置有关财产，债权人通过获得信托产品受益权份额实现债权清偿。此清偿方式可以实现“以时间换空间”的目的，除了可能使债权人获得持续信托收益，也有利于重整后引入战略投资人的操作，目前在很多重整案件中也被作为“持续引战”的常见制度设计。但与以股抵债的弊端类似，信托份额清偿也存在账面清偿与实际清偿结果不符的潜在风险。

上述常见的债权受偿方式在实践当中的痛点是，即使金融债权人反对，鉴于重整计划草案的表决规则，有关方案仍可作为重整计划草案内容的一部分，在债权人会议上表决通过并被批准实施，或者虽未表决通过，但法院仍可“强裁”批准实施。有观点认为，是否接受非现金的清偿方案，不应受到少数服从多数的表决机制的限制，而应赋予每一个债权人选择权。但是，由于《破产法》明确规定，重整计划生效后对所有债权人具有约束力，除非重整计划对此作出特别规定，否则上述观点将无法在法律规定层面得到落实。为减小非现金清偿方式对金融债权清偿的影响，除了在偿债资源预留期内积极向连带债务方、担保人追偿，金融债权人也可积极谋划替代性解决方案，包括但不限于协调提供清偿方案的选择、担保代偿、债权转让等。

2. 重整计划表决过程中应关注的事项

（1）分组表决

重整计划草案按照各债权性质分组进行表决，一般分为担保债权组、职工债权组、税款债权组、普通债权组。必要时，可在普通债权组中设小额债权组。重整计划草案涉及出资人权益调整事项的，应当设出资人组，对该事项进行表决。表决通过的规则是，该组中同意的债权人数过半，且同意的债权人代表的债权额占该组债权总额的三分之二以上。各表决组均通过重整计划草案时，重整计划即为通过。

（2）未通过表决组可二次表决

有部分表决组在未表决通过重整计划草案的情况下，债务人或者管理人可以在与该组协商后，由该组再表决一次，但法律规定，双方协商的结果不得损害其他表决组的利益。再次表决通过即重整计划草案获得通过，如果该组拒绝再次表决或者表决后仍未通过重整计划草案，则重整计划草案未通过。

（3）法院“强裁”批准

对于未通过重整计划草案的表决组拒绝再次表决或者再次表决仍未通过的重整计划草案，经债务人或管理人申请后，如果法院认为符合《破产法》第八十七条规定的条件，可以“强裁”批准重整计划草案。本书有专门章节探讨重整计划草案“强裁”，在此不展开讨论。但需要注意的是，在可能发生“强裁”的情形下，金融债权人应注意审查重整计划草案是否满足《破产法》规定的前提条件，必要时及时向管理人、法院书面反馈意见，避免在重整计划草案被“强裁”批准后发生不可逆的不利后果。

（4）重整计划的救济

无论是债权人经过会议表决通过的重整计划，还是经过债权人会议两次表决均未通过而又符合法律规定的条件由人民法院强行批准的重整计划，即使金融债权人有异议，重整计划也对金融债权人具有约束力。《破产法》并没有直接规定当金融债权人对重整计划草案持反对意见，重整计划仍被人民法院“强裁”时，金融机构如有异议是否可以提起复议或上诉。有观点认为，根据《破产法》第四条之规定，该等情形下的救济可以适用《民事诉讼法》的有关规定，即通过申请再审启动审判监督程序。但《民事诉讼法司法解释》第三百七十八条明确规定，破产案件当事人不得申请再审；第四百一十二条明确规定，破产案件人民检察院不得提出抗诉。因此，可以说，针对重整计划，目前在法律规定层面，对债权人的救济机制设计存在不足。在没有明确救济路径的情况下，金融债权人应作前置考虑，在重整计划通过、批准阶段充分反映意见，慎重行使表决权。

（5）金融机构债权人委员会

根据中国银行保险监督管理委员会、国家发展和改革委员会、中国人民银行、中国证券监督管理委员会联合印发的《金融机构债权人委员会工作规程》（银保监发〔2020〕57号）第二条第一款之规定，针对债务规模较大、存在困难的非金融债务企业，3家以上持有债权（含贷款、债券等）、管理的资产管理产品持有债权、依法作为债券受托管理人的银行保险机构和证券期货基金经营机构等，可以发起成立金融机构债权人委员会。需要注意的是，与破产程序中的债权人委员会不同，金融机构债权人委员会的成立并不仅限于破产程序，对于陷入债务困境的非破产企业也成立。因此，在很多重整案件中，经常会出现金融机构债权人委员会与破产程序中的债权人委员会并存的局面。据此，在重整计划草案表决时，金融债权人可考虑善用金融机构债权人委员会协商机制，通过达成一致行动来增大金融债权人在重整计划草案表决中的话语权。

第三节 金融债权与重整计划执行

重整计划草案被法院裁定批准后，重整程序终止，但并未终结，接下来进入重整计划的执行阶段。在此阶段，金融债权人不应放任不管，债权受偿方式的选择、偿债资源的预留、潜在新生诉讼等都有可能对金融债权人债权的实现及有关权益造成实质性影响。

一、债权受偿方式的选择

自北大方正重整后，在重整计划草案中给予债权人多种清偿方式的选择权便成为一种趋势和有利设计。中国人民大学破产法研究中心主任王欣新教授也称北大方正的重整计划“不负债权人和社会各界的期待”，并且“较其他大型集团重整案例更加切实地保护了债权人利益”。具体而言，北大方正重整计划在给予债权人“现金+以股抵债”或“现金+留债”清偿方案之选择的同时，债权人还可自主选择将抵债的股权按一定条件全部置换为现金清偿，或在未来条件成就时行使溢价回购的权利；北大方正重整计划通过提供配搭式清偿方案，尽量满足不同债权人的实际需求，短期内需要资金的债权人可选择以股权换现金的方式，虽然在清偿率上有所折损，但更有利于解其燃眉之急，看好重整后企业发展的债权人，则可选择中长期持有股权，未来要求相关主体溢价回购。

在类似的上述重整计划中，面对纷繁复杂的债权清偿选择，金融债权人亦可能陷入决策难题。此时，金融债权人需要在了解有关清偿方式利弊的基础上，结合内部合规要求进行考量。关于常见的清偿方式及其利弊，前文已有论述。除此之外，对于金融债权人而言，在获得重整偿债资产后，极少长期持有，通常都会尽快变现。但对于有锁定期的上市公司股票，或为了“持续引战”获得的股权（包括持股平台间接持股）或信托计划，在安排后续工作时，可能会受监管合规、审计评估等要求的影响。实务中，相关情况下可能涉及的规定包括但不限于《财政部关于印发〈银行抵债资产管理办法〉的通知》（财金〔2005〕53号）、《金融企业财务规则》（财政部令第42号）、《中国银行业监督管理委员会、财政部关于印发〈不良金融资产处置尽职指引〉的通知》（银监发〔2005〕72号）、《企业国有资产交易监督管理办法》（国务院国有资产监督管理委员会、财政部令第32号）、《财政部关于规范国有金融机构资产转让有关事项的通知》（财金〔2021〕102号）、《金融企业国有资产转让管理办法》（财政部令第54号）、《金融企业国有资产评估监督管理暂行办法》（财政部令第47号）。因此，金融债权人在重整计划执行阶段选择债权受偿方式时，建议结合后续处置安排及相关规定，关注可能遇到的合规问题。

二、偿债资源的预留

实践中，存在重整已完成但债权人仍在进行破产债权确认纠纷诉讼的情形，或者债权人为向第三方追偿，暂时不受领重整清偿资产的情况。为便于债权人自由行使权利，越来越多的重整计划规定了偿债资源预留期的有关内容。

例如，《海南航空控股股份有限公司及其十家子公司重整计划》中规定：“自债权金额确认后，债权人因自身原因未按照本重整计划的规定受领偿债资源的，自债权金额确认之日起满1年后，视为债权人放弃受偿，但预留期限最长不超过重整计划裁定批准之日起3年。”据此，债权人获得了一年的偿债资源预留期，对于因诉争等原因未约定债权金额的，有长达三年的偿债资源预留期。再如，《康美药业股份有限公司重整计划》中规定：“根据本重整计划应向其分配的资金、股票和信托受益权将提存至管理人指定的银行账户、证券账户或代持主体的信托账户，提存的偿债资金、股票或信托受益权自重整计划执行完毕之日起满三年，因债权人自身原因仍不领取的，视为放弃受领清偿款项的权利。”此外，渤钢集团、北大方正集团等大型重整项目中，均有偿债资源预留期的制度设计。

该情况对于金融债权人而言，虽然为其提起破产债权确认之诉、向第三方主体追责等操作提供了客观上的便利，但也对相关工作时点的把控、细节问题的处理等提出了更高要求，也给金融债权人的内部决策带来了一定的困难和风险。总的来说，金融债权人在重整计划草案制定阶段，就要关注偿债资源预留期的有关安排，如果相关规定不利于己方债权的情况，应及时向管理人提出，争取对重整计划草案进行修改。在重整计划的执行过程中，更要关注有关时点，避免因预留期届满导致的“失权”问题。

三、与其他债权实现程序的协调

关联企业同时进入破产程序的，除非发生实质合并破产，原则上，每个关联企业的破产案件都是独立的，如关联企业是金融债权的连带债权人或者保证人，则法院会对相关破产程序进行协调审理。此外，在保证人未破产的情况下，金融债权人亦很可能在破产程序之外向第三方保证人追偿。因此，在重整计划的执行阶段，金融债权人也需要注意重整程序与其他债权实现程序相协调的问题。

根据相关主体是否进入破产程序亦有所不同，可进一步分为三种情况：主债务人破产，保证人未破产；主债务人未破产，保证人破产；主债务人、保证人均破产。

在第一种情况下，在参与重整程序前，债权人既有权选择申报债权，也有权选择不申报债权而追索保证人，还可以二者同时进行。在参与重整程序后，如有在重整程序中未获全部清偿的债权，债权人仍有权请求担保人继续承担担保责任。需要金融债权人注意的是，如不申报债权或申报后在一定期限内撤回申报，则保证人有权申报债权或补充申报债权，金融债权人应当注意通知保证人申报或补充申报，做好通知证据的留存。如金融债权人为追索保证人而选择撤回申报，则应关注撤回对保证人受偿权利和破产重整程序进程的影响，以免担责。此外，债权人对已进入破产重整程序的债务人或保证人主张清偿债权，亦会受破产重整程序的影响，具体表现为：人民法院在受理破产申请后，债权人提起新的要求债务人清偿的民事诉讼，人民法院不予受理，同时告知债权人应当向管理人申报债权；或者在主债权于破产程序中没有得到确认的情况下，债权人单独起诉保证人，主债权的查明可能存在困难。因此，金融债权人应在合同履行过程中注意取得主债权确认之依据，或者在债权经确认后再起诉保证人，做好程序间的协调工作。

在第二种情况下，焦点问题是主债权未到期，保证债权应否清偿。为了更好地保障债权人之利益，法律拟制保证债权加速到期。《破产法司法解释（三）》第四条规定："保证人被裁定进入破产程序的，债权人有权申报其对保证人的保证债权。主债务未到期的，保证债权在保证人破产申请受理时视为到期……"实践中，需要金融债权人注意的是，连带责任保证的破产清偿可以直接进行，同样能起到消灭主债权的效果，即金融债权人可能通过连带保证人破产重整程序取得非现金清偿物而消灭主债权，因此也需要提前做好是否申报债权、参与保证人重整程序的考量。

在第三种情况下，主要问题是两个破产程序的受偿计算问题。《破产法司法解释（三）》第五条规定："债务人、保证人均被裁定进入破产程序的，债权人有权向债务人、保证人分别申报债权。债权人向债务人、保证人均申报全部债权的，从一方破产程序中获得清偿后，其对另一方的债权额不作调整，但债权人的受偿额不得超出其债权总额。保证人履行保证责任后不再享有求偿权。"也就是说，金融债权人可以同时申报债权，同时在两个破产程序中获得清偿，但不可重复受偿（即总受偿额不超过债权总额）。

金融债权人参与重整程序，在每一个环节上都有非常丰富的讨论空间，实务中的情况更加多样，涉及的对金融债权保护的要点也因案而异，许多问题在个案中结合实际情况讨论将更加充实和具有价值。金融债权人及相关从业人员，在认识到金融债权人参与债务人重整的优劣势及可作为的空间后，合法、适度地运用规则参与重整、丰富实践，才能够更好地保护个案中的金融债权，并长远地促成金融债权重整良好受偿机制的形成。

第五编

管理人

第一章 管理人的选任

管理人担负着接管债务人企业，调查、管理、处分、执行分配债务人财产，代表债务人参加诉讼、仲裁，推进召开债权人会议等一系列职责，是破产程序的主要推动者。当前，我国管理人的选定主要依据《最高人民法院关于审理企业破产案件指定管理人的规定》（以下简称《指定管理人规定》），但随着司法实践的不断发展，管理人的选定也出现了新的动向。

第一节 管理人选定的基本方式与适用中的问题

从《指定管理人规定》第二十条至第二十二条的相关规定中可以看出，我国管理人的选定主要有随机、竞争和推荐三种方式。

第一，随机方式。《指定管理人规定》第二十条规定："人民法院一般应当按照管理人名册所列名单采取轮候、抽签、摇号等随机方式公开指定管理人。"随机方式具备形式上的公平，但也存在案件需求与管理人能力匹配的问题，有时管理人的能力无法满足案件需求，有时可能又显得有些"大材小用"。

第二，竞争方式。《指定管理人规定》第二十一条第一款规定："对于商业银行、证券公司、保险公司等金融机构或者在全国范围有重大影响、法律关系复杂、债务人财产分散的企业破产案件，人民法院可以采取公告的方式，邀请编入各地人民法院管理人名册中的社会中介机构参与竞争，从参与竞争的社会中介机构中指定管理人。参与竞争的社会中介机构不得少于三家。"可以看出，此类案件理论上可以突破各省中级人民法院或直辖市高级人民法院的《管理人名册》，在全省或全国范围内遴选管理人，但对于有重大影响的破产案件，人民法院在选任管理人环节一般会更加谨慎，管理人名册的遴选、入围本身实际提供了管理人任职能力与资格的参考标准。

此外，《破产审判会议纪要》第七条规定："……破产案件中可以引入竞争机制选任管理人，提升破产管理质量。上市公司破产案件、在本地有重大影响的破产案件或者债权债务关系复杂，涉及债权人、职工以及利害关系人人数较多的破产案件，在指定管理人时，一般应当通过竞争方式依法选定。"该规定明确将上市公司破产案件列入了竞争选取方式的范围。

第三，推荐方式。《指定管理人规定》第二十二条规定："对于经过行政清理、清算的商业银行、证券公司、保险公司等金融机构的破产案件，人民法院除可以按照本规定第十八条第一项的规定指定管理人外，也可以在金融监督管理机构推荐的已编入管理人名册的社会中介机构中指定管理人。"此规定赋予了金融监督管理机构推荐管理人的资格。由金融监督管理机构推荐管理人，便于其在破产程序中实现对商业银行、证券公司、保险公司等金融机构的监督管理。

第二节　管理人选定的新动向

一、地方人民法院管理人选定方式新探索

2017 年 12 月 12 日，广东省高级人民法院发布《关于规范企业破产案件管理人选任与监督工作的若干意见》，其中第二十五条规定："在人民法院通过随机方式或启动竞争方式指定管理人前，债务人和主要债权人协商一致选择我省或外省市在册管理人担任破产案件管理人，不违反相关规定的，受理法院可以指定被选择的中介机构或个人担任案件管理人。"该条款即对协商确定管理人方式的创设。

2021 年 10 月 31 日，国务院印发《关于开展营商环境创新试点工作的

意见》（国发〔2021〕24 号），确定在北京、上海、重庆、杭州、广州、深圳六个城市开展营商环境创新试点，文件中“二、重点任务”之“（五）健全更加开放透明、规范高效的市场主体准入和退出机制”一项，要求试点城市探索“允许债权人等推荐选任破产管理人”。

2022 年 4 月 22 日，北京破产法庭出台了全国首个专门针对债权人推荐管理人的破产案件指导意见《接受债权人推荐指定管理人的工作办法（试行）》（以下简称《推荐办法》），作出一系列具有创新意义的规定，以期提高市场主体的参与程度、提升程序的可预期性，持续助力优化营商环境。依据《推荐办法》第四条的规定，[①] 符合债务人经过庭外重组或者预重整、关联企业合并破产、已经依照有关规定成立金融机构债权人委员会、涉及利害关系人人数众多，在本地有重大影响四种情形之一的，在破产案件受理前，债务人的主要债权人协商一致，可以以一家或多家债权人的名义，在北京市企业破产案件机构管理人名册中向本院推荐一家中介机构或两家中介机构联合担任该破产案件的管理人。《推荐办法》第五条对何谓主要债权人亦作了明确规定，即合计代表的债权额占已知总债权额二分之一以上的债权人。[②] 2022 年 4 月 29 日，北京破产法庭根据债权人的推荐，在博天环境集团股份有限公司预重整期间，首次依据该《推荐办法》指定了临时管理人。

2022 年 5 月 5 日，《重庆市第五中级人民法院关于印发〈破产案件管理人指定办法〉的通知》，其中第一条明确规定：“本院受理的破产案件，采

---

① 《推荐办法》第四条规定：“【推荐条件】符合下列情形之一的破产案件受理前，债务人的主要债权人协商一致，可以以一家或者多家债权人的名义，在北京市企业破产案件管理人名册中向本院推荐一家中介机构或者两家中介机构联合担任该破产案件的管理人：（一）债务人经过庭外重组或者预重整的；（二）关联企业合并破产的；（三）已经依照有关规定成立金融机构债权人委员会的；（四）涉及利害关系人人数众多，在本地有重大影响的。债权人按照前款规定向本院推荐重整管理人或者预重整临时管理人的，还应当与债务人协商一致。债权人向本院推荐管理人后、本院作出指定决定前，其他债权人亦可按照本条第一款的规定另行推荐，是否接受推荐亦由本院决定。”

② 《推荐办法》第五条规定：“【主要债权人】本办法所称‘主要债权人’，系指债权人向本院推荐管理人时，按照债务人财务会计报告、债务清册、财产状况说明等文书资料，以及生效法律文书等有效债权凭证，合计代表的债权额占已知总债权额二分之一以上的债权人。债权人的债权属于连带债权的，不得重复计算。申请实质合并破产的案件，关联企业成员之间的债权不得计算；关联企业成员互为连带债务人的，债权人的债权不得重复计算。”

取下列方式指定管理人：（一）随机指定；（二）竞争选任指定；（三）指定清算组；（四）接受金融监督管理机构推荐指定；（五）接受主要债权人推荐指定。”2022 年 7 月 28 日，在重庆登川商贸有限公司破产清算案中适用该办法，根据主要债权人推荐指定了管理人。

二、协商确定和接受主要债权人推荐指定管理人的意义

破产案件中，法院接受债务人与主要债权人经过协商一致确定管理人或主要债权人推荐确定管理人的意义，可在对比我国和其他国家管理人选任的主要方式中窥见端倪。目前，就管理人选任方式，比较法上主要有法院选任、债权人选任、法院和债权人会议共同决定三种方式。我国管理人的确定如前所述主要有随机选定、竞争选定和金融监督管理机构推荐三种方式，每种方式都各有利弊。

协商确认与主要债权人推荐选定管理人的制度优点主要在于如此推选的管理人，在履职中较为顺畅，主要债权人与债务人企业也可在管理人选任中、破产程序受理后启动前建立一定的信任。

在破产实务中，债务人陷入破产困境前已出现严重违约甚至商业欺诈行为，债权人与债务人之间的信任基础已经动摇。在破产程序中，和解协议能否达成，重整计划草案的制定与表决能否通过，既需要债权人的利益割舍，也需要债务人的真诚配合。因此，债务人与主要债权人经过协商一致确定管理人或主要债权人推荐确定管理人的方式，可以使债权人与债务人在相对公开透明的基础上进行谈判沟通，有利于重构债权人与债务人之间的信任，从而助推和解协议的达成及重整计划草案的通过和执行，进而实现企业再生。

三、协商确定和接受主要债权人推荐指定管理人的风险与预防

从上述角度看，广东省高级人民法院和北京破产法庭、重庆市第五中级人民法院的做法既是对他国经验的学习借鉴，也是对国内管理人选任制度的有益探索。这两种确定管理人的方式，在促成破产和解、提高重整成

功率上具有明显的效率价值。但同时也应顾及公平，要注意防范这两种方式确定的管理人在破产程序中侵害其他债权人的利益可能。当前，由于这两种方式确定管理人的司法实践还不多，其弊端尚未显现，故无具体的法规予以规制。笔者根据自身的执业经验，认为有必要对其设置相应的制约机制，尤其是在主要债权人与破产企业存在关联关系的情况下。对此，可参照实质合并中为利害关系人设置异议权的方式，对管理人的确定设立制约机制，以确保管理人廉洁勤勉履职，对全部债务进行无偏颇性清偿，进而维护全体债权人的利益。

第二章 管理人履职风险

破产程序与其他诉讼或非诉程序不同的一点是，破产程序的参与主体更多，包括债权人、债务人、人民法院、管理人、第三方机构等。在这些主体中，人民法院无疑是起主导作用的。人民法院代表国家意志，以其掌握的公权力主导案件进程、监督和指导管理人工作，并且依法负责对由破产程序衍生的诉讼案件进行审理，以中立视角，从程序上和实体上把控破产案件的走向，发挥着指引性作用。

而破产管理人是在破产案件被受理后依法成立的，在人民法院的监督和指导下全面负责接管债务人企业并负责管理债务人财产的机构。从职能上讲，管理人受人民法院和债权人会议监督，负责执行人民法院和债权人会议的各项决定、决议，是破产程序的具体实施者。管理人的职权由法律赋予，管理人履行职务必须在法律规定的范围内，管理人作出各项决定也必须依照法律规定的标准。

从最高人民法院历年的工作报告中可以看出，2017 年之前，全国法院每年受理破产案件 3000 件左右，自 2017 年后，这一数量呈现井喷式增长，2018 年为 7405 件，2019 年审结强清与破产案件 17399 件，2020 年审结破产案件10132件，2021年审结破产案件1.3万件。随之而来，“管理人责任纠纷”数量也呈上升趋势，检索裁判文书显示，2001年至2017年共有4230份相关裁判文书，而最近5年则增长至6393份。

管理人的各项职责贯穿于整个破产程序，《破产法》第二十五条规定了管理人的各项职责，具体包括：接管债务人的财产、印章和账簿、文书等资料；调查债务人财产状况，制作财产状况报告；决定债务人的内部管理事务；决定债务人的日常开支和其他必要开支；在第一次债权人会议召开之前，决定继续或者停止债务人的营业；管理和处分债务人的财产；代表债务人参加诉讼、仲裁或者其他法律程序；提议召开债权人会议；等等。从人民法院受理破产案件选定管理人起，管理人就要处理纷繁复杂的各类事务，包括法律事务和非法律事务，直至破产程序终结。如何规范管理人履职行为，在履职过程中规避风险，成为业界备受关注的问题。

第一节　管理人履职的主要风险

一、管理人失职的主要情形

破产的实质是债务人不能清偿到期债务，破产案件的本质是在资不抵债的前提下，如何妥善处理债务人财产，以求公平、公正、在最大限度上维护债权人的利益。在破产案件中，管理人在法院的指挥和监督之下全面接管、保管、清理、估价、处理和分配破产财产，起到债务人的“管家”的作用，管理人的身份定位决定了其职责具有很强的服务属性。《破产法》要求管理人“勤勉尽责，忠实执行职务”，包含勤勉和忠实两项概括性的义务。具体来说，勤勉义务，即管理人应当按照诚信原则，尽自己的最大努力处理债务人之事务，且管理人应达到与其有相同学识、地位及经验的人应当履行的注意程度。忠实义务，即管理人应当诚实、正当地履行其职责，不得使个人的私利与债务人、债权人的利益相矛盾。

在办理破产案件的过程中，管理人需要对接多方主体，处理各种事务，作为债务人的“管家”，其职责贯穿整个案件过程，因其负责管理的财产属于债务人，其行为后果也直接影响着债权人、债务人及利害关系第三人等的权益，因此，管理人的一举一动都备受关注。焦虑的债权人不仅挑战管理人的沟通安抚能力，更考验管理人的智慧，要求管理人全面周到、细致认真地处理好每一项事务，做到对债务人负责、对债权人负责。

二、管理人失职的法律后果

管理人因失职而产生的责任，根据法律关系的不同可以分为三种：民事责任、司法惩戒、刑事责任。

1. 民事责任与司法惩戒

《破产法》第一百三十条规定：“管理人未依照本法规定勤勉尽责，忠实执行职务的，人民法院可以依法处以罚款；给债权人、债务人或者第三人造成损失的，依法承担赔偿责任。”这里包含两个层面的处罚，一个是民事赔偿，另一个是法院处罚。全国人大常委会法工委对《破产法》第一百三十条的解释是，管理人承担《破产法》第一百三十条规定的赔偿责任，应当具备以下条件：一是管理人实施了损害债权人、债务人或者第三人利益的违法行为。二是债权人、债务人或者第三人利益受到了实际损失。三是管理人具有主观上的过错，且其违法行为与债权人、债务人或者第三人利益受到的损失之间有因果关系。管理人违背职责的行为给债权人、债务人或者第三人造成损失的，依法承担赔偿责任。从构成要件上看，这种民事赔偿责任属于侵权责任，管理人违反勤勉忠实义务不当履行职责的行为给债权人、债务人或者第三人造成损失，受害人要求管理人承担民事赔偿责任时即引发管理人责任纠纷。

从最高人民法院每年发布的工作报告中可以看出，破产案件的数量处于不断上升的趋势，管理人纠纷也随之发生。笔者利用威科先行法律信息库，以管理人责任纠纷、《破产法》第一百三十条为关键词，对近三年的相关案件进行检索，整理出如下赔偿情形。

（1）管理人工作应当细致认真，避免低级失误

在某破产案件中，[①] 债务人厂房与第三方公司厂房相邻，管理人接管债务人财产时，将存放于第三方公司院内的四个甲醇储罐误认为是债务人的财产并予以登记，之后在处置财产时上架了其中三个储罐。竞买者竞得后上门取货，经管理人同意后将剩余的一个储罐也一起取走。在这个案件中，管理人清点财产和处置财产时的疏忽大意令人大为震惊，最终也因其有违忠诚、勤勉义务而给第三方公司造成损失，导致管理人承担赔偿责任。

在另一起破产案件中，[②] 管理人接管债务人财产后，制作了查封清单并张贴封条，但此后放任不管，未采取合理保管措施，导致债务人财产灭失，其怠于行使管理人对破产财产的管理职能，对由此造成的损失承担赔偿责任。

（2）管理人应当严格依照法定程序办理案件

破产是对债务人财产的一次性概括处置，在“僧多粥少”的前提下，各利害关系人之间的利益冲突尤为突出，如债权人与债务人的利益冲突、债权人与债权人的利益冲突、有担保债权人和无担保债权人之间的利益冲突、债权人与出资人之间的利益冲突等。为平衡各方利益，《破产法》除了从实体上进行了规定，更多的是从程序上进行了规定，管理人在办理案件时，只有严格依照程序，才能做到公平公正。如果违反法定程序造成不良后果，管理人负有不可推卸的责任。

江苏某金属公司破产案件[③]进入分配阶段后，因管理人未向某债权人支付分配款即发布分配完成的公告，导致人民法院终结破产程序，使该债权人无法获得清偿，最终，人民法院判决，由管理人承担赔偿分配款及利息损失的责任。

在某企业破产清算案办理过程中，企业员工因履行职务导致伤残需长

---

① 参见（2020）苏1322民初12215号民事判决书。

② 参见（2019）苏11民终3217号民事判决书。

③ 参见（2021）苏1012民初3769号民事判决书。

期治疗，由此产生的相关费用属于共益债务，管理人在制订分配方案时未预留足额费用，在破产财产分配、破产程序终结后，受伤员工遭受的损失无法获得弥补，由管理人承担赔偿责任。

（3）管理人办理案件时要对相关部门的规定有所了解

破产案件的处理，往往会涉及工商、税务、保险、银行等多方面的实务，要做到高质量地办理破产案件，管理人在处理相关事项时，还应当对相关法律法规或部门行业的规定有所了解，而某些规定又存在因地而异的情形。管理人需要做好充足的准备，才能在处理好相关实务的同时，合法合规地推动案件进程。

例如，《税收征管法》第四十五条第一款规定："税务机关征收税款，税收优先于无担保债权，法律另有规定的除外；纳税人欠缴的税款发生在纳税人以其财产设定抵押、质押或者纳税人的财产被留置之前的，税收应当先于抵押权、质权、留置权执行。"而在陕西省的一例破产案件中，[①]债务人以自有财产为债权人设立抵押权，该部分财产完成拍卖后，在抵押权设立先于税款发生且抵押物拍卖金额高于有抵押权债权的情况下，管理人违反法律规定，先行缴纳税款、先行支付管理人报酬，以致无法足额清偿抵押权债权，给债权人造成损失，最终承担赔偿责任。

再如，根据《破产案件若干规定》第八十二条之规定，"债务人的幼儿园、学校、医院等公益福利性设施，按国家有关规定处理，不作为破产财产分配"，应当移交政府有关部门管理。

（4）管理人未尽勤勉职责，还可能受到司法惩罚

根据《破产法》第一百三十条的规定，人民法院可以向破产管理人处以罚款。江苏某律师事务所在案件处理过程中，聘用工作人员超出必要的数量和范围，且不与受聘人员签订合同，甚至向人民法院虚报人数和工资，被人民法院处以罚款。

根据《指定管理人规定》第三十九条的规定，管理人申请辞去职务

---

① 参见（2020）陕0523民初1604号民事判决书。

未获人民法院许可，但仍坚持辞职并不再履行管理人职责，人民法院可以根据企业破产法第一百三十条的规定和具体情况，决定对管理人处以罚款。管理人有前款规定行为或无正当理由拒绝人民法院指定的，编制管理人名册的人民法院可以决定停止其担任管理人一年至三年，或者将其从管理人名册中除名。重庆市某会计师事务所被人民法院指定为某公司破产清算案管理人，第一次申请辞去职务未获许可，经法院提供业务指导、说服教育及释明相应法律后果后，仍拒不履行管理人职责，延误了破产案件审理的进程，被人民法院处以罚款，并从管理人名册中除名。

除上述规定外，随着《破产审判会议纪要》的发布，各地加快完善管理人制度，多地设立了管理人惩戒委员会，南京、合肥更是出台了专门的《管理人惩戒规则》，对规范执业活动和行业自律监督提出了更高的要求。

2. 刑事责任

《破产法》第一百三十一条规定："违反本法规定，构成犯罪的，依法追究刑事责任。"自管理人制度实施以来，各级法院依照《破产法》的相关规定建立了管理人名册，管理人一般由依法设立的会计师事务所、律师事务所、破产清算专业机构等担任，这些机构在专业和服务领域上虽然各有侧重，但一般都具有良好的法律意识、执业规范与风险控制体系。通过案例检索也可以看出，管理人构成犯罪的案例较少，但对于法律执业者来说，构成犯罪的后果是非常严重的，应当高度重视。

（1）管理人主动犯罪

在《刑法》中，破产管理人并非特殊犯罪主体，其所涉及的犯罪大多是与财产有关的犯罪，构成的罪名主要包括行贿罪、职务侵占罪、非法挪用资金罪等，管理人违背职业道德，触犯《刑法》，也将因此承担严重的后果。

在（2020）苏0205刑初128号案中，律师周某以其实际控制的A公司作为破产管理人承接破产案件。2012年至2019年，周某为了其代理的诉讼、执行案件在法院审理、执行等阶段得到帮助和关照，能顺利承接、办理破产案件，牟取不正当利益，向先后担任当地某区人民法院院长、某市人民法院院长的王某行贿，共计50万元，构成行贿罪，被判处有期徒刑并处罚金。

在（2019）苏0305刑初120号案中，某汽车运输公司破产，公司资产（土地、附属设施）由当地政府变现1200万元，全部划入破产管理人专用账户，用于企业职工个人垫付养老金、下放工龄款、经济补偿金等支出。破产程序终结后，人民法院保留管理人继续进行后续清算事务。管理人与张某、夏某签订留守合同，委托二人进行后续清算工作。但张某、夏某在担任破产管理人留守处留守人员期间，利用职务之便，单独或者共同挪用破产管理人资金用于个人日常支出和营利性活动。其中张某挪用管理人账户资金156万元，夏某挪用破产管理人账户资金264万元，构成挪用资金罪，被判处缓刑。

在（2019）鲁0830刑初539号案中，某公司在破产重整期间，人民法院裁定由管理人接管公司经营，管理人聘请第三方人员担任经理、财务负责人，受聘人员在工作过程中虚开增值税发票，骗取出口退税、抵扣税款，数额较大，构成虚开增值税发票罪，被判处有期徒刑。

（2）防止成为受害者

管理人管理债务人的财产和经营，为债务人和债权人负责，债务人的利益受到损失，也必然会间接损害债权人的利益。在破产案件中，不法分子为获取非法利益往往处心积虑，手段层出不穷，在办案过程中，管理人稍有不慎就会因失职承担责任，成为受害者。

某公司法定代表人邱某，在公司进入破产程序后，与员工串通合谋，在伪造的工资欠条上签字，而后以诉讼的方式获得法院生效裁判文书、调解书，并以法院文书为证据，向管理人虚报职工债权，骗取财物，数额较大，构成虚假诉讼罪。

某银行向某制药公司发放贷款，该制药公司借该银行改股上市的机会，采取虚假手段，将企业贷款列入不良贷款，然后对抵押资产通过拍卖执行程序转移至新成立的某股份公司，并将未抵押资产也转移至该股份公司，致使某制药公司成为“空壳公司”，再通过破产程序致企业破产，致使该制药公司在持续营利性生产经营的情况下完成破产并被成功注销，达到其核销贷款的目的，制药公司负责人之行为构成虚假破产罪。

在某小额贷款公司破产清算案中，公司负责人与债权人共同伪造合同、票据，设立虚假担保，骗取债务人财物，构成合同诈骗罪。

凡此种种，不胜枚举。面对多重类型的犯罪，管理人限于职权不可能完全防范，唯有依法办案，规范操作，方能免予受到牵连。

第二节 管理人如何防范风险

破产管理人风险防范需要形成体系化机制，大体分为内部和外部两个层面。内部主要是规范管理人操作流程，外部则主要依靠政府、行业的系统性支持。

一、规范内部办案流程

在破产案件的办理中，如何在保证结案率的前提下，确保债务人以及债权人的利益最大化，是管理人永恒的追求。我国一些发达城市已经形成了完善的破产案件操作流程，但在其他地区，很多管理人仍处于边学习边办案的状态。管理人要做到多快好省地办理案件，根本上还是要加强专业学习、丰富知识储备，以理论指导业务，以业务完善理论，做到流程规范、细节完善，才能更好地规避自身风险，更有效地保护债权人和债务人的利益。具体要做到以下几点。

第一，明确权责范围，忠实履职。梳理案件办理过程中涉及的事项，哪些由法院裁定、哪些由债权人会议决议。

第二，根据法律规定建立时间轴。明确重要事项的时间限制，防止超期造成损害，如债权申报期限、提前十五日通知召开债权人会议、破产公告等。

第三，建立完善的档案管理机制。由于管理人责任纠纷属于侵权纠纷，受害人需要举证证明侵权行为、损失、因果关系等，因此，管理人的工作应当全程留痕，形成证据链。

第四，严格依法依规办案，无论是否接管债务人财产，都应开展财产调查。管理人可以通过公开渠道查询债务人的财产状况、债权债务状况，查询企业负责人的联系方式；在债权申报阶段，主动查询社保、税务、公积金等行政部门债权，并对申报的债权登记造册，依法审核、确认债权。

第五，妥善管理债务人财产。在接管债务人的财产时，要做好现场核查和书面交接；妥善保管债务人财产，对于一些特殊财产，如施工现场、矿山等，还要做好安全保卫和警示工作；及时申请解除保全措施；对于符合追回、撤销等情形的，管理人应当依法处置；对于法律法规、司法解释规定的不属于债务人财产的部分，应及时与接管单位协商处理。

第六，严格按照法定程序处置和分配财产，避免自行处分带来的风险。公开选聘专业评估机构对财产进行评估，设计合理的财产处置方式并形成处置方案，由债权人会议决议通过或法院裁定通过后方可实施；财产分配方案提交法院裁定确认后，按照法律规定的分配顺序进行分配。

二、加强行业监督

除前述自律监督方式外，《破产法》第二十三条第一款规定，“管理人依照本法规定执行职务，向人民法院报告工作，并接受债权人会议和债权人委员会的监督”，可以看出，对管理人的监督还包括外部监督。但在实践中，债权人会议或债权人委员会往往难以发挥这种监督作用，还需要其他的监督方式。

近年来，各地政府推出了一系列“府院联动”措施来促进破产业务的顺利推进，事实表明，行政干预的效果是非常明显的。我们认为，在管理人外部监督机制中也可以加入行政监督的方式，负责对管理人资格的认定、对管理人工作的监督以及对管理人失职行为的惩戒。

截至目前，国内很多城市都成立了破产管理人协会（以下简称协会），对破产业务的发展发挥着引领作用。首先，协会可以成为政府、人民法院与破产管理人之间的纽带。其次，通过协会，可以加强破产管理人的业务培训和学习交流，推进破产管理人的职业化和专业化建设，提高破产管理人队伍的专业素养，还可以在广泛了解破产管理人专长的前提下，合理分配破产案件，整合管理人力量，解决业务难题。最后，协会还可以因地制宜地发展具有当地特色的监督机制和保障机制，健全行业规范，不断优化破产处置工作流程，促进破产行业的良性发展。

多元化的外部监督机制能够促进破产管理人的自律监督，使破产管理人更加尽职尽责地履行职责。

三、完善执业保险保障

破产事务纷繁复杂，管理人在办理案件时直接对接多方主体，承担着很高的执业风险。首先，由于管理人的主要职责是管理和处分财产，因此，基于市场波动的风险不可避免。其次，管理人有时要决定债务人企业的经营，职责类似企业高管，而管理人的经营决策是建立在企业前管理者决策的基础上的，有些潜在损害难以及时发现，因此也无法有效预防。最后，管理人只能从稳健的角度作出经营决策，而这也有可能成为债权人和股东索赔的原因。破产企业的财产少则几万元、几十万元，多则成千万元、上亿元，一旦面临索赔，即便是大机构管理人都无法负担，因此，需要由执业保险提供一些保障。国外一些国家，如俄罗斯和澳大利亚，很早就建立了管理人强制保险制度，保险金额根据债务人资产负债表的数额确定。现行《破产法》规定，个人作为管理人必须参加执业保险，对于机构作为管理人是否需要参加执业保险没有明确规定，对比国外《破产法》之经验，管理人执业保险还是很有必要的，它可以减少管理人在处理案件时的顾虑，保障管理人的生存和发展，也有助于整个破产行业的进步和发展。

四、防范零报酬风险

现阶段，国内各地选定破产管理人的主要方式是“摇号随机选定”，而管理人报酬的计算方法取决于债务人的财产。在这样的机制下，人民法院亦无法从案件分配的角度进行操作，以解决管理人报酬无法支付的问题。目前，普遍的观点是设立专项基金，但问题也随之而来，资金从何而来，由谁管理，申请条件和额度如何确定等无法达到平衡，因此，许多省市采取了变通的做法。以北京市为例，2020 年发布了《北京市高级人民法院破产费用援助资金使用办法（试行）》（以下简称《办法》）。《办法》规定，援助资金专门用于支付管理人报酬等工作费用，明确了援助资金的申请条件，金额根据案件的复杂程度、管理人的工作量等因素确定，并设置了上限。从流程上，援助资金由市财政拨付，管理人提交申请，经人民法院审批后，由承办法官持相关凭证到财政部门办理。各地设立的破产费用援助资金填补了行业空白，但其最大的不足在于行政审批的方式往往不够高效，也无法及时响应市场变化，需要从程序上进行进一步完善。

无论是设立专项基金还是援助资金，解决的都是破产管理人的最低报酬问题，尽管还存在很多问题，但这些措施的施行有助于解决破产管理人执业的后顾之忧，维护其根本利益，对于提高破产管理人执业的积极性具有很大的促进作用，也可以在一定程度上防止破产管理人因无法获得报酬而“铤而走险”。

2022 年 7 月，最高人民法院发布《关于为加快建设全国统一大市场提供司法服务和保障的意见》，提出加强市场主体统一平等保护，完善市场主体救治和退出机制的工作要求。破产程序的高效运行已经成为我国社会主义市场经济的重要一环。只有积极推动完善破产法制及配套机制建设，才能指引和保障破产管理人依法履职，有效规避履职风险，进而助推营商环境的建设。

图书在版编目（CIP）数据

破产全流程手册 / 北京市兰台律师事务所编著 . —
北京：中国法制出版社，2023. 8
ISBN 978-7-5216-3528-7

Ⅰ. ①破… Ⅱ. ①北… Ⅲ. ①破产法-基本知识-中国 Ⅳ. ①D922. 291. 924

中国国家版本馆 CIP 数据核字（2023）第 077860 号

策划编辑：赵 宏　　责任编辑：陈晓冉　　封面设计：杨泽江

破产全流程手册

POCHAN QUANLIUCHENG SHOUCE

编著 / 北京市兰台律师事务所
经销 / 新华书店
印刷 / 三河市国英印务有限公司
开本 / 710 毫米×1000 毫米　16 开　　印张 / 16. 75　字数 / 198 千
版次 / 2023 年 8 月第 1 版　　2023 年 8 月第 1 次印刷

中国法制出版社出版
书号 ISBN 978-7-5216-3528-7　　定价：68. 00 元

北京市西城区西便门西里甲 16 号西便门办公区
邮政编码：100053　　传真：010-63141600
网址：http：//www. zgfzs. com　　**编辑部电话：010-63141835**
市场营销部电话：010-63141612　　**印务部电话：010-63141606**